叢書主編
張海鷗

當代中國

張占斌　等著

經濟

中華書局

目 錄
Content

第一章

中國經濟發展的
歷史演進

中國有 5000 多年的文明史，是世界四大文明古國之一。在 19 世紀之前，中國創造了輝煌的農業文明，經濟一直領先於世界其他各國。在近代世界經濟發展進程中，中國在內憂外患的壓力下，經濟陷入了低潮，跌入世界排名的後列。新中國成立以後，特別是改革開放以後，中國經濟再度快速發展，在世界經濟中的地位不斷提升，重新居於世界前列。

一、古代中國經濟的發展成就

古代中國有發達的農業、先進的手工業和繁盛的商業，中國古代社會以農立國，勤勞質樸的中國先民充分發揮他們的聰明才智和勤勞勇敢的品質，創造了輝煌的經濟發展成就，為中華文明的萌生和發展提供了雄厚的經濟基礎。

（一）原始社會的經濟

中國農業生產歷史悠久。在漫長的歲月中，中華先民對各類可食用植物的認識逐漸加深。大約 20,000 年前，他們開始對一些

野生的植物進行管理，幫助這些植物更好地生長。距今 10,000 年左右，中華先民進入使用磨製石器的時代，也就是進入了新石器時代，出現了最早的人工栽培的農作物。世界上最早的栽培稻、粟和黍均發現於中國。

在中國氏族公社的經濟活動中，原始農業具有獨特的重要地位。使用木、石砍伐農具，刀耕火種，撂荒耕作，是原始農業生產技術和耕作方式的主要特點。古代農業的發展以使用畜力牽引或人力操作的金屬工具為標誌，生產技術以鐵犁牛耕為典型形態。

考古發掘表明，在距今 7000 多年前的黃河流域和長江流域，除了發達的採集漁獵經濟外，原始農業已發展到一定的水平。約在四五千年前的新石器時代晚期，黃河流域、長江流域乃至珠江流域的氏族部落，已較普遍地形成了以原始農業為主，兼營家畜飼養和採集漁獵的綜合經濟。

大量的考古發現告訴我們，在中國境內存在着豐富的人類文化遺存。有元謀猿人、藍田猿人、北京猿人、丁村人和山頂洞人為代表的舊石器時代人類文化遺址，其中山頂洞人已跨進了母系氏族社會的門檻；山頂洞人距今約 18,000 年左右，處在原始漁獵經濟階段。除此之外，還有仰韶文化和龍山文化為代表的新石器時代文化遺址：仰韶文化是中國母系氏族社會的代表文化形態，這時期原始農業已經有了長足發展，為民族部落的定居生活提供了基本的經濟保障。原始手工業也達到較高水平，製石、製陶、製骨、紡織和編織等是最主要的手工業活動，尤其是製陶和紡織技術的發展，是人類向文明社會的一次重大飛躍。龍山文化約在距今五千年左右開始走向繁榮。龍山文化是中國父系氏族社會的代表文化形態。龍山文化主要集中於黃河中下游及渭水流域，分

佈則比仰韶文化更廣。原始農業已成為這時期主要的經濟部門，家庭飼養業、製陶和紡織業也有了一定的發展。

（二）奴隸社會的經濟

夏、商、周是中國進入階級社會的第一個社會階段──奴隸制社會階段。中國奴隸社會發展從夏代立國到春秋後期，前後經歷了 1600 多年的歷史發展，即從公元前 21 世紀到前 476 年。相比原始社會，奴隸社會的農業、畜牧業、手工業、商業都有了更大發展。

夏、商、西周時期是中國歷史上的青銅時代。青銅農具雖然已逐步應用於農業生產，但由於青銅原料產量有限，更多地還是用於鑄造兵器、酒具和祭器，農業生產中大量使用的仍是各種木、石、骨、蚌農具，尤其木質耒耜是當時主要的耕播工具。為了防洪排澇，人們開始建立起農田溝洫體系。壟作、條播、中耕技術也出現並獲得發展，選種、治蟲、灌溉等技術也開始萌芽，休耕制逐步取代了撂荒制。為了掌握農時，人們除了繼續廣泛利用物候知識外，又創造了天文曆。兩人協作的「耦耕」成為普遍的勞動方式。溝洫和與之相聯繫的田間道路把農田區分為等面積的方塊，為井田制的實行奠定了基礎。耒耜、耦耕和井田制是奴隸社會時期的重要特點。

總的來說，奴隸社會的農業還保留了原始農業的某些痕跡，但工具、技術、生產結構和佈局都有很大進步和變化，精耕細作技術已在某些生產環節出現。工商業也得到較快發展，以青銅文化為代表的手工業技術達到相當高的水平。手工業中已有專業化

分工，比較有代表性的就有金屬冶煉和製造業、製陶業、玉石器製造業、紡織業、漆器製造業、釀酒業等行業。

（三）封建社會的自然經濟

封建社會的經濟基礎和基本特徵是小農業和家庭手工業相結合、自給自足的自然經濟。小農業和家庭手工業的結合，主要是耕與織的結合，就是我們經常講的「男耕女織」。這種耕織結合的小農經濟，在 1840 年鴉片戰爭前的社會經濟中一直佔主要地位。

第一，農業方面。春秋後期，中國比西歐提前 1000 多年確立封建土地所有制。春秋後期，人們已經用鐵製農具耕種土地。鐵器農具促進了農業的深耕細作，並為開發山林、擴大耕地創造了條件。在農業發展的同時，手工業的規模不斷擴大，青銅業、冶鐵業、紡織業、煮鹽業以及漆器製作等都有所發展。

戰國、秦漢至魏晉南北朝時期鐵器農具的使用，標誌着中國古代農業一個劃時代的進步，農業生產力發展到一個新階段。伴隨着鐵製農具的使用，牛耕也被應用於農業生產，在農業生產上引起了一場技術革命。一方面，牛耕改變了傳統人力踩耒耜，減輕了人們的勞動量，大幅度提高了勞動效率；另一方面，牛耕又為大規模開墾荒地和進行深耕細作以及興修水利工程等創造了物質條件。魏晉南北朝時期，北方的農業生產由於長期戰亂而遭到破壞，南方的開發卻因有中原人口的大量南遷進入新的階段，精耕細作傳統沒有中斷。北魏賈思勰著的《齊民要術》就是集秦漢以來黃河流於旱地農業精耕細作技術之大成。

從唐朝中晚期至兩宋時期，北方人口大批南遷，帶去了先進生產技術，使南方農業發展速度加快，逐漸超過北方。在唐朝前期的 100 多年中，經濟發展迅速，社會呈現繁榮景象。墾田面積逐漸擴大，農業生產技術不斷改進，發明並推廣了一些重要的生產工具，如曲轅犁和筒車。唐朝非常重視興修水利，在全國各地修建了很多水利工程。

　　兩宋時期，人口增加，墾田面積更加擴大，耕作技術提高，農業獲得前所未有的發展。南方的水稻種植面積迅速增長。由越南傳入的占城稻，成熟早，抗旱力強，北宋時推廣到東南地區。南方農民還培育出許多優良品種，從而大大提高了水稻的產量。由於宋朝朝廷的大力提倡，南方的水稻在北方也得到較大推廣，水稻產量躍居糧食作物首位。當時，長江下游和太湖流域一帶成為豐饒的糧倉，出現了「蘇湖熟，天下足」或「蘇常熟，天下足」的諺語。

　　明、清時期，精耕細作進入了一個新發展水平。明朝末年的大動盪對社會經濟造成嚴重的破壞，清初的統治者認識到恢復經濟，尤其是恢復和發展農業生產是「國之大計」。順治、康熙、雍正、乾隆等帝王，都十分重視農業生產，大力推行墾荒政策，耕地面積不斷擴大，大片土地得到開墾，許多荒山曠野被改造成農田，邊遠地區也得到了開發。到乾隆末年，全國的耕地面積比明朝鼎盛時期增加了近三億畝。在莊稼種植方面，改進種植技術，改良新品種，推廣玉米、甘薯等高產作物，使糧食產量有了大幅度的提高。同時，經濟作物的種植也有了較大的發展，品種增加，棉花、甘蔗、煙草、茶葉、藥材，以及花卉、水果等作物的種植面積不斷擴大。在興修水利方面，對黃河、淮河等大河以

及大運河進行治理，還組織人力修建了許多堤壩、渠堰、海塘。

第二，手工業方面。農業生產的發展、農業產品品種和產量的增加，對手工業和城鎮商品經濟的發展起到了推動的作用。手工業是以家庭副業的形式長期廣泛存在於個體農民的家庭生活中，一般規模較小，大多以採桑養蠶和抽絲紡線為主，也有從事採茶、製茶及其他手工業生產的。家庭手工業的發展，對鞏固自然經濟、限制社會分工和維護傳統制度具有重要作用。

隨着鐵器的廣泛使用，漢代手工業的進步主要反映在絲織品的發展和造紙業的創建。漢代絲織品不僅產量多，花色品種也豐富多彩。長沙馬王堆漢楚墓葬出土的絲織品為其代表，成都的錦江也都得名於漢代。東漢時，還實現了由絲絮造紙向使用植物纖維造紙的轉化。

唐朝的手工業發展到很高水平。紡織品種繁多，尤以絲織工藝水平最高，其中蜀錦以色彩豔麗、紋飾精美冠於全國。陶瓷器生產水平也很高，越窯的青瓷如冰如玉，邢窯的白瓷類雪似銀；聞名中外的唐三彩，造型精美，色彩亮麗。此外，造船業、礦冶業、造紙業等也都頗具規模。

宋代手工業的發展反映在礦冶業、雕版印刷業以及紡織和印染技術的進步等方面。北宋的金、銀、銅、鐵、鉛、錫、水銀等礦產產量，都達到了歷史上前所未有的水平。南方的手工業非常繁榮，紡織業、製瓷業、造船業的成就尤為突出。北宋時，四川、江浙地區的絲織生產發達。南宋後期，棉紡織業興起，海南島也有了比較先進的棉紡織工具，棉紡織品種類較多。

明清時期手工業的突出發展表現在製瓷、棉紡織等生產領域。明清時代製瓷工藝水平和產量，都達到了頂峰，並形成了像

景德鎮那樣的全國製瓷業中心。清朝前期，絲織業、棉織業、印染業、礦冶業、製瓷業、製糖業、製茶業等手工業都有很大的發展，尤其是絲織、棉織、印染、製瓷等方面，品種繁多，產品精良。當時已出現了比較成熟的手工業工場，其中有些頗具規模，如江寧著名的機戶李扁擔、李東陽等，都各自擁有織機五六百張；佛山鎮經營棉織業的手工工場達 2500 家，織工超過 50,000 人。

第三，商業方面。先秦時期商業興起。周武王滅商後，商朝的遺民為了維持生計，立足商部落積累的商業知識和技術，大量從事商業買賣，便形成一個固定的職業。周人就稱他們為「商人」，稱他們的職業為「商業」，這種叫法一直延續到今天。商朝人使用的貨幣有海貝、骨貝、石貝、玉貝和銅貝。西周時期，商業逐步成了不可缺少的社會經濟部門。

秦漢時期商業初步發展。秦始皇統一中國後，為了改變戰國時期貨幣種類繁多的狀況，決定統一貨幣，統一度量衡，修建馳道。兩漢時期，伴隨統一局面的形成、鞏固和農業、畜牧業、手工業的發展，商業出現了初步的發展。當時的都城長安和洛陽都是著名的商業中心。

隋唐時期商業進一步發展。隋唐是中國古代社會的繁榮時期。由於農業經濟和手工業的發展，特別是隋朝時開鑿的貫通南北的大運河，擴大了商品流通的範圍。唐朝的商業十分繁榮，水陸交通發達，貿易往來頻繁，還出現了櫃坊和飛錢。櫃坊專營貨幣的存放和借貸，是中國最早的金融機構雛形，比歐洲地中海沿岸出現金融機構要早六七百年。飛錢類似於後世的匯票。櫃坊和飛錢的出現是商品經濟發展的結果，它們的出現為商業經營提

供了便利，促進了商業的發展。都城長安規模宏偉，佈局嚴整對稱，街道寬敞整齊，商業繁榮，既是當時中國政治、經濟和文化交往的中心，也是一座國際性的大都會。

宋代商業的繁榮超過了前代。黃河、長江及運河沿岸興起了很多商業城市。最大的是開封和杭州，人口多達百萬。隨着城市人口的增長，城市中的店舖不斷增加，經商的時間也不再受限制，出現了早市和夜市。市場上各類商品琳琅滿目，客商往來不絕。北宋風俗畫《清明上河圖》就描繪了都城繁榮的景象。商貿的繁榮也促進了貨幣交易量的增長。北宋前期，四川地區出現「交子」，這是世界上最早的紙幣。南宋時，紙幣發展成與銅錢並行的貨幣。

元代疏浚了大運河，從杭州直達大都（北京）。大都是元代繁華的商業大都會，泉州是元代對外貿易的重要港口。

明清時期商業興盛。清朝前期的商業很發達，陸路和水路的商旅往來頻繁，各地的商品貿易十分興盛，形成了由農村集市、城鎮市場、區域性市場和全國性市場組成的商業網。在北京、江寧、揚州、蘇州、杭州、廣州等大城市中，工商業非常繁榮。乾隆時期的蘇州，據載已擁有「十萬煙火」，財富「甲於天下」，有的地段「地值寸金」。在商業活動中，形成了一些大的商幫，擁有雄厚的商業資本，在全國進行商業活動，例如，山西商人組成的晉商，主要販賣糧食、食鹽、綢緞等，到乾隆時又專門經營匯兌、放貸和存款業務，在全國各地開設「票號」，便於貨幣流通。與晉商相匹敵的是江南徽州府商人組成的徽商，他們主要從事食鹽、典當、茶葉、木材、糧食、布綢等行業的經營活動。這些商幫的活動對當時社會經濟的發展產生了很大的影響。

隨着商品經濟的發展，在明朝中後期中國封建社會內部出現了資本主義的萌芽。明朝中葉以來，南方沿海沿江的一些省份，出現了以僱傭關係為基礎的手工業工場。在鴉片戰爭以前，在絲織業、製瓷業、棉紡織業、採礦業、冶鐵業等行業中的手工工場有較大的發展。資本主義的萌芽說明中國社會遵循着社會發展規律，向資本主義方向緩慢前進，但是在清政府「重本抑末」政策下，資本主義萌芽始終沒有能夠發展成立能建立資本主義制度的獨立力量。

二、近代鴉片戰爭以來的中國經濟

18 世紀下半葉，產業革命後的西方資本主義國家經濟飛速發展，他們對中國的經濟侵略逐步從早期殖民時代的海盜式掠奪轉變為向中國傾銷商品和原材料掠奪，他們迫切要求清政府打開大門。1840 年鴉片戰爭以後，資本主義列強通過一系列侵華戰爭、不平等條約攫取在中國的特權，使中國自給自足的自然經濟淪為半殖民地半封建經濟。

（一）中國經濟淪為半殖民地半封建經濟

鴉片戰爭後，帝國主義列強通過一系列侵華戰爭、不平等條約，攫取了在中國的特權，先後迫使中國簽訂了中英《南京條約》（1842 年）、《虎門條約》（1843 年）、中美《望廈條約》和中法《黃埔條約》（1844 年）。清政府向英國賠款 2100 萬銀元；第二次

鴉片戰爭後，又向英、法各賠款白銀 800 萬兩。甲午戰爭後，向日本賠款白銀 2.3 億兩。八國聯軍侵華戰爭後，賠款達白銀 4.5 億兩。這些賠款挖空了清政府幾百年的經濟積累。西方列強通過不平等條約獲得的經濟特權主要有沿海和內地通商口岸的貿易權，協定關稅和海關行政權，沿海和內河的航行權，在華投資設廠權等。列強還攫取了領事裁判權、租借行政權、鴉片貿易合法化、在華築路開礦設廠駐軍等侵略性特權。這使得中國淪為半殖民地半封建社會，中國喪失了經濟主權。

從 19 世紀 60 年代開始，中國耕織結合的自然經濟開始逐步分解。以一家一戶為生產單位的小農經濟是中國傳統農業的基本生產結構和經濟細胞，這種小農經濟在西方帝國主義入侵時，一度成為扼制西方工業製品打開中國市場的重要力量。但是在第二次鴉片戰爭後，隨着西方列強經濟侵略的加深和大量廉價工業品的湧入，傳統的小農經濟開始解體，表現為紡織分離、耕織分離及農業種植結構變化等方面。清政府與帝國主義列強不平等條約的簽訂，導致西方列強價格低廉的商品湧入中國。農民發現，買紗織布比自己紡紗織布的成本低很多，於是很多農戶開始放棄紡紗這道傳統工序，改用進口洋紗織布，這樣農戶的手工織布業就被進口洋紗徹底擊垮了。這樣，家庭紡織業被西方的機器紡織品擠垮了，自然經濟必然日漸解體。

兩次鴉片戰爭的沉重打擊使清政府喪失了保護本國經濟獨立發展的能力，清政府淪為西方列強在華的「守夜人」。它所確立和執行的經濟政策，在很大程度上有利於西方帝國主義列強及其在華的經濟利益。19 世紀末，中國經濟完全淪為半殖民地經濟。

在 16 世紀中葉，中國開始出現資本主義生產關係的萌芽，但

直到鴉片戰爭前仍沒有發展起來。鴉片戰爭以後，外國在通商口岸設立一批近代企業，將資本主義生產方式帶進了中國，促進了中國資本主義工業的產生。洋務派創辦的近代企業，也在客觀上推動了民族資本主義的產生。19世紀六七十年代，一部分官僚、地主、商人、買辦開始投資新式企業；一切舊式手工工場或大作坊開始採用機器生產，這就是最早的中國民族資本主義。中國民族資本主義工業大多投資少、規模小、設備陳舊、技術落後；民族資本主義企業在資金、設備、技術、原材料和產品銷售等方面依靠外國資本勢力，所以多分佈集中，主要設立在沿海、沿江通商口岸，以求得外國人的保護。

　　傳統社會經濟的強大吞噬力和西方列強的經濟侵略，嚴重阻礙了中國資本主義的發展。第一次世界大戰期間，西方列強忙於歐洲戰事，暫時放鬆了對中國的經濟侵略，中國民族工業獲得了迅速發展的良機，出現了「短暫的春天」，其中發展最快的是紡織業和麵粉業。第一次世界大戰後，帝國主義經濟勢力捲土重來，民族資本主義發展再度受挫。

（二）國民黨政府時期中國經濟處於崩潰邊緣

　　辛亥革命推翻了清王朝的封建帝制，建立了中華民國。其後，中華民國臨時政府頒佈了一系列獎勵發展實業的法令，各種實業團體紛紛湧現，人們競相投資設廠，海外華僑也歸國創業，掀起了發展實業的熱潮。但是，隨着國民黨官僚資本的建立和擴張，民族工業除了受帝國主義和封建主義的雙重壓迫外，還遭到官僚資本主義的摧殘。處於夾縫中的近代民族工業在惡劣的生

存環境中頑強地掙扎着，雖然有了長足的發展，但總的來說還比較落後。它們資金少、規模小、技術差，而且主要集中在輕工業部門，重工業基礎極為薄弱。近代民族工業的地區分佈也極不平衡，主要集中在上海、武漢等沿海沿江的大城市。

國民黨政府為了維護自己的統治和地位，死心塌地地投靠美國政府，包括出賣主權、換取美國援助等依附列強的做法加深了對民族經濟的摧殘和對人民的奴役。到 1948 年，美國已佔全部外國在華投資額的 44.1%，強調給予雙方「國民待遇」和「對等原則」的《中美友好通商航海條約》，更是全面奠定了美國在中國政治、軍事、經濟和文化等方面的霸權地位。但國民黨政府橫徵暴斂，沒有能夠改善其經濟凋敝的衰敗局面。嚴重的通貨膨脹迫使國民黨政府在 1948 年實行所謂的「幣值改革」，發行金圓券，以法幣 300 萬元兌換金圓券 1 元。稍微有些金融常識的人都知道，這無疑是榨乾國民經濟的做法，黑市囤積和非法交易難以有效禁止，國民黨政府的經濟信用完全喪失，最終不能免於經濟崩潰的結局。

官僚資本和外國資本控制着舊中國的經濟命脈，但它們並沒有使中國富裕，而是盤剝和控制着中國。帝國主義、封建主義和官僚資本主義「三座大山」的提法，既反映了政治勢力的壓迫，也反映了盤剝社會的經濟壟斷力量。1947—1948 年，中國官僚資本已佔全國金融業資本（包括外商）的 88.9%，國家壟斷資本已佔全國近代工業和交通運輸業資本（包括外商）的 64.1%，鋼鐵的 90%，石油、有色金屬的 100% 等。

總體而言，中國近代經濟發展緩慢。在 1850—1949 年的百年間，中國國民收入從 181.64 億元增加到 189.48 億元，增長非常有限。由於同期人口增加了 1.1 億多，所以人均產值反而下降

了 17% 以上。[1] 中日兩國近代化進程幾乎同時起步，兩國在歷史背景、起步條件和發展過程中有很多相似或可比之處，在 1887 年到 1937 年這 50 年的時間裏，日本的國民收入和人均國民收入分別增長了 7.29 倍和 3.6 倍，年增長率分別為 4% 和 3%，遠高於中國的 1.2% 和 0.68%。[2]

為中國人民謀幸福、為中華民族謀復興是中國共產黨的初心和使命。1921 年中國共產黨成立，在新民主主義革命時期，為建立民族獨立、人民解放的新中國，為推動經濟發展，中國共產黨在革命根據地開展了一系列發展經濟的有益探索，取得了巨大成就：開展土地革命，恢復農工業生產，提高了農民的生產積極性，發展了根據地經濟；採取有效措施解決城市企業經營困難等問題，科學分類資本主義工商業，完善了中共的私營工商業政策，恢復了城市經濟秩序，贏得了城市工商業主和居民的信任和支持；在探索新民主主義經濟道路的過程中，系統闡述了新民主主義經濟理論，為新中國成立後系統開展經濟建設提供了初步的理論指導。

三、現代中國經濟的發展

中國共產黨團結帶領全國人民經過 28 年的浴血奮戰，終於推翻了帝國主義、封建主義和官僚資本主義的反動統治，戰勝了日

1　中國經濟史編寫組：《中國經濟史》，高等教育出版社 2019 年版，第 254 頁。
2　中國經濟史編寫組：《中國經濟史》，高等教育出版社 2019 年版，第 255 頁。

本帝國主義侵略者，取得了解放戰爭的勝利。1949 年 10 月 1 日，中華人民共和國成立。這標誌着中華民族從此站起來了，並以嶄新的姿態屹立於世界民族之林，開啟了中國歷史的新紀元，為未來經濟發展奠定了堅實的基礎。

（一）新中國成立初期，中國經濟積貧積弱

由於帝國主義的長期掠奪和國民黨政府的搜刮，以及多年戰爭的破壞，國民經濟受到嚴重破壞，國民黨統治區的經濟面臨崩潰。新中國成立之初，中國經濟基礎十分薄弱。

在中國共產黨的帶領下，1950 年中央人民政府頒佈《中華人民共和國土地改革法》，它規定廢除地主階級封建剝削的土地所有制，實行農民的土地所有制。同年冬起，全國分批進行土地改革，沒收地主的土地，分給無地或少地的農民耕種。到 1952 年底，全國大陸基本完成土地改革。土地改革的完成，徹底摧毀了中國存在 2000 多年的封建土地制度，消滅了地主階級；農民翻了身，得到了土地，成為土地的主人。這使人民政權更加鞏固，也大大解放了農村生產力。農業生產獲得迅速恢復和發展，為國家的工業化建設準備了條件。

中國是一個落後的農業國，農業是新中國成立初期的主要經濟基礎和財政來源。1950 年公糧收入佔全部財政收入的 41.4%，排第一位，說明新中國產業十分落後。中國的工業水平很低，基礎薄弱，而且門類不全，許多重要工業產品的人均擁有量遠遠低於發達國家。1952 年，人均鋼產量在美國是 538.3 千克，蘇聯是 164.1 千克，而中國只有 2.37 千克；人均發電量在美國是 2949

度，蘇聯是 553.5 度，而中國只有 2.76 度。

到 1956 年底，國家基本上完成了對農業、手工業和資本主義工商業的社會主義改造，實現了生產資料私有制向社會主義公有制的轉變。社會主義基本制度在中國建立起來。這是中國歷史上最深刻的社會變革。中國從此進入社會主義初級階段。面對充滿期待又前所未有的社會主義建設事業，中國共產黨領導中國人民開始了艱辛的社會主義現代化建設探索，取得了一系列巨大成就，新中國在建國初期逐漸恢復了國民經濟。經過三年的經濟恢復，國民經濟得到根本好轉，工業生產已經超過歷史最高水平。

三大改造的完成，標誌着新民主主義經濟轉向了計劃經濟體制。計劃經濟體制舉全國之力初步跨越了工業化的發展瓶頸，這成為中國經濟的第一次歷史性跨越。為了有計劃地進行社會主義建設，中國政府編制了發展國民經濟的第一個五年計劃。它的基本任務是集中主要力量發展重工業，建立國家工業化和國防現代化的初步基礎。第一個五年計劃從 1953 年開始執行。第一個五年計劃期間，中國以蘇聯幫助興建的 156 個項目為中心，先後施工一萬多個工業項目。鋼鐵、煤炭、電力、機械製造等各個領域快速發展，捷報頻傳。鞍山鋼鐵公司無縫鋼管廠等三大工程、長春第一汽車製造廠、瀋陽第一機牀廠和飛機製造廠等建成投產。交通運輸建設也取得很大成就：新建寶成、鷹廈等鐵路 30 餘條；川藏、青藏、新藏公路相繼通車，密切了祖國內地與邊疆地區的聯繫；1957 年，武漢長江大橋建成，連接了長江南北的交通。

（二）現代化經濟建設在曲折中前進

1956 年，中國共產黨在北京召開第八次全國代表大會。根據社會主義基本制度已經在中國建立起來的新形勢，大會分析了當時國內的主要矛盾，指出黨和人民的主要任務是集中力量把中國儘快地從落後的農業國變為先進的工業國。中共八大以後，中國人民在中國共產黨的領導下，以高昂的熱情投入社會主義建設事業，艱苦奮鬥，克服了重重困難，取得了巨大成就。工業生產能力和技術水平大大提高，建成一大批大中型項目。武漢、包頭兩大鋼鐵基地，大慶油田、勝利油田和大港油田，都是這個時期建設起來的。到 1965 年，中國實現了原油和石油產品的全部自給。工業佈局有了明顯改善，原有的沿海工業基地得到加強，廣大內地也新建了不同規模的現代工業。新興的電子工業、原子能工業、航天工業從無到有地發展起來。交通方面，修建了蘭新、蘭青、包蘭等鐵路。水利建設也取得很大成績。中國首先完成了人工合成結晶牛胰島素，這在世界上居於領先地位。同時，國防尖端技術取得了巨大進展。中國初步形成了獨立的、比較完整的工業體系和國民經濟體系，為現代化建設打下了堅實的物質基礎。

從經濟增速來看，新中國成立至改革開放前，中國經濟實現了較快發展。1952 年，中國 GDP 為 679.1 億元，1978 年達到 3678.7 億元，雖然這期間有些年份的數值有所下降，但從整體來看，1952—1978 年中國 GDP 平均增長率仍高達 6.71%。就人均水平來說，1952 年中國人均 GDP 為 119 元，1978 年為 385 元，是 1952 年的三倍多。有研究表明，1961—1978 年間，無論是 GDP 增長速度還是人均 GDP 增長速度，中國的發展速度均遠遠高於

美、英、法、澳、加等國。[1]

從經濟結構來看，新中國成立至改革開放前，中國已經開始了從農業大國向工業大國的轉型。1952年，在中國GDP總量中，第一產業佔比為50.5%，第二產業佔比為20.8%；1978年，第一產業佔比下降為27.7%，第二產業的佔比上升為47.7%。中國主要工業製成品產出和主要農產品產出在計劃經濟時期都取得了驚人的增長。1978年，中國糧食產量躍居世界第二，棉花產量躍居世界第三，鋼鐵產量躍居世界第四，石油產量躍居世界第八，計劃經濟時期的物質積累和生產力的提高為中國後來的發展奠定了堅實的基礎。[2]

新中國成立後的前30年，中國共產黨帶領人民對社會主義經濟建設進行了曲折的探索，「儘管犯過一些錯誤，但我們還是在三十年間取得了舊中國幾百年、幾千年所沒有取得過的進步」。[3] 總的來說，中國完成了社會主義工業化初期的積累，建立起完整的工業體系和國民經濟體系，奠定了中國工業化發展的基礎，初步實現了經濟自主、獨立發展。

當然，也要承認，中國經濟並沒有擺脫困難局面。當時，世界發達國家人均收入的平均水平是8100美元，中等收入國家的平均水平是1160美元，發展中國家的平均水平是520美元；按當時

1　參見陳波：《應客觀評價社會主義前30年的經濟成就》，《海派經濟學》2019年第3期。

2　周文、何雨晴：《中國共產黨百年初心使命與中國經濟發展偉大成就》，《武漢科技大學學報（社會科學版）》2022年第1期。

3　參見中共中央黨史研究室：《中國共產黨的九十年：社會主義革命和建設時期》，中共黨史出版社2016年版。

的匯價計算，中國人均國民生產總值只有 230 美元，而農民的人均收入只有 191.33 元，不足 62 美元。中國貧困人口及低收入人口約佔總人口的一半。

（三）改革開放和現代化建設新時期經濟飛躍性發展

1978 年，中共十一屆三中全會作出了把黨和國家工作中心轉移到經濟建設上來、實行改革開放的歷史性決策。從此，中國開始集中精力「以經濟建設為中心」的奮鬥歷程，創造了經濟增長的「中國奇跡」，國家經濟實力大幅躍升。

改革首先從農村的土地開始，探索實行家庭聯產承包責任制，使農民獲得生產和分配自主權，解決了生產管理過分集中、經營方式過分單一等問題，受到農民普遍歡迎。在城市推進國營企業擴大自主權的改革試點，探索形成多種經濟成分共同發展局面，在堅持公有制經濟主體地位的前提下，中國所有制結構改革不斷加快，鼓勵、支持、引導非公有制經濟發展，逐步形成了以公有制為主體，個體經濟、私營經濟、外資經濟和其他經濟為補充，多種經濟成分共同發展的局面。推動對外開放和創辦經濟特區。積極引進利用外資，改革對外貿易體制。經濟體制逐步發展到轉向社會主義市場經濟體制，社會主義市場經濟體制機制日趨完善。加快轉變經濟發展方式，堅持在發展中促轉變，在轉變中謀發展，在加快推進經濟發展方式轉變上取得了重要進展。

成為世界經濟總量第二大國。1978—2012 年，中國 GDP 連上新台階。1978 年，中國 GDP 為 3678.7 億元，1986 年突破一萬億元，2000 年突破十萬億元，2012 年突破 50 萬億元。進入 21 世

紀以來，中國經濟總量一路趕超歐洲發達國家，繼 2005 年超過法國、2006 年超過英國、2007 年超過德國、2010 年超過日本之後，成為世界經濟總量第二大國。中國 GDP 佔世界生產總值的比重從改革開放之初的 1.8% 上升至 2012 年的 11.5%。

經濟增速保持 30 多年高速增長。中國市場化的改革進程，創造了經濟增長率保持年均 9.8% 持續 30 年的增長奇跡，為世界所矚目。1979—2012 年，中國經濟快速增長，年平均增長率達到 9.9%，比同期世界經濟平均增長率快 7.0 個百分點，也高於世界各主要經濟體同期平均水平。[1] 2008—2012 年中國對世界經濟增長的年均貢獻率超過 20%。同時，中國外匯儲備隨着對外經濟的發展而大幅增長，實現了從外匯短缺國到世界第一外匯儲備國的巨大轉變。

人民生活水平達到總體小康。改革開放使中國人民生活水平極大提高，實現了從溫飽不足到總體小康的跨越。中國人均 GDP 從 1978 年的 3381 元提高到 2012 年的 3.8 萬元，實際年均增長 8.7%，已經進入上中等收入國家行列。隨着收入分配制度改革的深入，城鄉居民收入顯著提高，1978—2012 年城鎮居民和農村居民人均可支配收入實際年均增長率分別達到 7.4% 與 7.5%，人民生活水平和生活質量得到極大改善。

（四）新時代以來中國經濟進入高質量發展新階段

2012 年以來，中國特色社會主義進入新時代。以習近平同志

---

1 中共黨校（國家行政學院）習近平新時代中國特色社會主義研究中心編：《中央黨校公開課》，人民出版社 2021 年 6 月版，第 158 頁。

為核心的黨中央，統籌推進「五位一體」總體佈局，協調推進「四個全面」戰略佈局，全方位推進經濟體制改革，明確經濟體制改革的核心問題是處理好政府和市場的關係，作出中國經濟發展進入新常態這一重大論斷，提出堅持以人民為中心的發展思想，強調牢固樹立創新、協調、綠色、開放、共享的新發展理念，以供給側結構性改革適應並引領經濟新常態，按照穩中求進的工作總基調扎實推進中國經濟持續健康發展。

經濟總量持續提升。經過新中國成立 70 多年特別是改革開放 40 多年的努力，中國已穩居世界第二大經濟體。由 2012 年的 53.9 萬億元上升到 2021 年的 114.4 萬億元。中國經濟總量相對於美國經濟總量比例在 2012 年突破 50%，2014 年突破了 60%，到 2020 年突破了 70%。按年平均匯率折算，2021 年中國經濟總量佔世界經濟的比重達 18.5%，比 2012 年提高 7.2 個百分點，穩居世界第二位。2022 年，中國經濟發展再上新台階，國內生產總值增加到 121 萬億元。[1] 中國成為全球第一的製造業大國，擁有超級的經濟體量、雄厚的工業基礎和巨大的國內市場。

經濟保持了中高速增長。隨着經濟結構的持續優化，全員勞動生產率持續提高，從 2012 年每人 72,917 元提高到 2021 年每人 146,380 元，十年間將全員勞動生產率翻了一番。從 2013 年到 2022 年十年增加近 70 萬億元，年均增長 6.2%，在高基數基礎上實現了中高速增長、邁向高質量發展。財政收入增加到 20.4 萬億元。糧食產量連年穩定在 1.3 萬億斤以上。工業增加值突破 40 萬

1　數據來自國家統計局相關年份國民經濟和社會發展統計公報。

億元。城鎮新增就業年均 1270 多萬人。外匯儲備穩定在三萬億美元以上。[1]

產業結構持續優化。第一產業佔比從 2012 年的 9.4% 下降到 2021 年的 7.3%，第三產業佔比從 2012 年的 45.3% 上升到 2021 年的 53.3%，第二產業佔比從 2012 年的 45.3% 下降到 2021 年的 39.4%。第一產業增加值從 5.2 萬億元上升到 8.3 萬億元，第二產業增加值從 23.5 萬億元上升到 45.1 萬億元，第三產業增加值從 23.2 萬億元上升到 61.0 萬億元。在基本保持工業穩定的前提下，第三產業佔比持續上升，第一產業持續下降，符合大國經濟現代化進程產業結構優化升級的趨勢。中國製造業增加值總量從 2012 年的 16.98 萬億元增加到 2021 年的 31.4 萬億元，佔全球比重從 22.5% 提高到近 30%，製造業第一大國地位得到鞏固提升。[2]

人民生活水平大幅提升。中國人均國內生產總值從 2012 年的 6300 美元上升到 2021 年的 1.2 萬美元，超過了全球人均 GDP 的平均水平，已接近世界銀行給出的高收入國家的門檻水平。全國常住人口城鎮化率從 2012 年的 52.6% 上升為 2021 年的 64.7%，每年提高 1.2 個百分點。2021 年居民人均可支配收入達到 35,100 元，城鎮新增就業年均 1300 萬人以上。[3] 人民對美好生活的嚮往不斷變為現實。

---

1 李克強：《政府工作報告 —— 2023 年 3 月 5 日在第十四屆全國人民代表大會第一次會議上》，人民出版社 2023 年版。

2 黃羣慧：《新時代中國經濟發展的歷史性成就與規律性認識》，《當代中國史研究》2022 年第 5 期。

3 數據來自國家統計局相關年份國民經濟和社會發展統計公報。

總的看，中國特色社會主義進入新時代以來，中國經濟實現高質量發展，如期實現全面建成小康社會的目標，基本實現了工業化，經濟發展平衡性、協調性和可持續性明顯增強，邁上了更高質量、更有效率、更加公平、更可持續、更為安全的發展之路。如期全面建成小康社會，開創了中華民族有史以來未曾有過的經濟社會全面進步、全體人民共同受惠的好時代，為全面建成社會主義現代化強國、實現中華民族偉大復興奠定了更為堅實的物質基礎。

四、中國與世界經濟的比較

中共十八大以來，中國經濟發展平衡性、協調性、可持續性明顯增強。2022年，國內生產總值突破121萬億元大關，國家經濟實力、科技實力、綜合國力躍上新台階，中國經濟邁上更高質量、更有效率、更加公平、更可持續、更為安全的發展之路。

（一）中國經濟增速高於世界其他國家

2023年，全球經濟整體疲軟，而中國經濟繼續呈現恢復向好態勢：增長動能強勁，消費、投資等主要經濟指標向好，市場預期明顯改善。世界銀行分析認為，油價上漲、歐美銀行業動盪和通貨膨脹等仍將對下半年全球經濟增長造成下行壓力，預計2023年全球經濟增速將從2022年的3.1%降至2%，預計美國經濟增速從2022年的2.1%放緩至1.2%。中國以外的發展中國家2023年

經濟增速預計從 2022 年的 4.1% 放緩至 3.1% 左右，且由於投資疲軟、利率上升和發達經濟體經濟增長相對疲軟，許多發展中國家未來數年仍將維持低增長，加劇財政壓力和債務挑戰。2023 年 4 月 11 日，國際貨幣基金組織（IMF）發佈兩份重磅報告：《世界經濟展望報告》和《全球金融穩定報告》。相比 2023 年 1 月底修正數據出爐時的明快、振奮，時隔不到三個月，IMF 對世界經濟前景的觀感卻又「晴轉陰」。IMF 不僅將今年世界經濟增長預期下調至 2.8%，還動用「極大不確定性」「迷霧重重」「危險」等一連串沉重措辭形容世界經濟前景。但在一片愁雲慘霧中，IMF 對今年中國經濟增長依然維持在 5.2% 的預測，並且以「強勁反彈」形容，以「關鍵引擎」定義。[1]

（二）中國經濟成為世界經濟的動力源和壓艙石

新中國成立以來尤其是改革開放以來的經濟發展成就扭轉了近代以來中國經濟規模佔比下降、影響力下降的歷史。改革開放以來，中國經濟佔世界的份額迅速上升。中國經濟從世界經濟增長的拖累變成世界經濟增長最大的貢獻者。1961 — 1978 年，中國對世界經濟增長的年均貢獻率為 1.1%；1979 — 2012 年，中國對世界經濟增長的年均貢獻率為 15.9%，僅次於美國，居世界第二位；2013 — 2018 年，中國對世界經濟增長的年均貢獻率為 28.1%，居世界第一位；自 2006 年以來，中國對世界經濟增長的

1　廖勤：《IMF：世界經濟增長面臨極大不確定性》，《解放日報》2023 年 4 月 13 日。

貢獻率穩居世界第一位，是世界經濟增長的第一引擎。[1] 當前，中國經濟進入新發展階段，經濟總量規模達到新的高度，中國經濟的國際地位顯著提升。中國作為世界第二大經濟體地位得到鞏固提升。2022 年的國內生產總值（GDP）折合美元約 18 萬億美元，穩居世界第二大經濟體，且十年來的平均增速超過 6.0%，全球佔比上升至 18.0%，人均 GDP 超過 1.2 萬億美元，達到世界中等偏上收入水平。中國經濟已經成為世界經濟格局中最為穩定、最具活力、最有韌性、最富成長性的動力源和壓艙石。

（三）中國成為世界中等收入國家

1989 年世界銀行正式將世界上的國家分為低收入國家、中等收入國家和高收入國家，隨後又將中等收入國家細分為中等偏下收入國家和中等偏上收入國家，並確定了具體的標準。1987 年，低收入國家的標準為人均國民收入低於 480 美元，而中國當年的人均國民收入為 320 美元，遠低於這一標準；1998 年中國人均國民收入達到 800 美元，在改革開放 20 年後，進入中等收入國家行列；2010 年，中國人均國民收入突破 4000 美元，達到 4340 美元，高於當年中等偏上收入國家的進入門檻 3976 美元，跨入中等偏上收入國家之列；2019 年，中國人均國民收入高達 10,410 美元。中國成為中等收入國家在世界上是具有強烈的衝擊效應的。1978 年中國人口為 9.6 億，2010 年進入中等偏上收入國家行列時人口為 13.41 億，2019 年則高達 14 億，這意味着一個 14 億人口的大國，

1　轉引自國家統計局：《新中國成立 70 周年經濟社會發展成就系列報告》。

短短 32 年從一個低收入國家發展成了一個中等偏上收入國家，其速度之快、人口規模之大，在經濟發展史上是罕見的。尤其從人口規模來看，可以說絕無僅有。2019 年，全世界中等偏上收入國家總人口為 26.4 億，中國就佔到了其中的 53.03%。2021 年，中國共產黨成立百年之時，中國歷史性地解決了困擾中華民族幾千年的絕對貧困問題，全面建成小康社會，實現了第一個百年奮鬥目標。更重要的是，按照目前的增長勢頭，中國將在「十四五」期間跨入高收入國家行列。[1]

（四）中國經濟發展具有世界其他國家不具有的獨特的增長優勢

中國經濟在過去四十多年延續了高速增長勢頭，經濟總量規模不斷躍升，這說明中國經濟具有世界其他國家不具有的獨特的增長優勢。在中國共產黨領導下，中國已經形成了中國特色社會主義理論體系，成功地開闢了中國特色社會主義道路，建立了中國特色社會主義制度。全國人民凝聚着道路自信、理論自信、制度自信和文化自信的無窮力量，這種力量可以攻堅克難，推動從經濟大國走向經濟強國。中國特色社會主義經濟制度，既具有解放和發展生產力的優勢，又重視社會公平、防止兩極分化，是全體人民共享改革發展成果的制度保障。中國政府在動員和分配資源方面具有強大的能力，在推動經濟發展方面，能充分調動中央

---

1 中共黨校（國家行政學院）習近平新時代中國特色社會主義研究中心編：《中央黨校公開課》，人民出版社 2021 年 6 月版，第 158 頁。

與地方兩個積極性，全國經濟蓬勃發展、整體水平不斷提升。作為大型經濟體，中國近年來的經濟增速放緩具有客觀性，符合國際慣例和經濟發展的一般規律。即便進行國際比較，中國的經濟增長水平仍居世界前列，特別是與美國、日本，以及歐元區等大型經濟體相比，中國經濟的增速仍較高。

（五）中國經濟與世界發達國家還有差距

中國仍處於並將長期處於社會主義初級階段，依然是世界上最大的發展中國家。目前中等發達國家人均國內生產總值在兩萬美元以上，中國與發達國家在許多經濟和民生指標方面仍有較大差距。目前，中國有超過四億人的中等收入羣體，比美國總人口還要多，超過歐洲總人口的一半，而最終消費支出對 GDP 增長的貢獻率不到 60%，發達國家則達到 70% 以上，中國刺激消費和擴大內需的空間還比較大。解決發展不平衡不充分問題、提升人民生活品質所產生的需求是持久的、全面的。當今時代，世界新一輪科技革命和產業變革突飛猛進，科學技術進步和經濟社會發展加速滲透融合。特別是科技創新成為國際戰略博弈的主要戰場，圍繞科技制高點的競爭空前激烈。為了在這一輪競爭中搶佔先機，各主要國家抓緊佈局，紛紛推出加速科技創新的戰略安排。當前，中國科技整體水平大幅提升，但原始創新能力還不強，創新體系整體效能還不高，科技創新資源整合還不夠，科技創新力量佈局有待優化，科技投入產出效益較低，科技人才隊伍結構有待優化，科技評價體系還不適應科技發展要求，科技生態需要進一步完善。目前在世界科技大國的方陣中，美國依然全面領先，

德國、英國等處於第二方陣，中國仍排在十位之後。據有關機構統計，在全球頂尖科學家分佈中，美國以 50% 的比例佔有絕對優勢，德、英為 15%，中國僅為 5.4%。[1]

當前，中國已經邁上全面建設社會主義現代化國家的新征程，中國式現代化新的使命任務和新的發展環境對經濟實現質的有效提升和量的合理增長提出了更高、更為緊迫的要求。新時代的發展必須是高質量發展，低水平重複建設和單純數量擴張沒有出路。只有以質取勝、不斷塑造新的競爭優勢，才能支撐長期持續健康發展。必須堅持把發展作為黨執政興國的第一要務，在持續實現經濟質的有效提升的同時，持續實現經濟量的合理增長，不斷做大做強中國經濟，為全面建成社會主義現代化強國、實現中華民族偉大復興打下堅實的物質基礎。

---

1 中共中央宣傳部理論局：《新征程面對面：理論熱點面對面 2021》，學習出版社、人民出版社 2021 年版。

第二章

新中國的誕生和
經濟體制選擇

中華人民共和國的成立，開啟了中華民族偉大復興的歷史新紀元。中國共產黨領導全國人民經過三年多的艱苦奮鬥，解放前遭到嚴重破壞的國民經濟得到全面恢復，並有了初步發展；通過制定和實施國民經濟發展的第一個五年計劃，社會主義工業化建設開始起步；探索並穩妥解決了社會主義改造的具體途徑問題，社會主義基本經濟制度初步建立起來。

一、恢復和發展國民經濟

　　新中國成立初期，中國共產黨和中國人民面臨着嚴峻考驗，許多困難亟待解決。經濟上新中國繼承的是一個千瘡百孔的爛攤子，生產萎縮、交通梗阻、民生困難、失業眾多。國民黨統治下長期的惡性通貨膨脹，造成物價飛漲、投機猖獗、市場混亂。中國共產黨有沒有能力把經濟形勢穩定下來，把生產恢復起來，使新的政權完全站穩腳，擔負起領導建設新國家、新社會的重任，這是一個嚴峻的考驗。

（一）組建經濟領導機構

新中國建立前後，中共中央在指揮人民解放軍繼續向全國進軍的同時，另一項重要工作就是建立中央經濟工作的領導機構，實現國內經濟的穩定和發展。國內外一些人認為，「共產黨馬上得天下，不能馬上治天下」；「共產黨打天下容易，治天下難」，對此，毛澤東回答說：「打天下也並不容易，治天下也不是難得沒有辦法。」所以，恢復和發展經濟是中國共產黨推翻國民黨掌握全國政權面臨的新的重大課題。

1949 年元旦，中共中央召開了一次財經工作座談會，出席會議的有朱德、董必武和各大區負責人，大家要求建立統一的財經領導機構，以適應國內軍事戰場和新老解放區的建設。

3 月，中共中央召開七屆二中全會，在決定全國解放後大政方針的同時，決定設立中央財政經濟委員會，簡稱中財委，來領導新老解放區的財政經濟工作，保障新解放城市的物資供應和維護解放區的經濟穩定。

5 月，中共中央發出《關於建立中央財政經濟機構大綱（草案）》的文件。這個文件是劉少奇起草、毛澤東審定的。文件指出：由於人民革命戰爭正在取得全國範圍的勝利，為了儘可能迅速地和有計劃地恢復與發展人民經濟，藉以供給目前人民戰爭的需要及改善人民生活之目的，應即建立有工作能力的中央的財政經濟機構，並使各個地方的財政經濟機構和中央財政經濟機構建立正確的關係。

文件提出幾個要求：一是在中國人民革命軍事委員會之下，立即建立中央財政經濟委員會，並陸續建立若干中央財政經濟部

門，作為目前中央的財政經濟機構；二是中央財政經濟委員會應陸續設立中央計劃局、中央財經人事局、中央技術管理局、私營企業中央事務局、合作事業中央管理局、外資企業中央事務局等工作機構；三是在東北、西北、華中、華東等區域及各省各大城市，均應建立財政經濟委員會及各級人民政府委員會的若干財政經濟部門。

這就確定了中財委作為中國共產黨在經濟戰線的統一領導機構的地位。中財委是在原中共中央財政經濟工作部和華北財政經濟委員會合併的基礎上組建起來的，中央其他的一些財經部門也主要以華北人民政府的有關財經部門為基礎組建的。

6月，周恩來宣佈人民革命軍事委員會派陳雲、薄一波負責籌備組織中央財政經濟委員會。會上，陳雲就成立中央財政經濟委員會的必要性作了說明。他說，以往東北、華北、西北及其他解放區都有地域性的財經機構，但現在有成立中央的財經機構的必要。因為解放戰爭的勝利日益擴大，財經問題也逐漸增加，並且往往帶有全國性的，這就需要有一個機構來處理這些問題。

10月，陳雲、薄一波在給毛澤東的報告中提出，把中財委建立起來，需要調入一大批幹部，特別是民主人士、專家學者、大學教授參加這項工作，用他們的專業知識、工作經驗，可以部分地解決我們專業能力的不足問題。

新中國建立後，中央財政經濟委員會成為中央人民政府政務院的財政經委員會，統一領導全國的財經工作，仍簡稱中財委。政務院下設政治法律、財政經濟、文化教育、人民監察四個委員會，每個委員會相當於政務院的一個分院。財政經濟委員會下屬16個部級機構，是四個委員會中下屬機構最多也是最忙的一個委員會。

中財委為穩定金融物價，統一財經管理，調整工商業，完成國民經濟恢復時期的任務，擬定和準備實施第一個五年計劃，做了大量的工作，這一機構對於恢復和發展國民經濟發揮了重要作用。第一次全國人民代表大會後，各部由中央人民政府即國務院直接領導，政務院財政經濟委員會即行結束。

薄一波晚年回顧中財委工作時指出：「40 年後回頭來看，這個時期的工作，大政方針都是由黨中央和毛主席決定的，而中財委作為黨中央的財經參謀部和具體作戰的指揮機構，在陳雲同志的領導下，工作也是做得出色的。」

（二）建立國營經濟

面對建國初期嚴峻的經濟形勢，中國共產黨堅定地貫徹七屆二中全會精神，緊緊抓住恢復和發展生產這個中心，迅速建立國營經濟。

在國民黨統治的 22 年裏，特別是抗戰勝利以後，官僚資本迅速膨脹，控制了全國銀行總數的 70% 和產業資本的 80%，以及全部的鐵路、公路、航空運輸和 44% 的輪船噸位。官僚資本是半殖民地半封建舊中國的國家壟斷資本，嚴重阻礙中國經濟社會的發展。因此，沒收官僚資本為人民的國家所有，是新民主主義革命任務所要求的，也是新中國掌握國家經濟命脈、恢復國民經濟和發展國營經濟的重要前提。

根據《共同綱領》要求，沒收官僚資本歸新民主主義國家所有，是建立國營經濟最重要的物質前提和主體。中共中央在總結東北、華北接管城市基礎上，確定了對官僚資本企業先保持其原

來的組織機構和生產系統，完整地接受下來，實行監督生產，然後逐步實行民主改革和生產改革的方針。這與徹底打碎反動國家機器不同，既避免發生損失和混亂，又保證企業接收後儘快恢復生產。到 1950 年初，全國合計接收官僚資本的工礦企業 2800 餘家，金融企業 2400 餘家。以此為主要基礎，國營經濟迅速建立起來。

由於官僚資本在舊中國控制着國家的經濟命脈，民族資本主義的力量單薄而又分散，官僚資本主義一經收歸國家所有，實際上就改造了中國資本主義經濟的主要成分。從這個意義上說，沒收官僚資本既是新民主主義革命的步驟，又帶有社會主義革命的性質。

截至 1952 年，全國國有企業固定資產原值為 240.6 億元人民幣（按 1955 年 3 月 1 日中國人民銀行發行的新人民幣幣值折算、新幣一元等於舊幣 10,000 元），其中大部分為沒收官僚資本企業的資產。這筆巨大財富收歸國家所有，構成新中國成立初期國營經濟物質技術基礎的最主要部分，為國家調節各種非公有制經濟成分、組織恢復生產提供了有力的物質手段，並決定着全社會經濟的性質和發展方向。

建國初期，國營經濟還有其他幾種來源：一是在解放戰爭期間由根據地政府自行建立起來的，其中主要是軍需工業，是為了供給戰爭而建立發展起來的，一般企業規模不大，經營管理方面具有一定的軍事性和供給制的特點。二是抗美援朝以後，美國對中國實行封鎖禁運，並宣佈管制中國在美的公司財產。中國採取針鋒相對的措施，中國政府通過多種形式，有步驟地把一部分外資企業，轉歸國家所有。三是新中國成立後，中蘇簽訂《中蘇友

好同盟互助條約》，蘇聯同意放棄在中國的特權，一切權利和財產無償移交中國政府。

（三）穩定物價、統一財經工作

新中國初期，經濟上的困難來自兩個方面：一是連續多年的戰爭，加上國民黨敗走時的瘋狂掠奪和破壞，中國的經濟已經千瘡百孔。二是人民解放軍後期作戰仍需很大開支，恢復生產和交通以及穩定社會秩序急需大量資金。

從上海來看，國民黨從大陸敗退前夕，上海主要商品批發物價指數比戰前上漲了 200 多萬倍。惡性通貨膨脹使投機活動十分猖獗，正常的生產經營活動難以進行。所以，新中國首要任務就是整治金融市場，把物價初步穩定下來。穩定了物價，就穩定了人心，這樣才能恢復經濟。

當時各大城市軍管會或人民政府均發佈了以人民幣為唯一合法貨幣的法令，限期收兌國民黨政府發行的金圓券，禁止銀元、外幣在市場上自由流通。在這種情況下，大批投機商卻對政府的法令置若罔聞，利用人民幣在市場上立足未穩，大肆炒賣銀元、外幣，帶動物價上漲，同時乘機囤積居奇，哄抬物價，擾亂金融，使國家財政困難進一步加劇。

另一方面，由於城鄉阻隔，老百姓心裏對紙幣不信任，也使人民幣進入市場和建立信用遭受了嚴重阻礙。另外，從國家銀行流出的貨幣，匯集在若干大城市游離衝擊，通過地下錢莊或其他形式的黑市拆放，落到投機家手中，成為他們搶購囤積、破壞市場、助漲物價波動的力量。

一些資本家認為，共產黨不懂經濟，控制市場能力有限。他們說共產黨軍事 100 分、政治 80 分、經濟 0 分，投機資本的氣焰十分囂張。中財委成立以後的第一件事，就是要打一場解決上海經濟問題的「淮海戰役」。中財委果斷採取了一系列整頓金融秩序的措施，相繼組織兩次「戰役」。首先是「銀元之戰」。上海是投機商進行金融投機的中心，對此如不予以制止，人民幣就無法確立信用和法幣地位，金融也難以穩定。

為此，中財委首先採用投放大量銀元以壓低市場銀元價格的措施，但由於投機勢力強大，這一市場手段沒有明顯的效果，於是決定採用政治、行政的方法加以解決。1949 年 6 月 10 日，上海市軍事管制委員會關閉了作為投機中心的上海證券交易所，逮捕、法辦了一批嚴重違法的金融投機者，並實施金融管理辦法。這一行動有效地打擊和威懾了非法金融投機活動，使銀元價格大幅下跌，市場價格回落，人民幣迅速進入流通市場。

「銀元之戰」後，為了增強國營經濟的實力，掌握穩定物價和發展經濟的主動權，中共中央決定加大對國營企業的貨幣投放，使其能大量收購糧、棉等物資。一些不法投機商看到這種情況，認為機會又來了。他們乘機囤積糧食、棉花等物資，哄抬物價、擾亂市場，引發全國性漲價狂潮。國民黨特務更是趁機叫囂，只要控制了兩白（米、棉）一黑（煤），就能置上海於死地。以陳雲為主任的中財委沉着應對，精心部署，在全國範圍內集中調運糧食、棉紗等主要物資，在大城市統一敞開拋售，使物價迅速下跌；同時催收稅款，進一步收緊銀根，投機商資金周轉不靈，紛紛破產。

通過「銀元之戰」和「米棉之戰」，全國物價開始穩定。要

從根本上穩定物價，必須做到國家財政收支平衡和市場物資供求平衡。1950 年 3 月，政務院發出《關於統一國家財政經濟工作的決定》，決定統一全國財政收入，使財政收入的主要部分集中到中央，用於國家的必要開支。統一全國物資調度，使國家掌握的重要物資能從分散狀態集中起來合理使用，以調劑餘缺。這一決定很快取得了明顯成效。穩定物價和統一財經工作，有力推動了全國範圍內恢復和發展生產。

（四）完成土地改革

1950 年 6 月，中國共產黨在北京召開七屆三中全會。毛澤東向全會提交了《為爭取國家財政經濟狀況的基本好轉而鬥爭》的書面報告，向全黨提出當前階段的中心任務，用三年左右的時間，創造三個條件，即土地改革完成、工商業合理調整、國家機構所需經費的大量節儉。

土地改革是新民主主義革命的任務，其目的是使農村生產力從封建土地所有制的束縛下獲得解放，發展農村生產，為新中國工業化開闢道路。從 1950 年冬到 1952 年底，中國共產黨領導佔全國人口一半多的新解放區進行了廢除封建土地制度的改革。新解放區土地改革的總路線是：依靠貧農、僱農，團結中農，中立富農，有步驟、有分別地消滅封建剝削制度，發展農業生產。

1950 年 6 月，中央人民政府委員會通過由中共中央提出的《中華人民共和國土地改革法（草案）》。這一土地改革法總結了過去中國共產黨領導土地改革的經驗，又根據當時的實際情況規定了保存富農經濟的政策，成為指導新區土地改革的基本法律依

據。為加強統一領導，中共中央成立了以劉少奇為主任的中央土地改革委員會，負責指導全國土地改革工作。

土地改革法明確規定，沒收地主的土地、耕畜、農具、多餘的糧食、多餘的房屋，統一地、公平合理地分配給無地少地及缺乏其他生產資料的貧苦農民所有。同時改變過去徵收富農多餘的土地財產的政策，規定保護富農自耕和僱人耕種的土地及其財產；半地主式富農出租大量土地，超過其自耕和僱人耕種的土地數量者，徵收其出租的土地。對地主，除沒收土地外，限制沒收其財產的範圍。對小土地出租者，提高了保留其土地數量的標準。實行這些政策，為的是更好地保護中農，有利於分化地主階級，減少土地運動的阻力。歸根到底，有利於生產的恢復和發展。

到 1952 年底，除新疆、西藏等少數民族地區及台灣地區外，土地改革已在全國範圍內基本完成。這次改革，廣大農民無償獲得了土地等基本生產資料，及大地解放了農村生產力。

（五）調整工商業政策

1950 年上半年中國共產黨領導的「平抑物價」和「統一財經」兩個戰役的勝利，為新中國經濟恢復和發展奠定了基礎。但是，由於舊中國長期通貨膨脹造成的經濟畸形和因「統一財經」剎車過猛導致的需求不足、公私關係緊張，出現了市場蕭條。

據上海市統計，1950 年 4 月，大米和棉紗的批發市場交易量，分別比 1 月下降了 83% 和 47%；3 月同 1 月相比，百貨營業額大商號減少了一半，中小商號減少 90%。到 4 月下旬，全市倒閉的工廠有 1000 多家，停業的商店有 2000 多家，失業工人有 20

萬以上。另據統計，14 個較大城市在 1950 年 1 月到 4 月倒閉工廠合計 2945 家。16 個較大城市半停業的商店合計 9347 家。這些情況，激化了一些社會矛盾，失望和不滿情緒在一部分工人和城市貧民中迅速蔓延。

客觀地說，從舊的社會經濟結構轉到新的社會經濟結構，是一件複雜的工程。在舊中國，私營工商業是在持續通貨膨脹的環境裏求生存的，表現出嚴重的投機性、對外國資本主義經濟的依附性。因此，進入新的社會，這些困難從根本上說，是社會變革的產物，遇到困難是必然的。

但當時經濟政策存在一些缺點錯誤，也是需要加以解決的。一是平抑物價措施有些過猛，緊縮銀根起了消除通貨膨脹、穩定物價的作用，但對於正常工商活動也產生了一些副作用；二是有些政策的執行者，忘記了中共中央新民主主義經濟的指導方針是公私兼顧、勞資兩利，在處理公私關係上，明顯地歧視私營工商業。

針對這種狀況，1950 年 3、4 月，中共中央先後召開了有各大區負責人參加的工作會議和政治局會議，為七屆三中全會做準備。毛澤東在政治局會議上說：「目前財政經濟的好轉還只是財政的好轉，並不是經濟的好轉；財政的好轉也只能說是開始好轉，根本好轉需要完成土地制度的改革。目前財政上已經打了一個勝仗，現在的問題要轉到搞經濟上，要調整工商業。」會議指出，調整工商業的原則是公私兼顧、勞資兩利，要糾正一些幹部中存在的想擠垮私營工商業的不正確思想和做法。

調整工商業所涉及的範圍很廣泛，當時凡是不利於經濟恢復發展的問題都在調整之列。其中最突出的調整是「公私關係」「勞

資關係」和「產銷關係」。

當時城市工商業面臨的困難，主要是原材料嚴重短缺和商品普遍滯銷。調整公私關係的一項重要措施，是擴大對私營工廠的加工訂貨和收購包銷，這是國家對私營工業最有利的扶助。商業方面，明顯劃分公私商業的經營範圍，要求國營商業主要集中力量擴大批發業務，零售業務除糧食、布匹、煤炭、食油、煤油、食鹽六種重要物資外，其他商品讓給私商經營。另外，調整價格政策，在商品批發與零售、產地與銷地之間實行合理差價，使私營商業有利可圖；調整貸款政策，降低存貸利率，增加對私營企業的貸款；調整稅負，降低稅率，改進徵收辦法等。這些辦法，使私營工商業的經營狀況大為好轉。

在勞資關係上，調整的基本原則是，必須確認工人階級的民主權利，必須有利於發展生產。勞資之間的糾紛問題，用協商方式解決，協商不成，由政府仲裁。

經過半年的調整，私營企業很快擺脫困境，1951 年更被私營工商業者稱為發展的「黃金年」。

（六）國民經濟全面恢復

從 1949 年 10 月到 1952 年底，經過全國人民三年多的艱苦努力，解放前遭到嚴重破壞的國民經濟得到全面恢復，並有了初步發展。

農業的恢復是國民經濟一切部門恢復的基礎。三年來，糧食總產量從 1949 年的 11,318.4 萬噸，增加到 1952 年的 16,393.1 萬噸，增長 44.8%，比歷史上最高年產量的 1936 年增長 9.3%。

工業的恢復，在地區分佈上，以恢復東北工業基地為主，同時兼顧內地工業。東北各省率先恢復了工業生產，並開始初步的經濟建設，所生產的機器設備和工業物資，支援上海、天津等沿海工業的恢復。

經過三年的努力。1952 年，工農業總產值達到 810 億元，比 1949 年增長 77.6%，比解放前最高水平的 1936 年增長 23%。其中，工業總產值比 1949 年增長 145.1%；農業總產值增長 48.4%。按可比價格計算，1952 年的國民收入比 1949 年增長 69.8%。國家財政收入有了成倍的增加。

二、「一五」計劃奠定了工業化的基礎

在國民經濟恢復和經濟建設的基礎上，中國開始編制「一五」計劃，這一計劃的實施，為中國實現社會主義工業化奠定了初步基礎。從 1951 年開始編制「一五」計劃，到 1955 年 7 月第一屆全國人民代表大會第二次會議通過，歷時近五年，經歷了曲折的變化過程，期間多次修改。

（一）「一五」計劃編制過程

國民經濟有計劃按比例發展，是新民主主義經濟體制的內在規律和要求。1948 年 11 月東北全境解放以後，在蘇聯的幫助下，中共中央在東北開始編制地區性國民經濟的實踐，這為建國後國家編制國民經濟計劃積累了初步經驗。

1951 年 1 月，毛澤東在中央政治局擴大會議上提出了「三年準備，十年計劃經濟建設」的思想，首次明確提出了編制國民經濟發展計劃的設想。會議決定，自 1953 年起實行發展國民經濟的第一個五年計劃，並要求立即開始編制五年計劃的準備工作。會議決定，由周恩來、陳雲、薄一波、李富春、聶榮臻、宋邵文六人組成領導小組，負責這項工作。

編制五年計劃的目的，中共中央在《關於編制一九五三年計劃及五年建設計劃綱要的指示》中講得清楚：「國家大規模的經濟建設業已開始。這一建設規模之大，投資之巨，在中國歷史上都是空前的。為了加速國家建設，除應動員全國力量，集中全國人力和財力以外，必須加強國家建設的計劃工作，使大規模建設能在正確的計劃指導下進行，避免可能發生的盲目性。」

然而，由於舊中國留下的統計資料很不齊全，國內資源狀況不明，從中央到地方各級部門都缺乏編制經濟發展計劃的經驗，加上抗美援朝戰爭的影響，且蘇聯幫助中國建設的重點工程項目短時間內沒有確定下來，這樣，「一五」計劃只能採取邊計劃、邊執行的辦法，不斷修訂、調整、補充。

1952 年 8 月，中央財政經濟委員會試編出《五年計劃輪廓草案》，並組成以周恩來為團長，陳雲、李富春為副團長的政府代表團赴蘇聯徵詢意見，商談蘇聯援助中國進行經濟建設的具體方案。斯大林兩次會見中國代表團，肯定地回答願盡力之所及予以幫助，並對草案提出了一些原則性的意見。

1952 年 9 月，中共中央書記處會議聽取周恩來關於「一五」計劃輪廓問題同蘇聯商談情況的匯報，並討論「一五」計劃的方針和任務。正是在這次會議上，毛澤東首次提出「中國怎樣從現

在逐步過渡到社會主義去」的問題。後來，毛澤東在 1953 年 6 月提出的黨在過渡時期的總路線，成為編制「一五」計劃的指導方針。

1952 年 11 月，中央人民政府委員會第 19 次會議通過決議，增設國家計劃委員會，主席由高崗兼任，副主席是鄧子恢，委員有陳雲、鄧小平、彭德懷、林彪、饒漱石、彭真、薄一波等十幾人。國家計劃委員會有「經濟內閣」之稱，主要任務是在中央人民政府領導下，負責編制中國長期和年度的國民經濟計劃。

1952 年 12 月，中共中央領導在閱讀了《五年計劃輪廓草案》後，就編制計劃中若干問題作出了指示：一是考慮到朝鮮戰爭還在進行，必須按照中央的「邊打、邊穩、邊建」的方針從事建設，抗美援朝和國家建設必須兼顧，這是制定計劃的出發點；二是工業化的速度首先決定於重工業的發展，因此必須以發展重工業為大規模建設的重點；三是合理利用現有工業基礎和現有設備，充分發揮現有企業潛力；四是必須以科學態度從事計劃工作，使我們的計劃正確地反映客觀經濟發展規律。

1954 年 4 月，中央決定成立編制五年計劃綱要的八人工作小組，陳雲為組長，成員有高崗、李富春、鄧小平、鄧子恢、習仲勳、賈拓夫、陳伯達。6 月底，陳雲就五年計劃綱要初稿的有關問題向中共中央政治局擴大會議作了匯報，重點闡述了編制五年計劃的指導思想，即「按比例發展」和「綜合平衡」原則。

1955 年 7 月，第一屆全國人民代表大會第二次會議通過了《關於發展國民經濟和第一個五年計劃的報告》。「一五」計劃是新中國誕生後的第一個五年計劃，也是中國歷史上一個比較成功的計劃，它不僅對當時中國的經濟建設起到了重要的作用，而且

對後來中國的經濟計劃的制定乃至經濟建設的具體方針、政策、措施，都具有極大的影響。

（二）優先發展重工業

「一五」計劃是新中國在剛剛完成了三年經濟恢復後的背景下制定的，考慮到沒有工業便沒有鞏固的國防，便沒有人民的福利，便沒有國家的富強，因此，中共中央決策層決定，「一五」集中力量進行工業化建設，優先發展重工業。

社會主義工業化目標確定後，具體走什麼樣的發展道路，採取何種發展戰略，則需要根據中國實際情況特別是歷史條件、國際環境作出慎重抉擇。從世界工業發展史來看，道路主要有三種：一是英美模式，先發展輕工業積累大量資本，然後發展重工業；二是德日模式，政府投資重工業，民間投資輕工業，二者並重；三是蘇聯模式，優先發展重工業，短時間內建立獨立完整的工業體系。

1953 年 9 月，毛澤東在中央人民政府委員會的 24 次會議上，專門講了「施仁政」的問題，重點是用一切辦法擠出錢來建設重工業。他稱讚優先發展重工業的戰略是為人民的長遠利益的「大仁政」，現在我們的重點應放在建設重工業上。要建設，就要資金。所以，人民生活雖然要改善，但一時不能改善很多。就是說，不可不照顧，不可多照顧。不能因為照顧小仁政，妨礙大仁政。

1955 年 6 月，薄一波在給中共中央的《目前重工業生產中的幾個問題》的報告中指出：「我國原有工業基礎十分落後，在國

民經濟建設全面展開的情況下，各工業部門在供需和生產協作配合上，呈現一種日益緊張的形勢。突出表現在：地質工業薄弱；煤、電、油供應緊張；鋼鐵、有色金屬、基本化學、建築材料等產品，數量不足，品種不夠，規格不多，質量不高；機械工業尚處在由修配到獨立製造的轉變過程中，還談不到以新技術裝備國民經濟各部門的任務。」他在報告中講了，上述問題的解決，如果沒有鋼鐵、有色金屬、機械製造、能源、交通等重工業的建立和發展，要想大力發展輕工業，要使工業給農業以更大的支持，是辦不到的。

從蘇聯來看，在 20 世紀 20 年代後期開始採取優先發展重工業的戰略，取得了巨大成就。從 1928 年第一個五年計劃開始到 1940 年，短短 12 年之內，蘇聯整個工業增長 35.5 倍，年平均增長率達 16.9%，其中重工業增長九倍，年平均增長率為 21.2%，工業產值在工農業總產值中佔 70% 以上。

毛澤東在講訪蘇體會時說：「第一個社會主義國家發展的歷史，就給我們提供了最好的經驗，我們可以用他們的經驗。」1952 年 1 月，中國駐蘇大使張聞天給周恩來寫信，強調用不着走彎路摸索，必須完全依靠與信賴蘇聯的援助，從一開始就建立最現代化的工廠。今後蘇聯對中國的最大的、最有效的援助就在這個方面。毛澤東對此信非常重視，特別批示要求中央會議討論。

這些都表明，中國共產黨當年之所以要提前向社會主義過渡，的的確確是在形勢變化後，強化了想學習蘇聯的辦法優先發展重工業，再通過優先發展重工業儘快實現國家的工業化。

隨着國內工業建設的展開，農業和輕工業不相適應的情況逐步暴露出來，中共中央採取了一些辦法來解決。毛澤東在 1956 年

4月發表的《論十大關係》一文中指出：工業是我國建設的重點。必須優先發展生產資料的生產，這是已經定了的。但是決不可以因此忽視生活資料尤其是糧食的生產。在處理重工業和輕工業、農業的關係上，我們沒有犯原則的錯誤。我們現在的問題，就是還要適當地調整重工業和農業、輕工業的投資比例，更多地發展農業、輕工業。

由於實行了這種兼顧的方針，「一五」期間，中國在重工業取得長足發展的同時，各主要領域也得到了較大的發展。

（三）156項重點項目

「一五」計劃期間，蘇聯、東歐和其他社會主義國家向中國提供了包括技術、資金、設備等方面的援助，這對於新中國來說十分寶貴，受到了中國共產黨和中國人民的熱烈歡迎和由衷感謝。蘇聯援建的156項重點項目，是「一五」計劃的建設中心，它為中國建立獨立完整的工業體系奠定了堅實的基礎。

新中國一成立，毛澤東即於當年年底訪蘇，以謀求中蘇兩國關係的發展，特別是蘇聯對華的政治經濟援助。毛澤東在莫斯科同斯大林就中蘇友好同盟條約問題、蘇聯對中華人民共和國貸款問題、兩國貿易和貿易協定以及有關兩國利益的若干問題進行初步會晤後，周恩來於1950年1月率中國政府代表團抵達莫斯科，進行具體的談判。

通過會談，雙方除簽訂了《中蘇友好同盟互助條約》《關於中國長春鐵路、旅順口及大連的協定》外，還簽訂了《關於蘇聯貸款給中華人民共和國的協定》。這個協定規定，蘇聯以年利1%的

優惠條件，向中國提供三億美元的貸款。當年蘇聯即開始用這筆貸款向中國提供第一批大型工程項目 50 個，幫助中國進行國民經濟最重要部門的恢復和改造。這 50 個項目就是 156 項工程中的第一批，主要是煤炭、電力等能源工業，鋼鐵、有色、化工等基礎工業和國防工業。

1952 年 8 月，周恩來再次率領中國政府代表團帶着有關「一五」計劃的輪廓草案抵達莫斯科訪問。斯大林與中國代表團舉行了會談，會談的重點是五年計劃問題。斯大林表示願意為中國實現五年計劃提供所需要的設備、貸款等援助，同時派出專家，幫助中國進行建設。經過八個月在對每個項目都進行了詳細的論證之後，雙方於 1953 年 5 月簽訂了關於蘇聯援助中國發展國民經濟的協定和議定書，蘇聯承諾援助中國建設與改建 91 個企業。

1954 年赫魯曉夫訪華時，確定再援助中國 15 項工程項目，這是第三批；1955 年中蘇商定增加 16 項，這是第四批；口頭商定增加兩項，這是第五批。五批商談共確定 174 項。經過反覆核查調整後，有的項目取消，有的項目推遲建設，有的項目合併，有的一分為幾，有的不列入限額以上項目，最後確定 154 項。因為計劃公佈 156 項在先，所以仍稱「156 項工程」，實際執行 150 項，其中「一五」期間施工 146 項，「二五」期間施工四項。

實際施工的 150 個項目的構成是：軍事工業企業 44 個；冶金工業企業 20 個，其中包括鋼鐵工業七個、有色金屬工業 11 個；化學工業企業七個；機械加工企業 24 個；能源工業企業 52 個，其中煤炭工業和電力工業各 25 個，石油工業兩個；輕工業和醫藥工業三個。

在短短的五年中，蘇聯政府動員那麼大人力、物力，幫助

中國建設工業項目，進行援助，雖然不是無償的，但確實是真誠的。陳雲晚年多次說過：蘇聯是社會主義國家，那時他們對我們的援助是真心誠意的，有的設備，蘇聯剛試製出兩台，他們一台，給我們一台。

這些建設項目主要放在中國東北地區、中部地區和西部地區，在很大程度上改變了中國工業畸重沿海的不平衡狀態。它對於中國建立起比較完整的基礎工業和國防工業體系框架，起到了重要作用。

（四）「一五」計劃的執行情況

「一五」計劃是新中國第一個中長期規劃，到 1957 年底，計劃超額完成，取得了比預想還要大的勝利。

「一五」計劃的實施，特別是 156 項工程的竣工投產，極大地改變了中國國民經濟的技術面貌和部門結構，過去所沒有的一些重要工業部門，包括飛機、汽車製造業、重型和精密機械製造業、發電設備製造業以及高級合金鋼和有色金屬冶煉等，都從無到有地建立起來了。經過五年的建設，中國的工業生產能力獲得了極大的提高，工業化的物質技術基礎由此得以初步建立。

「一五」時期，中國社會總產值平均每年增長 11.3%；工農業總產值平均每年增長 10.9%。國民收入平均每年增長 8.9%。中國工業發展速度遠遠超過主要資本主義國家，經濟建設取得了舉世矚目的成就，充分顯示了社會主義制度的優越性。可以說，「一五」計劃為實現中國社會主義工業化和現代化奠定了堅實基礎。

「一五」計劃的成功經驗：一是集中力量辦大事，充分發揮公有制的優勢；二是注意做好綜合平衡，在優先發展重工業的同時，對國民經濟各個部門進行統籌兼顧；三是在經濟發展佈局上，努力改變歷史形成的中國工業大多集中在沿海地區的不合理狀況；四是既爭取外援，又強調自力更生。

三、社會主義改造基本完成

在中國實現社會主義，是中國共產黨自創立時就確定的奮鬥目標。毛澤東在抗日戰爭時期就明確提出，中國革命分兩步走，新民主主義革命的前途是走向社會主義。1952 年底，隨着國民經濟恢復，大規模經濟建設任務提上日程，轉變的時機與條件成熟了。

（一）過渡時期總路線的提出

經過新中國成立後三年多的恢復和建設，經濟、政治和社會各方面都發生了很大變化。一是通過沒收官僚資本，國家已經有了相對強大和迅速發展的國營經濟，社會主義經濟成分在社會經濟結構中已佔絕對優勢，成為對整個國民經濟進行社會主義改造的重要基礎；二是中國共產黨在調整工商業中，工商業接受社會主義改造成為大勢所趨；三是在土地改革完成後，中國共產黨已經在農村積累了開展農業互助合作的許多經驗，這實際上成為對整個個體農業進行社會主義改造的最初步驟。形勢的發展表明，

國家具備了開展大規模經濟建設的條件。

在恢復和建設以及「一五」計劃進行中，中國經濟社會出現和積累了一些新的矛盾。一是在農村，主要是土改以後農民分散落後的個體經濟難以滿足城市和工業發展對糧食和農產品原料不斷增長的需要；二是在城市，國家開始有計劃的經濟建設，需要把有限的資源、資金和技術力量集中使用到重點建設上來。而私人資本主義經濟則要求擴大自由生產和自由貿易來發展自己。這就不可避免地引起矛盾和衝突。

現實的發展需要中國共產黨採取新的方針來解決社會經濟中的矛盾問題。這樣，就把對國民經濟實行系統的社會主義改造的任務提到日程上來。

1952 年 9 月，在一次中央書記處會議上，毛澤東提出，我們現在就要開始用十到十五年的時間基本上完成到社會主義的過渡，而不是十年或者更長時間以後才開始過渡。同年 10 月，劉少奇就中國向社會主義過渡問題徵求斯大林意見時說明，在中國現實的國民經濟中，社會主義的國營經濟已經佔據明顯優勢。這是中國有可能開始向社會主義過渡的物質基礎。這一看法集中反映了當時中共中央領導人的共識。

經過反覆醞釀，中國共產黨決定社會主義工業化和社會主義改造同時並舉，充分利用三年來所創造的經濟、政治條件，實行以多種過渡形式改造個體經濟和私人資本主義經濟的具體政策，積極而又循序漸進地完成經濟上的社會主義革命任務，初步建立社會主義的經濟基礎和經濟制度。

1953 年 6 月，在中央政治局擴大會議上，毛澤東首次提出了黨在過渡時期的總路線基本內容，後來正式表述為：「從中華人

民共和國成立，到社會主義改造基本完成，這是一個過渡時期。黨在這個過渡時期的總路線和總任務，是要在一個相當長的時期內，逐步實現國家的社會主義工業化，並逐步實現國家對農業、對手工業和對資本主義工商業的社會主義改造。」過渡時期的總路線的提出，是中國共產黨在從新民主主義到社會主義轉變問題認識上的一個重要改變，是符合新中國社會發展的實際和規律的。

過渡時期的總路線好比展翅高飛的大鳥，社會主義工業化是它的主體，對個體農業、手工業的社會主義改造，對資本主義工商業的社會主義改造，分別為兩翼。因此，總路線的內容簡稱為「一化三改」或「一體兩翼」。

在貫徹總路線的過程中，中國共產黨探索並穩妥解決了社會主義改造的具體途徑問題。對個體農業，是在互助組的基礎上，發展土地入股的初級農業生產合作社，逐步過渡到土地公有的高級農業生產合作社，實現農業集體化。對個體手工業，也採取類似的方法，逐步實現手工業集體化。關於資本主義工商業如何向社會主義過渡，中國共產黨在恢復經濟的實踐中，創造了加工訂貨、統購包銷、經銷代銷、公私合營等一系列從低級到高級的國家資本主義形式。

總的看，中國共產黨在領導社會主義改造的實踐中，創造了一系列適合中國特點的由初級到高級逐步過渡的形式，使個體農民、手工業者和私營工商業者能夠循序漸進地改變舊有的生產方式。

中共中央估計基本完成社會主義工業化和社會主義改造大約需要三個五年計劃的時間，加上三年經濟恢復，共 18 年。到那時，就可以基本上將中國建設成為一個偉大的社會主義國家。

（二）農業社會主義改造的完成

對農業的社會主義改造，在三大改造中列於首位。提倡個體農民組織起來，走共同富裕的社會主義道路，是中國共產黨的一貫主張。在實踐上，土地改革已經完成的農村，都普遍發展了勞動互助組織。

1952 年 11 月，中共中央決定，成立了以鄧子恢為部長的中央農村工作部，負責指導農村互助合作運動的發展。1953 年 10 月，中央農村工作部召開第三次全國互助合作會議。會議期間，毛澤東兩次召集農村工作部負責人談話。毛澤東根據「一五」計劃第一年即出現糧食和副食品供應緊張局面和農業合作社取得的增產成績，指出小農經濟與社會主義工業化不相適應，提出各級中共的一把手要親自動手抓農業社會主義改造這件大事，縣區幹部的工作重點要逐步轉到農業合作化方面來。

這年底，中共中央通過《關於發展農業生產合作社的決議》，提出必須採用說服、示範和國家援助的方法使農民自願聯合起來，要求各地政府及有關部門給農業生產合作社以適當的物資援助。決議還要求到 1954 年秋，合作社應由 1953 年的 1.4 萬個發展到 3.58 萬個，即翻一番半。這個決議標誌着農業互助合作運動的重心已由發展鞏固互助組轉變為發展鞏固初級社。

1955 年 3 月，全國農業合作社發展到 67 萬個，經過整頓，減為 65 萬個。由於農業合作社數量在這個階段增加太快，其中許多合作社的建社條件並不成熟，結果造成不少新社在經營管理方面遇到很大困難，存在較多問題。表現為，合作社是在農業生產力水平沒有明顯進步的條件下迅速建立的，過去以家庭為生產經營

單位，現在則一下子進行統一經營管理，合作社的經營管理水平普遍較低。

針對合作社存在的問題，中央農村工作部於 1955 年 1 月提出兩項建議：一是制訂一個全國性的農業合作社章程，避免底下亂立章法；二是將合作化運動轉入「控制發展，着重鞏固」階段。

1955 年 4、5 月，毛澤東外出視察，在此期間，他發現不少地方幹部對合作化是積極的，用毛澤東的話來說，就是大家認為農業社「好得很」，農業生產形勢也不像原來聽說的那樣嚴重。在這種情況下，毛澤東通過自己的調查研究，在 1955 年 7 月的省市自治區黨委書記會議上作了著名的《關於農業合作社問題》的報告。以此為標誌，中國的農業社會主義改造進入高潮。

（三）個體手工業改造的完成

個體手工業的社會主義改造，既不像農業合作化那樣涉及這麼多人，也不像資本主義工商業改造那樣對社會的震動那麼大，相比之下，它顯得平淡而簡單，可以說是順流而下，沒有費多少周折。

過渡時期總路線確定之後，手工業生產合作社的發展遂成為社會主義改造的主要形式。1953 年 12 月公佈的《關於黨在過渡時期總路線的學習和宣傳提綱》指出：把手工業者逐漸組織到各種形式的手工業合作社中去，是國家對手工業實行社會主義改造唯一的道路。手工業者一方面是勞動者，但同時又是私有者，因此，必須經過說服、示範和國家援助的方法，提高手工業勞動者的社會主義

覺悟，使他們自覺自願地加入到手工業合作社中。

1953 年 11 月 20 日第三次全國手工業合作會議召開，朱德在會上作了《把手工業者組織起來，走社會主義道路的報告》。會議根據過渡時期總路線的精神，確定了對個體手工業進行社會主義改造的方針和政策。即「在方針上，應當是積極領導，穩定前進；在組織形式上，應當是由手工業生產小組、手工業供銷生產合作社到手工業生產合作社；在方法上，應當是從供銷入手，實行生產改造；在步驟上，應當是由小到大，由低級到高級」。會議還確定手工業合作化的對象是手工業獨立勞動者、家庭手工業者、手工業工人；發展合作社的重點應是手工業比較集中的城市和集鎮。

1955 年下半年，手工業的社會主義改造加快步伐，加速對手工業的社會主義改造，積極發展合作組織。

（四）私營工商業社會主義改造的完成

中共中央有計劃地推進對資本主義工商業的社會主義改造，是和農業、手工業合作化同步進行的又一戰略步驟。

1952 年 5 月，中央統戰部部長李維漢作了《關於「資本主義工業的公私關係問題」給中央並主席的報告》。該報告通過對建國三年來國家資本主義經濟發展情況的總結，指出：私營企業在改為合營之後大部分都獲得很大進步，產量增加，質量提高，成本降低，公私合營是私營工業過渡到社會主義的最有利形式。

1953 年 9 月，毛澤東邀集民主黨派和工商界部分代表座談。

毛澤東在會上談了他對資本主義改造的如下設想：第一，經過國家資本主義，完成由資本主義到社會主義的改造；第二，穩步前進，不能太急。將全國私營工商業基本上引上國家資本主義軌道，至少需要三至五年的時間，因此不應該發生震動和不安；第三，實行國家資本主義，不但要根據需要和可能，而且要出於資本家的自願，因為這是合作的事業，既是合作就不能強迫，這和對地主不同。

1953 年上半年，由於全社會投資規模過大，引起市場緊張和農副產品供不應求。一方面國家採取了對主要農產品「統購統銷」政策，另一方面中共中央認為私營批發商業不利於國家的計劃管理，應首先予以改造。

1954 年，中國農業因嚴重自然災害未能完成預定計劃，在農產品短缺而供給又掌握在國家手中的情況下，國家首先要保證國營企業和公私合營企業的資金和原料供給，因此，私營工業遇到較大困難。公私合營則可得到國家在原料、資金和銷路方面的支持，因此對於中小企業來說，在如此困難的情況下，願意合營，以求發展。

1955 年 4 月，中共中央批轉了《關於擴展公私合營工業計劃會議和關於召開私營工商業問題座談會的報告》。該報告提出對資改造應實行「統籌兼顧，全面安排」的方針。這就是在合營過程中，應着眼於整個行業，採取以大企業帶中小企業，以先進帶落後的辦法，根據不同的情況進行改組、合併，然後再進行公私合營。這種按行業對私營企業進行整體改造、統籌安排的設想，實際上是全行業公私合營的開始。

1955 年下半年，中國農村出現了農業社會主義改造高潮，資

本主義工商業感到社會主義已是大勢所趨。同年 10 月，毛澤東邀集全國工商聯執委召開座談會，希望私營工商業者認清社會發展規律，接受社會主義改造，把自己的命運與國家的前途結合起來，掌握自己的命運。

（五）社會主義經濟制度的建立

到 1956 年底，中國基本上完成了對生產資料私有制的社會主義改造，農業、手工業個體所有制基本上轉變為勞動羣眾集體所有的公有制，資本主義私有制基本上轉變成為國家所有即全民所有的公有制，國家初步建立起公有制佔絕對優勢的社會主義經濟制度。

總體上說，中國對生產資料私有制的社會主義改造是成功的。生產關係的急劇變革往往會在一段時間內引起對社會生產力的破壞。而在中國共產黨的領導下，中國循序漸進地消滅私有制，保持了社會穩定，促進了生產力的發展，受到了人民羣眾的普遍擁護。

1956 年同 1952 年相比，國營經濟的比重由 19.1% 上升到 32.2%，合作社經濟由 1.5% 上升到 53.4%，公司合營經濟由 0.7% 上升到 7.3%，社會主義經濟成分合計達 92.9%。這標誌着公有制佔絕對優勢的社會主義經濟制度在中國建立起來。

這項工作也有缺點和偏差，主要是 1955 年夏季以後，要求過急，改變過快，形式也過於簡單化，以致長期遺留一些問題。歷史地看，社會主義改造建立了社會主義經濟制度，為中國長期發展奠定了堅實的基礎。

四、計劃經濟體制的逐步形成

　　新中國成立初期選擇計劃經濟體制，是由當時特定的社會歷史條件決定的。選擇計劃經濟體制根本原因就是認為有計劃按比例發展是社會主義主要經濟規律，因此要發展社會主義，就必須實行計劃經濟體制。還有重要一點，經濟體制和經濟發展戰略密切相關，經濟體制是為經濟發展戰略服務的，中國實現工業化目標和優先發展重工業戰略是選擇計劃經濟體制的一個決定性因素。

（一）選擇計劃經濟體制

　　最先對社會主義在公有制基礎上實行計劃經濟設想的可行性作出經濟學論證的，不是馬克思主義經濟學家，而是新古典經濟學家帕累托，他首先提出，由一個「社會主義的生產部」來制定和實施經濟科學的計算，可以實現資源的優化配置。這對後來社會主義國家經濟體制設計產生重要影響。

　　馬克思主義理論認為，在資本主義私人佔有和社會化生產的基本矛盾的驅使下，整個社會生產呈現出無政府狀態，給生產力發展造成巨大戕害。社會主義就是要克服資本主義這一弊端，在生產資料公有制的基礎上把整個社會組織起來，進行有計劃的生產。俄國十月革命勝利後，蘇聯按照馬克思主義這一理論建立起計劃經濟體制，保證了經濟恢復和國家工業化的迅速發展。以馬克思主義為指導的中國共產黨，仿效蘇聯建立計劃經濟體制，有其路徑依賴的必然。

　　一般來說，計劃經濟體制的優勢在於可以利用行政手段來

動員資源，並把它用到國家指定的用途上。在計劃經濟體制下，蘇聯獲得較快發展，可以說創造了經濟發展的奇跡。對比來看，英國用了將近 80 年的時間完成了工業革命，又用了近 80 年時間實現了國家的工業化，而蘇聯僅用了 13 年左右的時間，就完成了從一個落後的農業國到先進工業國的歷史跨越。特別是在1929 — 1933 年的世界大危機中，資本主義世界一片蕭條，但蘇聯經濟保持了高速增長。蘇聯的成功為後來的社會主義國家提供了可供借鑒的經驗，或者說，蘇聯的成功驗證了社會主義可以通過計劃經濟實現按比例超常規發展。

1952 年，斯大林發表了《蘇聯社會主義經濟問題》一書，不久被編寫為蘇聯《政治經濟學教科書》出版。這兩本書很快就譯成中文出版發行。這一時期正是中國計劃經濟體制建立初期，中共中央領導和中國經濟理論界正在摸索如何建立計劃經濟，這兩本書的出版引起國內極大的關注，書中觀點很快成為主流的理論觀點。

在奪取民主革命勝利後，早日實現工業化，建成一個獨立富強的社會主義國家，實現中華民族偉大復興，是中國共產黨人矢志不渝的奮鬥目標。這就決定了作為後發的大國不太可能按照資本主義經濟那種優先發展輕工業，再發展重工業的規律進行。

還有很重要的一點，新中國在成立以後，面臨的是以美國為首的西方社會的禁運、凍結、制裁等一系列冷戰封鎖措施，新生的共和國要生存必須有強大的國防，必須優先發展重工業。而且重工業的發展，還會帶動農業、輕工業發展所需的機械裝備。中國在這種條件下保障發展戰略目標，必然會選擇計劃經濟。

實際上戰後所有發展中國家在進行經濟發展戰略安排中，

都有重工業化、重計劃的傾向，因此需要政府統籌配置資源來解決。因此中國實行計劃經濟，是基於當時時代條件、發展水平和認識水平的選擇。

（二）計劃經濟體制形成

中國計劃經濟體制是在建國後到社會主義改造基本完成時逐步形成的，歷經三個時期。

第一個時期，1949 年到 1952 年。這個時期的主要任務是恢復被長期戰爭嚴重破壞的國民經濟，為在全國範圍內大規模地進行計劃經濟建設創造條件。全國解放以後，政府通過沒收官僚資本，壯大了社會主義國營經濟，掌握了國家經濟命脈。但私人資本主義經濟和個體經濟的比重較大，從全國來看，佔支配地位的還是市場經濟。這個時期，主要做了兩件事：一是根據計劃經濟的需要，建立國家經濟管理機構；二是根據發展需要，編制國民經濟計劃概要。

第二個時期，1953 年到 1955 年。從 1953 年開始，逐步縮小市場經濟範圍，加速建立集中的計劃經濟體制。這一時期的特點是，對重點建設實行集中統一管理，完成「一五」計劃蘇聯援建的 156 個重點項目。至於具體做法，一是實行收支劃分、分級管理、側重集中的財政體制；二是在物資分配方面，從 1953 年起，在全國範圍實行計劃分配制度，對關係國計民生的通用物資由國家計劃委員會平衡分配；三是實行直接計劃與間接計劃相結合的計劃管理制度。

第三個時期，1956 年以後。中國基本上完成了農業、手工業和資本主義工商業的社會主義改造，國民經濟結構發生了根本性

變化。多種經濟成分並存的經濟結構已經基本上轉變為單一的公有制經濟，中國經濟發生了以下變化：一是直接計劃的部分大大增長；二是勞動工資管理高度集中。

1956 年前後，毛澤東等中國共產黨人圍繞如何以蘇為鑒、建立中國式計劃經濟體制問題，進行了認真的思考，提出五個方面的重大問題：一是中央和地方的關係，其實質是地方在維護中央集中統一條件下應該有多大的自主權問題；二是政府和生產單位的關係，其實質是生產單位應該有多大的自主權問題；三是生產單位和生產者的關係，其實質是生產者應該有多大的自主權問題；四是公有制經濟和私有制經濟的關係，其實質是非公有制經濟能否存在和發展問題；五是計劃和市場的關係，其實質是是否允許市場的存在和市場調節作用的發揮。

社會主義經濟中的計劃與市場關係問題，是新中國成立以來中國經濟學家討論最多、爭論最激烈、成果最突出的經濟理論問題。計劃經濟體制建立時期，中國經濟學家提出了不少具有遠見卓識的觀點，如孫冶方、顧准等，值得稱道。

中共的領導人和經濟學家的這些思考，反映了他們對中國計劃經濟體制的認識。中國 20 世紀 50 年代建立的計劃經濟體制，雖然總體上與蘇聯等社會主義國家一致，但具有自己的顯著特點：一是在中央統一的原則下，強調中央與地方兩個積極性的結合，並在計劃管理的大前提下，在一定程度、一定階段內未完全忽視市場，注重對市場的管理；二是由於當時經濟落後，自然經濟在相當長的時期內繼續存在，所以計劃經濟體制難以完全覆蓋，在農村尤其如此，因而長期存在計劃與市場的博弈，只不過市場越來越弱。

（三）統購統銷的實行

在計劃經濟體制建構中，糧食等農產品統購統銷政策的制定與實行，起到關鍵性的推動作用，其本身也成為計劃經濟體制的重要組成部分。統購統銷政策被稱為中國計劃經濟體制的引擎。

1953 年，中國開始「一五」建設，城鎮和工礦區人口迅速增長。這一年城鎮人口達 7826 萬人，比 1952 年增加 663 萬人。同時，農村因種植經濟作物或自然災害和其他原因而缺糧的農民增加一億人。這樣，到 1953 年底，國家供應城鄉糧食的人口就近兩億人，國內糧食銷售量由上年的 467.8 億斤，猛增到 613.2 億斤，增加 31.1%。但是，糧食的收購量卻減少了。在這種情況下，一些私商乘機囤積糧食，擾亂市場，有餘糧的富裕農民也等待糧食價格提高。

1953 年，全國糧食形勢進一步嚴峻，中共中央要求中財委拿出切實可行的辦法。陳雲為解決這個問題，想過多種辦法，經過多方徵求意見，最後向中央提出了計劃收購和計劃供應即統購統銷的建議。這個建議得到中共中央的大力支持，並於 1953 年 10 月作出統購統銷的決議，11 月發佈了統購統銷的命令。

糧食統購統銷的主要內容是：一是生產糧食的農民按照國家規定的收購糧種、收購價格和計劃收購的分配數量，將餘糧售給國家；二是農民可以自由儲存和自由使用在繳納公糧和計劃收購糧以外的餘糧，可以繼續售給國家糧食部門或合作社，或在國家設立的糧食市場進行交易，並可在農村間進行少量的互通有無的交易，但嚴禁投機倒把、擾亂市場；三是一切有關糧食經營和糧食加工的糧店和工廠，統一歸糧食部門領導；四是所有私營糧

商、私營糧食加工廠，一律不允許自經營糧食或自購原料、自銷成品，但可在國家的嚴格監督和管理下，由糧食部門委託代理銷售糧食或從事糧食加工；五是城鎮居民憑證供應糧食，集鎮、經濟作物區、災區和一般的農村缺糧戶，採取由上級政府頒發控制數字和羣眾民主評議相結合的辦法，確定需要供應的數量，使真正缺糧戶能夠買到所需糧食，又能適當控制數量，防止投機和囤積；六是對於熟食業、食品加工等所需糧食，旅店、火車、輪船等供應旅客膳食用糧和其他工業用糧，一律由國家糧食部門有計劃地予以供應，不准私自採購。

資深農村問題專家杜潤生晚年講到，毛澤東和中共中央推進統購統銷是對農民進行社會主義改造的兩翼之一。一翼是合作化，一翼是統購統銷，兩翼相輔相成，並以此來徹底割斷資產階級和農村的經濟聯繫。

實行統購統銷，涉及城鄉幾乎每一個人的生活，由於中國共產黨從土改以來同農民建立起了密切聯繫，並在徵購中考慮到農民的合理經濟利益，糧食統購統銷政策得到較好貫徹，初步緩解了糧食供求緊張的矛盾，在不高的水準上基本滿足了工業化初期對糧食的需要。

在糧食統購統銷的同時，對食油、油料也實行了統購統銷的辦法。1954 年 9 月，國家對棉花實行計劃收購，對棉布實行計劃收購和計劃供應。

在中國工業化初創階段，工業品和農產品價格還存在着較大的剪刀差，統購統銷實際上是為工業提供積累的一個重要來源，也是中國農民為國家工業化作出的歷史貢獻。但是，統購統銷的負效應也非常明顯。政府用行政手段對農產品統購統銷，它是形

成城鄉二元結構體制的決定性因素，限制了農村的發展。

（四）計劃經濟的歷史功績

中國 20 世紀 50 年代開始實行的計劃經濟體制，作為一種歷史的選擇，曾發揮過重要作用。雖然後來在發展中逐步走向僵化，出現了一些嚴重的弊端，但從積極意義上看，這一體制保障了新中國在經濟發展水平低下、國力有限的條件下進行經濟建設，積累了有益的經驗和教訓，也初步奠定了國民經濟良性發展的物質基礎。

在中國進行經濟體制改革並取得成功後，有人很自然地把改革前後兩個歷史時期對立起來，對計劃經濟體制和計劃經濟時期發展持否定態度。習近平指出：「對改革開放的歷史時期要正確評價，不能用改革開放後的歷史時期否定改革開放前的歷史時期，也不能用改革開放前的歷史時期否定改革開放後的歷史時期」。客觀地說，如果沒有計劃經濟時期積累的物質和制度條件，改革開放也很難順利推進。

從社會主義實踐來看，計劃經濟體制促進了社會主義基本經濟制度確立初期的經濟社會發展，在經濟比較落後的情況下，儘可能地確立並維護了國家政治與社會層面上的公平與正義。應該說，計劃經濟體制集中力量辦大事的優勢在市場經濟條件下還是要充分借鑒。

第三章

現代化經濟
建設在探索中前進

1956 年社會主義改造的完成具有劃時代的意義，它標誌着一種新的社會制度 —— 社會主義在中國的基本確立。與此同時，如何認識社會主義、怎樣建設社會主義成為擺在人們面前的一個嶄新課題。以毛澤東為核心的中共的第一代領導集體從學習蘇聯經驗「走蘇聯的路」到以蘇為鏡鑒積極探索適合中國實際的社會主義建設道路，中國人民從此步入了轟轟烈烈的社會主義探索和建設之中。這期間，有過嚴重的挫折，也積累了沉痛的教訓，但也取得了獨創性的理論成果和巨大的經濟發展成就，為探索建設富有中國特色的社會主義道路提供了寶貴經驗和物質基礎。

一、對社會主要矛盾的認識

　　進入一個新的歷史發展時期，如何分析和判斷當下面臨的主要任務，需要運用馬克思主義矛盾論這一有力的工具，在錯綜複雜的社會現象和社會矛盾中準確把握什麼是社會主要矛盾，什麼是當下建設社會主義需要解決的主要問題。

（一）矛盾及社會主要矛盾的釋義

什麼是矛盾？在中國漢語中，「矛盾」一詞最早見於距今已有2300多年歷史的中華典籍《韓非子》。在這本古書中記錄了一個寓言故事，故事裏講到楚國有個賣兵器的人，主要就賣矛和盾，前者主要用於進攻，後者主要用於防衛。他先誇他賣的盾是世界上最堅固的，沒有什麼東西能夠將其刺穿。然後他又誇他賣的矛是天底下最鋒利的，世間任何牢固的東西都能被它刺穿。於是有人問他：「如果拿你的矛，刺你的盾，那會如何呢？」這個人被問得啞口無言，灰溜溜地走了。後來這個典故演化成成語「自相矛盾」，用以表示事物間一種特殊的對立關係。人們現在所說的「矛盾」指的是一種哲學範疇的概念，是馬克思主義唯物辯證法中的核心概念，簡單來說就是指對立統一。總而言之，「矛盾」這個概念始於近代西學，後來經過馬克思主義漢譯過程中的不斷豐富發展，又與中華優秀傳統文化相結合，對中國人尤其是中國共產黨人的思維方式，乃至對中國的革命、建設和改革都產生了深刻的影響。[1]

什麼是社會主要矛盾？簡單說，社會主要矛盾是指在探索社會主義建設過程中，人們對不同歷史時期發展面臨的主要任務和關鍵問題的認識與把握。社會主義建設不是一蹴而就的，需要一個很長的歷史發展階段，每個階段都會面臨不同的發展任務。新中國剛剛成立不久，百廢待興，在一個一窮二白的國家要發展社

---

1 李永杰：《唯物辯證法「矛盾」概念的淵源及其在漢語語境中的生成與衍變》，《中共福建省委黨校（福建行政學院）學報》，2022 年第 5 期。

會主義，就必須要弄清楚什麼是社會主要矛盾。這個概念與社會基本矛盾又是聯繫在一起的。儘管它們只有兩個字的差別，但其中的意思卻又千差萬別。依據馬克思主義的觀點，生產力與生產關係、經濟基礎和上層建築之間的矛盾是社會基本矛盾，這是馬克思在研究了資本主義社會及其之前的社會發展形態後總結出的人類社會發展的一般規律。當具體到每一個社會歷史發展階段，就會發現社會主要矛盾是社會基本矛盾在特定歷史階段的具體表現形式，這種表現形式不是一成不變的，而是會隨着時代的變化相應地發生變化，體現了現象與本質、特殊與普遍、局部與整體、當前與長遠的辯證關係。

毛澤東在他著名的《矛盾論》中指出，「在複雜的事物的發展過程中，有許多的矛盾存在，其中必有一種是主要的矛盾，由於它的存在和發展，規定或影響着其他矛盾的存在和發展」。[1] 在研究和解決問題的時候，「要用全力找出它的主要矛盾」，因為，「捉住了這個主要矛盾，一切問題就迎刃而解了」。[2] 換句話說，社會主要矛盾是社會發展的方向標，準確認識和判斷社會主要矛盾的走向關係着國家的前途命運。社會主要矛盾並不是一成不變的，而是有着不同的表現形式，這種不同取決於處在何種社會形態或者同一社會形態的哪一個發展階段。因此，準確認識和把握社會主要矛盾極為重要。中國共產黨人自覺運用馬克思主義的唯物辯證法，並結合中國實際、中國風格創立了「矛盾學說」，成為人們認識事物發展內在規律，把握社會主義社會發展的動力的理論基

---

1 《毛澤東選集》（第一卷），人民出版社 1991 年版，第 320 頁。
2 《毛澤東選集》（第一卷），人民出版社 1991 年版，第 322 頁。

礎,,為深入探索社會發展規律提供了科學的方法論。

（二）中共八大對社會主要矛盾的認識

自古道：創業容易，守業難。社會主義改造完成後，意味着中國幾千年來的剝削制度已被消滅，無產階級同資產階級的矛盾已經基本解決，制約社會生產力發展的制度障礙已經得到克服，中國開始了社會主義建設的探索。在開展轟轟烈烈的社會建設之前，必須要對社會主要矛盾有準確的認知。這種認知和判斷的基礎是社會主義制度在中國已經基本確立。新生的社會主義國家，外部面臨着西方國家的經濟封鎖，內部百廢待興、舉步維艱。對社會主要矛盾的判斷要立足於當時的社會生產力發展，也不能忽略經濟社會發展所面臨的國內國際環境。與此同時，還要把生產力和生產關係的矛盾運動同經濟基礎和上層建築之間的矛盾運動結合起來，共同觀察關乎國家和民族前途命運的重大戰略問題。換句話說。以馬克思主義為根本指導思想的新中國，要充分運用和發展馬克思主義的立場觀點和方法，在把握社會基本矛盾、深譜社會發展規律的基礎上，準確識別當下社會發展和建設面臨的主要任務和難題是什麼，只有這樣才能為這個久經磨難的國家找到國富民強的「藥方」。

為了儘快改變國家的落後面貌，把中國從一個落後的農業大國建設成為一個先進的工業國，探索制定我們在新形勢下的新任務、新目標和新道路，1956 年 9 月，中國共產黨第八次全國代表大會召開。這次大會總結和分析了生產資料私有制的社會主義改造基本完成後中國面臨的新形勢：一個社會主義中國的到來，拉

開了歷史上一個嶄新發展時期的帷幕，社會主義制度基本確立，但中國的生產力發展水平還很落後，社會主義建設要怎麼搞？大會通過的《關於政治報告的決議》指出：「我們國內的主要矛盾已經是人民對於建立先進的工業國的要求同落後的農業國的現實之間的矛盾，已經是人民對於經濟文化迅速發展的需要同當前經濟文化不能滿足人民需要的狀況之間的矛盾。」[1] 這兩對矛盾明確地揭示了當時中國面臨的主要問題，一方面是從國家發展的角度看，實現工業化建設先進工業國；另一方面是從人民發展的角度看，提高經濟發展水平滿足人民的物質文化需要。這兩對矛盾實質是在中國社會主義制度已經建立的情況下先進的社會主義制度同落後的社會生產力之間的矛盾。基於這樣的認識，中共八大正確地提出了中國人民還需為徹底完成社會主義改造、最後消滅剝削制度和繼續肅清反革命殘餘勢力而鬥爭，與此同時，國家的中心任務是凝心聚力發展社會生產力，把中國儘快地從落後的農業國變為先進的工業國，滿足人民羣眾不斷增長的經濟文化的需要。中共八大的科學提法，突出了落後的中國社會的生產力，根據這一判斷，大會作出了把工作重心轉移到社會主義建設上來的重大戰略決策，解決這一社會主要矛盾就成為當前的主要任務，如何在一個經濟文化等各方面都相對落後的大國中建設社會主義成為了中國共產黨面臨的新考驗。

回顧新中國成立後的歷史，中共八大在中國錯綜複雜的各種矛盾中提出關於中國社會主要矛盾轉換的論斷，是對社會主義社

---

1 《建國以來重要文獻選編》（第九冊），中央文獻出版社 1994 年版，第 341 頁。

會認識的重大進展，成為國家制定社會主義建設的路線方針政策的重要依據。大會作出了把工作重心轉移到社會主義建設上來的重大戰略決策，這一判斷完全符合當時的基本國情，意味着黨和國家的工作重心由「生產關係上的社會主義改造」轉變到「抓革命促生產」上來，意味着中國共產黨邁出了進行社會主義建設的重要一步。從 1956 年全國工農業發展情況來看，工農業總產值為 1252 億元，比上年增長 16.5%；工業總產值 642 億元，比上年增長 28.2%；農業總產值 610 億元，比上年增長 6%。工農業主要產品產量：糧食 1.9275 億噸，比上年增長 4.8%；鋼 447 萬噸，比上年增長 56.84%；原煤 1.1 億噸，比上年增長 12.27%；原油 116 萬噸，比上年增長 19.6%。[1] 可以說這一年中國政治經濟形勢發生重大變化，取得了顯著的成績。實踐證明，中共八大對社會主要矛盾的判斷是正確的。但遺憾的是，在一年後召開的八屆三中全會上提出，「無產階級和資產階級的矛盾，社會主義道路和資本主義道路的矛盾，毫無疑問，這是當前我國社會的主要矛盾」。[2] 黨中央對中國社會主要矛盾的認識開始發生了偏差。再往後，「左」傾思想逐漸佔據主導地位，提出了「階級鬥爭為綱」的觀點。正是由於對社會矛盾的錯誤認識，導致後來的社會主義探索遭遇了重大挫折，經濟建設在曲折中緩慢前進。

---

1 王立勝、趙學軍主編：《中華人民共和國經濟發展 70 年全景實錄》（上卷），濟南出版社 2019 年版，第 185 頁。
2 《毛澤東年譜》（1949—1976）第三卷，中央文獻出版社 2013 年，第 223 頁。

二、國家工業化和經濟建設

以工業化促進經濟建設，改變國家的落後面貌、改善人民的貧窮生活，是社會主義探索時期中國面臨的重要任務。從經濟學角度講，工業化主要是指工業（製造業）在國民經濟中的比重不斷上升直至成為主體的一個過程，也是一個國家或地區從農業社會向工業社會轉變的過程。[1] 這只是從狹義的角度分析了工業化的概念，然而工業化的進程不僅僅是帶動了生產技術和勞動工具的改變，它還影響了社會的分工、工作方式、管理體制等等，最終還會影響人們思想觀念的全面變革。世界工業化的開啟發端於 18 世紀英國的工業革命，在兩個多世紀的發展變革中，工業化或早或晚均成為不同國家實現國家富強、民族獨立和人民富裕的不二選擇，亦成為衡量一個國家現代化程度的重要標準。可以說，一部世界近現代經濟史就是一部工業化史。飽受落後就要挨打夢魘的新中國把工業化視為夢寐以求的理想，看成是中國人民不再受帝國主義欺侮、不再窮困潦倒的基本保證。因此，實現工業化成為中國共產黨帶領全國人民開展社會主義經濟建設的奮鬥目標。

（一）《論十大關係》與中國工業化道路的提出

新中國成立初期，中國基本是個農業國，農業在經濟中佔據主導地位。1956 年，農業在國內生產總值中佔比 43.5%，工業佔

---

1 趙國鴻：《論中國新型工業化道路》，人民出版社 2005 年版，第 6 頁。

比 21.8%。可以說，那時的中國，工業極為落後，不僅在國民經濟中佔比低，而且工業部門也殘缺不全，許多工業品都不能自己製造，許多重要工業產品的人均產量不僅遠遠落後於美國，而且還落後於印度。毛澤東曾經形象地說：「現在我們能造什麼？能造桌子椅子，能造茶碗茶壺，能種糧食，還能磨成麵粉，還能造紙，但是，一輛汽車、一架飛機、一輛坦克、一輛拖拉機都不能造。」[1] 發展工業，改變中國作為農業國的貧窮落後的面貌成為全國人民的共同追求，也成為領導社會主義建設的中國共產黨人和人民政府面前的重要任務。

怎樣才能發展經濟，實現國家的工業化呢？從世界歷史看，大體上有三種模式，一種是英、美模式，特點是先發展輕工業然後再發展重工業；第二種是德、日模式，特點是政府投資發展重工業（尤其是軍事工業），民間投資發展輕工業，政府與民間並重；第三種模式是蘇聯模式，特點是在高度集中的計劃經濟體制下，舉全國之力，優先發展重工業，在短期內建立獨立、完整的工業體系。這三種模式歸納起來實際上就是兩條道路：一條是資本主義工業化道路，即前兩種模式，一條是社會主義工業化道路，即蘇聯模式。中國該走向何處？近代以來的歷史以及蘇聯在建國初期對中國進行的 156 項重點項目的援建，使中國在工業化的起步期選擇了參照蘇聯經驗，走第三種模式的工業化道路。然而，1956 年 2 月的蘇共二十大，赫魯曉夫的祕密報告「揭開了蓋子」，暴露出蘇聯方面在建設社會主義過程中的一些問題，也提

---

1 《毛澤東文集》第六卷，人民出版社 1999 年版，第 329 頁。

醒了中國共產黨人如何引以為戒，如何正確處理學習外國經驗與走自己的路的關係。自此，結合本國國情，走一條中國式的社會主義建設道路，成為探索社會主義經濟建設的重要課題。

1956 年 2 月至 4 月間，毛澤東展開了廣泛而又深入的經濟工作調查研究，聽取了國務院 35 個部委關於工業生產和經濟工作的匯報，逐漸形成對中國社會主義建設具有指導意義的一系列看法，明確指出在社會主義革命和建設時期，要將馬克思主義同中國的具體實際「進行第二次結合，找出在中國怎樣建設社會主義的道路」。[1] 在此基礎上，毛澤東作了《論十大關係》的報告，初步總結了中國過去幾年經濟建設的經驗，提出了「把國內外一切積極因素調動起來，為社會主義服務」的基本方針，科學論述了社會主義中國建設的十大關係，既包括了經濟方面的重工業與輕工業、農業，沿海工業與內地工業，經濟建設與國防建設，國家、生產單位和生產者個人，中央和地方五方面的關係，也涵蓋了政治方面的漢族和少數民族、黨和非黨、革命和反革命、是非、中國和外國五方面的關係。「以蘇為鑒」成為貫穿整個講話的一條主線，標誌着中國共產黨人開始認識到照搬蘇聯經濟建設的做法並不適合中國的國情，中國正式開始了有中國風格和中國特點的社會主義經濟建設道路的探索。

那麼，尚未形成系統工業化體系的中國工業化道路該如何繼續？我們需要吸取和借鑒的蘇聯經驗和教訓具體指什麼？1957 年 2 月 27 日，毛澤東發表《關於正確處理人民內部矛盾的問題》的

---

1 《毛澤東年譜》(1949—1976)第二卷，中央文獻出版社 2013 年版，第 557 頁。

講話，將「一五」計劃以來中國處理重工業和農業、輕工業關係的經驗問題進行了初步概括，可以說也是對學習蘇聯經驗和教訓的一次總結。這篇講話第一次提出「中國工業化的道路」的重大命題，即如何處理重工業、輕工業和農業的發展關係問題。毛澤東明確指出：「我國是一個大農業國，農業人口佔全國人口的百分之八十以上，發展工業必須和發展農業同時並舉，工業才有原料和市場，才有可能為建立強大的重工業積累較多的資金。」[1] 進言之，社會主義改造完成後，中國的基本國情是人口多、底子薄、發展不平衡，農業在國民經濟中的佔比居於主導地位，工業的發展離不開農業提供原材料，工業製成品的銷售離不開廣大的農村市場。因此，「我國的經濟建設是以重工業為中心，這一點必須肯定。但同時必須充分注意發展農業和輕工業。」[2] 換句話說，中國原先基本參照蘇聯優先發展重工業的工業化戰略已經發生了轉變，標誌着中國共產黨不再迷信於蘇聯工業化模式，開始探索適合中國實際的工業化建設道路。

（二）較完整的工業體系的形成與國民經濟建設的成就

在社會主義探索時期，恰逢第三次全球工業革命浪潮期間，中國致力於「趕超」，希望能夠較快實現工業化。一方面，自 20 世紀 50 年代以來，中國充分發揮社會主義制度集中力量辦大事的優勢，高度重視科學技術的作用，工業化建設在繼續以重工業為

---

1 《毛澤東文集》第七卷，人民出版社 1999 年版，第 241 頁。
2 《毛澤東文集》第七卷，人民出版社 1999 年版，第 241 頁。

中心，加快農業和輕工業發展，加強工業佈局調整的同時，對國家急需的科學技術領域進行部署，集中力量發展航空、電子、船舶、兵器、核能、航天等系列新興工業。20 世紀 60 年代中期，中國已經能夠獨立設計和製造一些現代化大型設備，一些主要機器設備的自給率達到 90% 以上。[1] 工業化發展進展順利，科學技術領域的發展更是成績卓著。1964 年 10 月 16 日中國成功爆炸了第一顆原子彈，1967 年 6 月 17 日中國第一顆氫彈爆炸成功，1970 年 4 月 24 日中國成功發射第一顆人造衛星，這三件大事成為新中國發展歷史上彪炳史冊的偉大成就，也是整個中華民族為之自豪的偉大成就。在那個艱苦奮鬥的歲月裏，以錢學森、鄧稼先、郭永懷等為代表的「兩彈一星」功勳們放棄國外優厚的待遇，投身新中國的建設，幹驚天動地事，做隱姓埋名人，將個人的理想和抱負緊緊融合於國家的前途命運和民族的振興發展之中，留下了永不磨滅的「熱愛祖國、無私奉獻、自力更生、艱苦奮鬥、大力協同、勇於攀登」的「兩彈一星」精神。可以說，這也從側面反映出那個年代全國人民積極投身社會主義建設的飽滿熱情和昂揚狀態。

另一方面，由於 20 世紀 60 年代中蘇關係的惡化，中國開始轉向引進日本、英國、法國、聯邦德國、意大利等發達國家的技術，既涵蓋了石油、化工、冶金、礦山、電子、煤炭和精密機械等領域，也囊括了電力、煤炭、交通運輸等基礎工業設備和大化

---

1 本書編寫組：《中國共產黨簡史》，人民出版社、中共黨史出版社 2021 年版，第 200 頁。

肥、大化纖等農業、輕工業設備。[1] 通過對外集中引進進一步夯實了中國工業化建設技術設備基礎，加速了中國工業化進程。儘管這時期由於「大躍進」和「文化大革命」的破壞，中國的社會主義工業化建設遭受很大損失，但從工業化程度來看，國際上通常按照第二產業增加值與第一產業增加值之比、第二產業勞動力與第一產業勞動力之比以及兩者對工業化的貢獻來計算。中國 1949 年的工農業淨產比是 15.5：84.5，到 1970 年這一比例達到了 50.5：49.5，標誌着「我國完成了從農業社會向半工業化社會的轉變」，進言之，在新中國成立二十多年的時間裏，中國的工業化建設就交出了一份亮眼的成績單，使中國成為世界上除美國、蘇聯之外的第三個建立了比較完整的工業體系和國民經濟體系的大國。[2]

從國民經濟的發展成就來看，從 1956 年到 1975 年，中國國內生產總值增長了 2.9 倍，實現年均增長率約 7.1%，其中原煤產量從 1.1 億噸增長到 4.82 億噸，增長了四倍多；發電量從 166 億度增長到 1958 億度，增長了近 11.8 倍；原油產量從 116 萬噸增長到 7706 萬噸，增長了 66 倍，中國靠「洋油」過日子的時代宣告結束；鋼產量從 447 萬噸增長到 2390 萬噸，增長了五倍之多。與此同時，這一時期除西藏外，中國各省、自治區、直轄市都有了鐵

1　趙學軍：《「156 項」建設項目對中國工業化的歷史貢獻》，《中國經濟史研究》2021 年第 4 期。

2　胡鞍鋼：《中國政治經濟史論（1949—1976）》，清華大學出版社 2008 年，第525 頁。

路，福建、寧夏、青海、新疆第一次通火車，[1] 鐵路貨運量也大幅上升，從 2.4605 億噸增長到 8.8955 億噸，增長了 3.6 倍。從人民生活水平來看，全國社會消費品零售總額由 1956 年的 461 億元增長到 1975 年的 1271.1 億元。全國職工人數由 1956 年的 2977 萬人增長到 1975 年的 8198 萬人，全國城鄉居民儲蓄存款餘額由 1952 年的 26.7 億元增長到 1976 年的 149.6 億元。[2] 概言之，在全國人民的艱苦奮鬥下，儘管在探索社會主義經濟建設時期遇到了很多困難和挫折，也受到了沉痛的教訓，但是這期間國民經濟建設和工業發展都取得了顯著成績，改革開放後的現代化發展賴以依靠的物質技術條件很大一部分都是在這個時期建設起來的。

三、「大躍進」和人民公社化運動

百年來落後捱打的屈辱歷史，使得剛剛執掌全國政權的中國共產黨人力圖在社會主義建設道路中打開一個新的局面。社會主義改造和「一五」計劃的順利完成增強了人民羣眾建設社會主義的信心，為了儘快改變中國貧窮落後的面貌，充分發揮社會主義制度的優越性，實現國富民強的願望，人們主觀地認為經濟建設應當搞得越快越好。因此，在尋找中國自己的社會主義建設道路時主觀認識脫離了客觀實際，犯了急躁冒進的錯誤，掀起了「大

---

1 本書編寫組：《中國共產黨簡史》，人民出版社、中共黨史出版社 2021 年版，第 200 頁。
2 國家統計局國民經濟綜合統計司編：《新中國六十年統計資料彙編》，中國統計出版社 2010 年版。

躍進」和人民公社化運動，導致經濟比例關係嚴重失調，給社會
主義經濟建設造成巨大損失。

（一）「大躍進」和人民公社化運動

　　早在 1956 年，中國經濟建設中就出現了急躁冒進情緒，毛澤
東指出，「過去幾個月來社會主義改造的速度大大超過了人們的預
料，目前我們國家的政治形勢已經起了根本的變化。我們人民應
該有一個遠大的規劃，要在幾十年內，努力改變我國在經濟上和
科學文化上的落後狀況，迅速達到世界上的先進水平」。[1] 從這段話
可以看出，原來我們設想實現新民主主義向社會主義過渡的社會
主義改造要花十幾年的時間，沒想到僅用了短短幾年的時間就完
成了，全國各地的工廠、農村出現了生產迅速增長的新氣象，人
民群眾投身社會主義建設的熱情愈發高漲，人們相信中國富強的
目標可能在一個較短的時間內就能實現。在當時的人們看來，強
大的日本帝國主義和國民黨反動派都被戰勝了，抗美援朝那麼艱
難的戰爭都取得了勝利，搞經濟建設難道比打仗還難？再加上，
社會主義制度本身就具有資本主義所不能比擬的優越性，發展
的速度一定會大大地超過資本主義國家，何況中國是一個有六億
人口的大國，社會主義制度的優越性加上人多力量大的優勢，在
不太長的時間裏把中國建成一個強大的社會主義國家，是完全可
能的。

　　中國原本是一個經濟文化都很落後的半殖民地半封建國家。

---

1 《毛澤東文集》第七卷，人民出版社 1999 年版，第 2 頁。

正因為經濟文化的落後，才導致了近代以來屢遭列強各國的侵略；而帝國主義的侵略，又加劇了中國的貧困落後。新中國成立後，中國人民政治上翻了身，建立了先進的社會制度，但經濟文化落後的狀況並沒有從根本上改變，從中共的領袖到普通羣眾都急切地希望中國早日繁榮富強。面對這種急躁冒進的情緒，中共八大重申了經濟建設中必須堅持既反保守又反冒進的方針，指出：「黨的任務，就是要隨時注意防止和糾正右傾保守的或『左』傾冒險的傾向，積極地而又穩妥可靠地推進國民經濟的發展」，[1] 從而保證了 1956 年國民經濟的健康發展。

然而中共八大剛剛結束，波匈事件和 1957 年的反右派鬥爭，又一次刺激了毛澤東加快中國經濟發展的迫切心情，在他看來，中國經濟的超常規發展是可能的，反冒進是錯誤的，會挫傷了全國人民建設社會主義的積極性和熱情。波蘭、匈牙利之所以發生反革命事件，右派分子之所以在這時向共產黨和社會主義制度發動進攻，表明共產黨的執政地位和社會主義制度還沒有鞏固。沒有鞏固的原因，關鍵在於經濟不發達，物質基礎不牢固。要發展經濟，四平八穩不行，一般速度也不行，唯有較高速度，唯有在相對短的時間裏超過英美。如果仍是低速度，形勢就會危急，社會主義制度能否鞏固就會成為問題。[2]

1956 年 12 月 12 日，《人民日報》發表了毛澤東親自主持起草的社論，題為「必須堅持多快好省的建設方針」，這篇社論的發表，對「大躍進」的發動起到了直接的推動作用。1957 年 11 月，

---

1 《建國以來重要文獻選編》（第九冊），中央文獻出版社 1994 年版，第 347 頁。
2 羅平漢：《「大躍進」的發動》，人民出版社 2009 年版，第 38 頁。

毛澤東前往莫斯科出席各國共產黨和工人黨代表會議。在這次會議上，蘇聯提出十五年內超過美國，這給包括中國在內的全世界社會主義者巨大鼓舞。毛澤東在同英國共產黨主席波利特、總書記高蘭舉行會談時說：「蘇聯在十五年後，將會在總產量方面和按人口平均的產量方面超過美國。中國在十五年後將超過英國。」[1]當時，美國和英國分別是資本主義世界的第一和第二強國，其鋼鐵產量分別是資本主義國家的第一位和第二位，在蘇聯提出要在十五年超過美國的情況下，中國的領導人也自然而然地將趕超的目標鎖定在英國，並且將鋼鐵產量超過英國作為主要的指標。從此「趕英超美」成為「大躍進」運動的著名口號和目標。這個目標的提出，從一個側面反映了當年人們儘快把中國建成一個強大的社會主義國家的強烈願望。在那個年代，人們對工業化的理解還比較膚淺，把鋼鐵產量的多少看成是工業化水平高低的主要標誌，認為一個國家的鋼鐵產量上去了，這個國家的經濟實力和工業化水平就提高了。

同年冬季，中國展開了一系列以興修水利、養豬積肥和改良土壤為中心的農業生產高潮。1958 年 5 月，在中共八大二次會議上，通過了「鼓足幹勁、力爭上游、多快好省地建設社會主義」的總路線，會後，「大躍進」運動在全國範圍內開展起來。社會主義建設的總路線反映了當時中國共產黨和全國各族人民迫切要求改變中國經濟文化落後狀況的普遍願望，但忽視了國民經濟的綜合平衡，違背了經濟建設所必須遵循的客觀規律。「大躍進」的主

1　中共中央文獻研究室：《毛澤東傳》(1949—1976)(下)，中央文獻出版社 2003 年版，第 735 頁。

要標誌就是片面追求工農業生產和建設的高速度，不斷地大幅度提高計劃指標和縮短完成時間。農業方面提出「以糧為綱」口號，要求五年、三年以致一兩年內達到規定的糧食產量指標，結果引發嚴重的浮誇風。工業方面提出「以鋼為綱」的口號，要求幾年內提前實現 15 年內鋼產量超過英國的目標，掀起大煉鋼鐵的羣眾運動。

在「大躍進」迅猛發展的同時，農村掀起人民公社化運動。「公社」原本是一種古今中外、廣泛存在的社會經濟組織形式，並非中國所獨有。上至原始社會，下至當代西方發達的資本主義國家，在人類歷史發展的各個歷史階段，都有公社的形式存在。在中國經典古籍《禮記》的記載中，「公社」原是指統治者祭祀天地神鬼的地方。現代漢語中的「公社」一詞，是從英語 commune 意譯過來的。commune 是從 communal 引申過來的，意思是「公共的」「公有的」。中共中央《關於在農村建立人民公社問題的決議》發出後，全國農村只用了一個多月就基本實現公社化，到 1958 年底，原先全國 74 萬個農業合作社被整合為 2.6 萬個人民公社，全國 99% 農戶都參加了公社。人民公社特點是「一大二公」，所謂大，就是規模大，即將原來一二百戶的合作社合併成四五千戶以致一二萬戶的人民公社；所謂公，就是生產資料公有化程度高，一切財產上交到公社，多者不退，少者不補，在全社範圍內統一核算、統一分配。這種做法實際上是刮「一平（窮富拉平）二調（無償調用）」的「共產風」，搞平均主義，無償調撥生產隊包括社員個人的財務和勞動力，嚴重損害農民的生產積極性。

「大躍進」和人民公社化運動是當時人們試圖探索中國自己的

社會發展模式而未曾成功的試驗，儘管初衷是好的，是希望盡最大的努力把社會主義建設得更好一些、更快一些，但結果事與願違。在慘痛的教訓面前，中國共產黨深刻地意識到可以認識和把握經濟發展的客觀規律，但是卻不能超越和違背客觀規律。這次失敗的探索反映出建國初期對大規模社會主義建設經驗的不足，也為今後建設社會主義提供了深刻的教訓和警示。

（二）國民經濟的調整和「四個現代化」目標的提出

「大躍進」和人民公社化運動導致國民經濟和人民生活陷入困境。在嚴峻的形勢下，為糾正「共產風」、挽救經濟社會發展形勢，1960 年 11 月《中共中央關於農村人民公社當前政策問題的緊急指示信》發出，大幅度調整農村經濟政策以戰勝經濟困難。緊接着，次年 1 月 14 日至 18 日，中共八屆九中全會召開，正式批准了「調整、鞏固、充實、提高」的八字方針，中共的經濟指導方針發生重大轉變，歷時三年的「大躍進」實際上被叫停，國民經濟重新進入調整的新軌道。與此同時，為了進一步總結「大躍進」的經驗教訓，把全黨的認識統一到調整的思想上來，1962 年 1 月 11 日至 2 月 7 日，擴大的中央工作會議召開（又稱「七千人大會」），對國民經濟調整的共識達成一致。通過精簡職工、壓縮基本建設規模、縮短工業戰線、加強和支援農業戰線等措施使工農業生產逐漸恢復到較為協調的運行狀態，國民經濟也逐漸恢復到良好狀態。

隨着國民經濟調整任務的基本完成，國民經濟隨之進入一個新的發展時期，面臨新的發展任務和目標。1964 年底，第三屆

全國人民代表大會第一次會議舉行，周恩來鄭重提出了實現「四個現代化」的戰略目標任務，即在不太長的歷史時期內，把中國建設成為一個具有現代農業、現代工業、現代國防和現代科學技術的社會主義強國，趕上和超過世界先進水平。[1] 此次會議還提出了分兩步實現「四個現代化」的戰略構想：第一步，經過三個五年計劃時期，建立一個獨立的比較完整的工業體系和國民經濟體系；第二步，全面實現農業、工業、國防和科學技術現代化，使中國經濟走在世界的前列。[2]「四個現代化」目標是一個有機整體，其中農業現代化是基礎，工業現代化是中心環節，國防現代化是保證，科學技術現代化是關鍵。

四、「兩彈一星」與「三線」建設

（一）「兩彈一星」

兩彈一星最初是指原子彈、導彈和人造衛星。「兩彈」中的一彈是原子彈，後來演變為原子彈和氫彈的合稱；另一彈是導彈。「一星」則是人造地球衛星。

原子彈是第二次世界大戰末期出現的新式武器，由於其威力巨大，一經使用就震撼了世界。20 世紀 50 年代，美國發動侵朝戰爭，揚言要用原子彈封殺中國，並在日本部署核武器。1951 年，

---

1 《周恩來選集》（下卷），人民出版社 1997 年版，第 439 頁。
2 本書編寫組：《中國共產黨簡史》，人民出版社，中共黨史出版社 2021 年版，第 198 頁。

遠在法國的核科學家「小居里先生」請他的中國學生楊承宗回國後給毛澤東捎句口信，面對核壟斷、核訛詐、核威脅，「你們要保衛世界和平，要反對原子彈，就必須自己擁有原子彈。」1954 年 12 月 2 日，美國和台灣當局簽訂《美台共同防禦條約》，提出台灣海峽安全受到威脅時，他們有權使用原子彈。面臨嚴峻的國際形勢，中國領導人也意識到，必須擁有核武器，製造自己的核盾牌。

1955 年 1 月 15 日，毛澤東在中南海主持召開的中央書記處擴大會議，是中央專門討論創建中國原子能事業的一次歷史性重要會議，該會議沒有文字記錄，也沒有拍攝照片，可資佐證的是周恩來總理寫給毛澤東主席的一份報告，以及後來會議親歷者的回憶。會上，領導人聽取了關於中國核科學研究人員、設備和鈾礦、地質情況以及所需條件的匯報。

1956 年 2 月在周恩來、陳毅、李富春、聶榮臻的主持下，制訂了《1956—1967 年科學技術發展遠景規劃》，確定了 57 項國家重要科學技術任務，錢學森不僅擔任了科學規劃綜合組組長，還與王弼、深遠、任新民等人合作，完成規劃綱要的第 37 項「噴氣和火箭技術」。

1958 年，毛澤東表示「我們也要搞人造衛星！搞原子彈、氫彈、導彈，我看有十年功夫是完全可能。」雖然當時中國開發上述技術的環境還十分落後和艱苦，面對國際上嚴峻的核訛詐形勢和軍備競賽的發展趨勢，以毛澤東同志為核心的黨中央第一代領導集體毅然作出發展導彈、核彈、人造地球衛星，突破國防尖端技術的戰略決策。

隨後，大批優秀的科技工作者，包括許多在國外已經有傑出成就的科學家，懷着對新中國的滿腔熱愛，義無反顧地投身到這

一神聖而偉大的事業中來。

1964 年 10 月 16 日，大漠深處一聲巨響，中國第一顆原子彈爆炸成功；1966 年 10 月 27 日，中國第一顆裝有核彈頭的地地導彈飛行爆炸成功；1967 年 6 月 17 日，中國第一顆氫彈空爆試驗成功；1970 年 4 月 24 日，中國第一顆人造衛星發射成功。

「兩彈一星」的宏偉事業，是新中國建設成就的重要象徵，是中華民族的榮耀與驕傲。鄧小平同志說：「如果（20 世紀）六十年代以來中國沒有原子彈、氫彈，沒有發射衛星，中國就不能叫有重要影響的大國，就沒有現在這樣的國際地位。這些東西反映一個民族的能力，也是一個民族、一個國家興旺發達的標誌。」2022 年 4 月 12 日，習近平指出：「要大力弘揚『兩彈一星』精神、載人航天精神，堅持面向世界航天發展前沿、面向國家航天重大戰略需求，強化使命擔當，勇于創新突破。」

（二）「三線」建設

1964 年至 1980 年，國家從經濟建設和國防建設的戰略佈局考慮，以中國西南和西北為重點區域，在中西部地區開展了以一場戰備為中心，以基礎工業、交通運輸、國防科技工業為重點的大規模經濟建設活動，[1] 史稱「三線」建設。「三線」建設是中國獨立探索經濟發展與國防安全、區域平衡和工業佈局的一次嘗試，其涉及地域之廣、規模之大、時間之長、動員之廣，在新中國工業

---

[1] 張楊、黃俊林：《「三線建設歷史資料蒐集整理與研究」學術研討會綜述》，《社會科學研究》2019 年第 5 期。

化史上留下了濃墨重彩的一筆，對中國的國民經濟結構和產業佈局，產生了深遠的影響。

1.「三線」建設的緣起

所謂「三線」是指將全國由沿海、邊疆地區劃分為一、二、三線。其中一線指沿海和邊疆地區；三線指內陸腹心地區，具體關涉區域指以甘肅省烏鞘嶺以東、山西省雁門關以南、京廣線以西和廣東韶關以北的廣大區域，主要包括四川（含重慶）、貴州、雲南、陝西、甘肅、寧夏、青海七個省區以及山西、河北、河南、湖南、湖北、廣西、廣東等省區靠近內地的部分；[1] 二線指介於一、三線之間的中部地區。「三線」建設，包括「大三線」和「小三線」建設。「大三線」建設是國家戰略後方基地的建設，是「三線」建設的主要部分，建設內容是建設以國防工業和基礎工業為主體，包括交通運輸、郵電通信的中國國家戰略後方基地的建設。「小三線」建設是指在一、二線的腹地，由地方黨委、政府主導建設的地方軍工廠及其配套服務項目。

眾所周知，一國經濟社會的發展離不開和平穩定的國際環境。然而對於 20 世紀 60 年代的中國來說，國民經濟恢復和發展所需要的相對和平的國際態勢實在是一種奢望。一方面是中蘇關係的惡化，長達 7300 千米的中蘇邊境線出現了空前的緊張局勢；另一方面是來自美國及其對中國周邊的進犯，美國不僅公然在台灣海峽開展軍事演習，還發動越南戰爭，直接威脅中國國防安全。面對嚴峻的地緣政治局勢，國家安全問題成為當時考慮的重

1　陳夕主編：《中國共產黨與三線建設》，中共黨史出版社 2013 年版，第 3 頁。

大問題。1964 年 4 月 25 日，軍委總參謀部作戰部就經濟建設如何防備敵人突然襲擊提交了調查報告，在這份報告中詳細列舉了這方面的一些嚴重問題，如中國的工業、鐵路樞紐、橋樑、港口碼頭等過多集中在沿海大中城市，這些都不利於應對敵人的突然襲擊，這份報告對毛澤東戰略思想的變化產生很大的影響。[1] 同年 5 月 11 日，毛澤東在聽取「三五」計劃匯報時，提出「國民經濟有兩個拳頭，一個屁股。農業是一個拳頭，國防工業是一個拳頭，基礎工業是屁股。要使拳頭有勁，屁股就得坐穩」。[2] 國防工業在國民經濟中的地位得到提升。在這個思想的指導下，1965 年 3 月，國家計委草擬了以備戰和「三線」建設為核心的第三個五年計劃的匯報提綱。這個提綱強調「三五」時期是中國建立獨立的比較完整的工業體系和國民經濟體系的關鍵時期，必須從應付戰爭出發，爭取時間，着重解決好佈局，加快「三線」建設，首先是國防建設。

2.「三線」建設的部署和實施

「三線」建設的最終目的，是建設一個工農結合、為國防和農業服務的戰略後方工業基地。一方面，建設是為了備戰，要有長期規劃；另一方面還要照顧到人民群眾的利益。總之第一是為老百姓，第二是為打仗，第三是救災。這就是後來被人口口相傳的「備戰、備荒、為人民」。根據這些指導思想，「三線」建設在基本建設投資結構的安排上，首先是滿足國防工業和交通運輸關鍵

1　龔關主編：《中華人民共和國經濟史》，經濟管理出版社 2010 年版，第 146 頁。
2　中共中央文獻研究室：《毛澤東傳》（1949—1976）（下），中央文獻出版社 2003 年版，第 1361 頁。

項目的資金需要，在這一前提下安排好基礎工業和機械工業建設的投資以及其他方面的投資；在建設的佈點和選址上，確定的則是靠山、分散、隱蔽原則。按照毛澤東的說法就是「依山傍水扎大營」，大分散、小集中。

「三線」建設的總體部署是分階段實施。首先集中人、財、物，以西南的川、黔、滇和西北的陝、甘為主攻方向，然後向中南「三西」地區（湘西、鄂西、豫西）推進。1965 年，「三線」建設拉開帷幕，1966 年大規模展開，逐漸形成「三線」建設的高潮。被稱為「20 世紀人類征服自然的奇跡」的成昆鐵路就是在這一時期修建完成的。世人皆知李白有詩云：「蜀道難，難於上青天」。在現代化大型築路工具不足的情況下，30 萬築路大軍面對山勢陡峭、深澗密佈、溝壑縱橫、地質複雜的「修路禁區」，靠着簡單的鐵錘、炸藥、風槍、翻斗車，鐵道兵戰士和鐵路工人肩挑背扛，以無畏的勇氣和戰天鬥地的決心，在勘探、設計、施工的各個環節，克服了大自然帶來的一個又一個難題，開創了 18 項中國鐵路之最，13 項世界鐵路之最，使中國的鐵路修建技術突飛猛進，達到世界先進水平。[1] 與成昆鐵路一道進行的重要項目還有攀枝花鋼鐵工業基地、重慶常規兵器工業基地、西昌衛星發射中心、陝西航空工業和兵器工業基地、甘肅的航空工業基地以及酒泉鋼鐵廠等等。數百萬「三線」建設者們從五湖四海來到秦巴山區、大小涼山、河西走廊，在艱苦創業的新戰場譜寫出一曲曲驚天地泣鬼神的奮鬥之歌。

1　張楊：《成昆鐵路：「20 世紀人類征服自然的奇迹」》，《炎黃春秋》2019 年第 10 期。

3.「三線」建設的成就與影響

歷時十餘年的「三線」建設，涵蓋 13 個省、自治區，在中國經濟發展史上是一次規模空前的區域性重大建設舉措。用經濟學資源配置的觀點解釋的話，「三線」建設實際上是新中國成立以來中國生產力佈局從沿海到內地的一次戰略性的大轉移和大調整。[1]在中西部地區一窮二白、貧窮落後的困難環境中，建設者們一無住房、二無後勤、三無基建，憑藉着戰天鬥地的樂觀主義精神，逢山開路、遇水架橋，在一窮二白的土地上豎立起一根根電線杆，修建起一條條鐵路、公路，建設起一家家企業、科研院所，用自己的雙手在西南、西北的大山中創建了眾多大中型項目，形成了攀枝花鋼鐵工業基地、重慶常規兵器工業基地、六盤水煤炭工業基地、西昌衛星發射基地等一系列基礎工業和國防工業中心，初步改變了中國東西部經濟發展不平衡的局面，促進了人員流動和民族融合，加強了國防安全和國土縱深防禦。

據統計，1966—1978 年，「三線」地區基本建設投資累計 1623.2 億元，佔同期全國基本建設投資總額 3999.78 億元的 40.58%。到 20 世紀 70 年代末，「三線」地區的工業固定資產由 292 億元增加到 1543 億元，增長 4.28 倍，約佔當時全國工業固定資產的三分之一。[2]幾百萬工人、幹部、知識分子、解放軍官兵和成千上萬民兵組成的建設者，在「備戰備荒為人民」「好人好馬上三線」的時代口號下，用十幾年的艱辛、血汗甚至生命建設起來一千多個大中型工礦企業、科研單位和大專院校，初步改變了中

---

1 范肇臻：《三線建設與西部工業化研究》，《長白學刊》2011 年第 9 期。
2 武力：《中華人民共和國經濟史》，中國經濟出版社 1999 年版，第 687 頁。

國內地基礎工業薄弱，交通落後，資源開發水平低下的工業佈局不合理狀況，使長期不發達的內地和少數民族地區湧現出來幾十個中小工業城市，社會經濟、文化水平得到顯著提高，縮小了內地與沿海地區的差距，人民生活水平取得了一定程度的增長。總體上看，「三線」建設取得了輝煌的成就，原本基礎工業薄弱、交通落後、資源開發水平低下的「三線」地區，初步建成了以能源交通為基礎、國防科技為重點、原材料與加工工業相配套、科研與生產相結合的戰略後方基地，改變了中國工業佈局，對提高國家國防能力，開發大西南和大西北地區起到了積極作用，為西部地區提供了難得的發展機遇。白駒過隙，歲月飛逝，「三線」建設已經成為歷史，但「艱苦創業、無私奉獻、團結協作、勇於創新」的「三線」精神仍歷久彌新，激勵着一代代中華兒女為實現民族復興的中國夢奮勇前行。

五、1975 年的整頓

1975 年，鄧小平把他為加強團結而開展的工作稱為「整頓」。這在過去一直是軍隊裏的一種說法，意思是一場戰鬥或戰役過後，對各單位剩餘的部隊進行整編，以便為下一場戰鬥做好準備。在整編過程中要確定各單位新的領導班子用以代替受傷或死亡的人員，與此同時還要對過往戰鬥的錯誤提出批評，但重點是恢復補給和重建領導班子，使之能夠迎接下一場戰鬥。[1] 在這一

1　傅高義：《鄧小平時代》，生活 · 讀書 · 新知三聯書店 2013 年版，第 104 頁。

年，由於毛澤東和周恩來的身體每況愈下，在毛澤東、周恩來的支持下，具有豐富經驗知識又有可靠領導能力的鄧小平相繼擔任中共中央軍委副主席兼總參謀長、中共中央副主席、國務院第一副總理等職務，也就是說除了領導政府的主要工作，鄧小平還在黨和軍隊中擔任要職。受命於危難之際的鄧小平，面對的難題是如何在「左」的思想依然處於上風的時刻，撥亂反正，使中國國民經濟走上發展的正軌。這一年，經過鄧小平大刀闊斧地一系列整頓，許多過去行之有效的制度和措施得以恢復，國內生產和經濟發展出現了良好態勢。

（一）以經濟建設為中心的全面整頓

鄧小平在接過重任後指出，「當前，各方面都存在一個整頓的問題。農業要整頓，工業要整頓，文藝政策要整頓，調整其實也是整頓。要通過整頓，解決農村的問題，解決工廠的問題，解決科學技術方面的問題，解決各方面的問題」，「整頓的核心是黨的整頓」。[1] 因此，1975 年鄧小平排在第一位的工作就是從整黨開始，以安定團結發展社會主義經濟為目標，整頓各級領導班子，加強中共的領導，發揚中共的優良作風，堅持以大局為重，把國民經濟搞上去。什麼是大局？大局就是「把我國建設成為具有現代農業、現代工業、現代國防和現代科學技術的社會主義強國」。[2] 這是全黨全國人民都要為之奮鬥的目標，也是社會主義經濟建設發展

1　鄧小平：《鄧小平文選》（第二卷），人民出版社 1994 年版，第 35 頁。
2　鄧小平：《鄧小平文選》（第二卷），人民出版社 1994 年版，第 4 頁。

的出發點和歸宿。

　　當時，在長期嚴重的社會動亂中，中國經濟嚴重萎縮甚至倒退，社會生活一片混亂。鄧小平所面對的是經濟發展停滯不前，運輸系統陷入崩潰，一地的物資無法正常運往另一地的工廠；軍隊中因為無休止的政治鬥爭和承擔管理全國地方工作單位的無限責任而超負荷運行，訓練荒廢，軍事技術遠遠落後於潛在的敵人。[1]制止動亂、進行整頓是中國歷史發展的必然。如何使社會主義建設步入正常的發展軌道，鄧小平從當時的主要矛盾出發，從關鍵問題入手，抓住了鐵路這個影響大局的經濟薄弱環節作為整頓工作的突破口。一個很重要的原因是在 20 世紀 70 年代中期，中國還沒有現代高速公路系統，貨運基本靠鐵路，鐵路是國民經濟的大動脈，佔據重要的戰略地位，然而當時的鐵路運行卻存在嚴重問題：生產下降、事故驚人、運輸不暢，成為國民經濟運行的薄弱環節。據統計，僅 1974 年鐵路系統就發生行車重大事故和大事故 750 多起，比 1973 年增加 48%，為十年前的八倍多。[2]為此，鄧小平指出，「鐵路運輸的問題不解決，生產部署統統打亂，整個計劃都會落空」。[3]

　　為取得突破，鄧小平通過抓典型的方式，把注意力放到江蘇北部的城市徐州，這裏是隴海鐵路和京滬鐵路兩大幹線的交匯點，擁有承東接西、溝通南北的區位優勢。然而，作為這麼重要的一個交通樞紐，在 1975 年 3 月之前，徐州鐵路局已經有 21 個

1　傅高義：《鄧小平時代》，生活・讀書・新知三聯書店 2013 年版，第 104 頁。
2　程中原：《1975：鄧小平主持各方面的整頓》，《當代中國史研究》2004 年第 2 期。
3　鄧小平：《鄧小平文選》（第二卷），人民出版社 1994 年版，第 5 頁。

月沒有完成裝貨和發車指標。[1]為解決這一難題，中央派出工作組，會同有關地方黨委，撤換掉徐州鐵路局中派性嚴重、不停搗亂的壞頭頭，堅決調整領導班子，恢復和健全規章制度，使得徐州鐵路樞紐迅速恢復正常秩序。這次整頓經驗對全路整頓產生積極影響，至6月底，全國鐵路形勢發生顯著變化，安定團結的局面逐步形成。

在鐵路系統的整頓取得重大突破後，鄧小平由點到線、由線到面的整頓任務逐漸在全國各領域得到推廣。首先是煤炭、鋼鐵工業的整頓，通過放手發動群眾，整頓企業秩序，解決領導班子問題，整個工業生產也打破了停滯不前的局面，產量逐漸恢復，原煤、原油、發電量等在5月和6月創造了歷史月產最高水平。在這一時期，鄧小平還在軍隊中開展了旨在解決「腫、散、驕、奢、惰」的整頓，恢復和發揚軍隊的優良傳統。與此同時，農業、商業、文化教育、文藝、科技領域等整頓也逐漸展開，通過落實幹部政策、重新強調中共的「雙百」方針，解決對一些優秀作品發表和演出的限制。系統性地提出糾正「左」傾錯誤、恢復和確立正確政策的重要文件，整個社會形勢明顯好轉，大部分地區社會秩序趨於穩定，國民經濟迅速回升。

（二）1975 年全面整頓的歷史地位和現實意義

1975 年，注定是一個極不尋常的年份，這一年因為鄧小平主持的全面整頓而在中華人民共和國史、中國共產黨史上都閃耀着

1　傅高義：《鄧小平時代》，生活·讀書·新知三聯書店 2013 年版，第 111 頁。

獨特光輝。作為從大亂到大治的努力，作為撥亂反正、改革開放的嘗試，作為歷史轉折的前奏，鄧小平主持的 1975 年整頓的歷史值得載入史冊。[1] 從撥亂反正的角度看，這次整頓實際上是系統地糾正「文化大革命」的錯誤，使這期間被當作修正主義或資本主義批判實際上卻符合馬克思主義原則和社會主義原則的方針政策得以重新恢復。從改革開放的角度看，這次整頓是中國共產黨新時期偉大歷史轉折的序曲，正如鄧小平後來講的：「說到改革，其實在 1974 年到 1975 年我們已經試驗過一段。」「那時的改革，用的名稱是整頓，強調把經濟搞上去，首先是恢復生產秩序，凡事這樣做的地方都見效。」[2] 可以說，這一次整頓是鄧小平在改革開放前的一次大膽嘗試和實驗，雖然為時較短，受到的干擾很多，但卻取得了明顯的效果。從國民經濟發展的主要數據來看，1975 年工農業總產值比上年增長了 11.9%，與 1974 年增長 1.4% 形成了鮮明對照。其中，工業增長 15.1%，農業增長 4.2%；糧食 5690 億斤，比上年增長 185 億斤；原煤 4.82 億噸，比上年增長 6900 萬噸；原油 7706 萬噸，比上年增長 1221 萬噸；發電量 1958 億度，比上年增長 270 億度；棉紗 1162 萬件，比上年增長 168 萬件。鐵路貨運量 8.6746 億噸，比上年增長 9773 萬噸。全年財政收入 815.6 億元，比上年增長 4.1%。[3] 最為重要的一點是，通過整頓，人們開始正視國家貧窮落後的現狀，開始意識到與發達國家的差距，意識到這種差距並不是在較短時間內就能得到彌補，只有把

1　程中原：《1975：鄧小平主持各方面的整頓》，《當代中國史研究》2004 年第 2 期。

2　鄧小平：《鄧小平文選》（第三卷），人民出版社 1993 年版，第 255 頁。

3　王立勝、趙學軍主編：《中華人民共和國經濟發展 70 年全景實錄》（上卷），濟南出版社 2019 年版，第 592 頁。

工作重心放到經濟建設上來，把生產力的發展與社會主義制度相聯繫，才能最終破解在發展中遇到的一系列問題。

應該說，在探索適合中國國情的社會主義建設道路中，犯過發動「大躍進」、人民公社化運動、「文化大革命」等嚴重的錯誤，留下了令人深省的慘痛教訓；經歷了國民經濟反覆調整、曲折發展的不平凡歷程；從拜俄為師、學習蘇聯經驗到獨立自主開啟符合中國實際的社會主義建設，為後來改革開放形成建設有中國特色的社會主義積累了許多寶貴的經驗。社會主義前進的道路並不是一帆風順，在這段曲折前進的發展過程中，雖然有失誤，但成就是巨大的。正如鄧小平在 1979 年所說的那樣，「我們儘管犯過一些錯誤，但我們還是在三十年間取得了舊中國幾百年、幾千年所沒有取得過的進步。」[1] 社會主義制度的確立為中國的長遠發展奠定制度基礎，以實現社會主義工業化為目標初步確立了中國獨立的較為完整的工業體系和國民經濟體系，人民群眾的生活水平逐年改善。特別是這一時期中國在原子彈、氫彈、中遠程導彈和人造衛星等國防科技工業方面以及在鐵路交通、民航事業、水利工程、有色金屬、化學紡織等方面的發展成效卓著，不僅實現了中國經濟發展大的躍升，也實現了中國國際地位新的突破，國際影響力持續上升。

1　鄧小平：《鄧小平文選》（第二卷），人民出版社 1994 年版，第 167 頁。

第四章

改革開放起步和
經濟政策調整

「文化大革命」結束以後，黨和國家面臨着何去何從的重大歷史選擇。中國共產黨深刻認識到，只有實行改革開放才是唯一出路，否則現代化事業和社會主義事業就會被葬送。1978 年 12 月 18 日至 22 日，中共十一屆三中全會在北京召開。全會徹底否定「兩個凡是」的方針，重新確立解放思想、實事求是的指導思想；果斷結束「以階級鬥爭為綱」，實現黨和國家工作中心戰略轉移，作出實行改革開放的重大決策，開啟了改革開放和社會主義現代化建設新時期，實現了新中國成立以來黨和國家具有深遠意義的偉大轉折。改革開放從十一屆三中全會起步，十二大以後全面展開，經歷了從農村改革到城市改革，從經濟體制的改革到各方面體制的改革，從對內搞活到對外開放的波瀾壯闊的歷史進程。

一、提出小康社會建設目標

　　早在 2000 多年前，中國先人就用「小康」一詞表達對殷實、安定生活的嚮往。這份簡單樸素的願望，並無太多奢求，無非是想「年穀屢登」「百姓滋殖」罷了。但有歷史記載以來，中國人多數時間都是在洪水、乾旱、蝗蟲、地震、戰爭等天災人禍帶來的

饑荒下掙扎求生，「小康」總是那麼可望而不可及。直到改革開放，這一希望才被重新燃起。

（一）「小康」的由來

「小康」一詞，最早出現於《詩經》。《詩經·大雅·民勞》中說，「民亦勞止，汔可小康。惠此中國，以綏四方」。在這裏，小康具有「小休」「小安」的意思，意在勸誡當政者要使民休養生息。「小康」作為一種社會形態，最早出現於西漢的《禮記·禮運》中，是與「大同」相對而言。所謂「大同」是指天下為公，也就是天下是人民共有的。誰有仁德，誰有才能，大家便推舉他為領導人。大家都講求信用，和睦相處，不只把自己的親人當親人，不只把自己的子女當子女。因而老年人能安享晚年，成年男子能發揮才能，成年女子能嫁個好人家，兒童能健康成長，鰥夫、寡婦、孤兒及殘疾人都能得到照顧。大家都竭盡所能共建美好社會，而不計個人利益得失。人與人之間坦誠相見，沒有鈎心鬥角，路不拾遺，夜不閉戶，一片和諧的景象。所謂「小康」是指天下為家。夏禹、商湯、周文王、周武王、周成王等聖王，無不是依靠禮來治國的。總體上看，「大同」和「小康」分別代表了儒家的理想目標和現實目標，也代表了千百年來中國人民對美好生活的嚮往和追求。

（二）小康社會建設目標的提出

1979 年 12 月，鄧小平會見日本首相大平正芳。大平正芳首相就中國發展的長遠規劃問題向鄧小平同志發問：中國根據自己

獨自的立場提出了宏偉的現代化規劃，要把中國建設成偉大的社會主義國家。中國將來會是什麼樣？整個現代化的藍圖是如何構思的？鄧小平根據中國經濟發展的實際情況，第一次提出了「小康之家」概念以及在 20 世紀末中國達到「小康社會」的目標。他說：「我們要實現四個現代化，是中國式的四個現代化。我們的四個現代化的概念，不是像你們那樣的現代化的概念，而是『小康之家』。到本世紀末，中國的四個現代化即使達到了某種目標，我們的國民生產總值人均水平也還是很低的。要達到第三世界中比較富裕一點的國家的水平，比如國民生產總值人均一千美元，也還得付出很大的努力。就算達到那樣的水平，同西方來比，也還是落後的。所以，我只能說，中國到那時也還是一個小康的狀態。」[1] 鄧小平同志運用小康社會這一帶有鮮明傳統文化色彩的概念來生動闡述了中國式現代化的階段目標，「小康」這個概念一經提出，即引起國內外的強烈反響，很快成為全黨全社會的共識。

　　1982 年 9 月召開的中國共產黨第十二次全國代表大會，明確提出「小康社會」戰略目標，即「從一九八一年到本世紀末的二十年，我國經濟建設總的奮鬥目標是，在不斷提高經濟效益的前提下，力爭使全國工農業的年總產值翻兩番，即由一九八〇年的七千一百億元增加到二〇〇〇年的二萬八千億元左右。實現了這個目標，我國國民收入總額和主要工農業產品的產量將居於世界前列，整個國民經濟的現代化過程將取得重大進展，城鄉人民

1　鄧小平：《鄧小平文選》（第二卷），人民出版社 1994 年版，第 237 頁。

的收入將成倍增長，人民的物質文化生活可以達到小康水平」。[1] 小康社會建設目標的確立，是中國共產黨對現代化建設複雜性和長期性的清醒認識與科學預判。這一建設目標，在 20 世紀 80 年代初為中國人民描繪了 20 年後將要達到的生活方式和理想狀態，使原本非常抽象的經濟發展戰略，轉化為與每個人利益攸關的目標追求，為人民群眾感知和認同，進而凝聚了鬥志、鼓舞了人心，為中國很長一段時間的發展提供了強大動力。

（三）小康社會的衡量標準

「人均達到一千美元」，是關於小康社會的最初衡量標準，這一標準是由「中國式的現代化」的衡量標準轉化而來的。1979 年 7 月，鄧小平在接見山東省委和青島市委負責人時說，「生產力不發展，有什麼社會主義優越性。如果我們人均收入達到 1000 美元，就很不錯，可以吃得好，穿得好，用得好，還可以增加外援」。[2] 這是當時中國參照世界上通用的衡量一個國家或地區生產水平和生活水平的指標，第一次為「中國式的現代化」定出了標準，即人均國民生產總值 1000 美元。這一指標也就成了小康社會的衡量標準。

按照國際通用標準計算，中國 1978 年的人均國民生產總值是 250 美元，到 20 世紀末提高到 1000 美元，也就是要翻兩番，這就

1　中國共產黨歷次全國代表大會數據庫，中國共產黨新聞網，http://cpc.people.com.cn/GB/64162/64168/64565/65448/4526430.html.

2　中共中央文獻研究室：《鄧小平年譜》一九七五——一九九七（上），中央文獻出版社 2004 年版，第 690 頁。

意味着每年的經濟增長速度需要達到 8% 至 10%，這樣的增速保持 20 年，放在任何一個國家，都是一個相當有難度的事情。這一標準是否可行？能否按時實現？圍繞這一問題，國家開展了大規模調研論證，經過多地實地調研，反覆計算和研究各種條件，包括國際合作的條件等，感到達到人均 1000 美元並不容易，開始對標準進行調整。1980 年 10 月，鄧小平在人民解放軍總參謀部召開的會議上說，「現在我們搞四個現代化，提的目標就是爭取 20 年翻兩番。到本世紀末人均國民生產總值達到 800 至 1000 美元，進入小康社會。」[1] 1982 年 8 月，鄧小平在會見美籍華人科學家時又說，「我們提出 20 年改變面貌，不是胡思亂想、海闊天空的變化，只是達到一個小康社會的變化，這是有把握的。小康是指國民生產總值達到一萬億美元，人均 800 美元。」[2]

從人均 1000 美元到 800 至 1000 美元，再到 800 美元，標準貌似降低了，但其實更加務實可行了。考慮到「大躍進」時期在經濟建設上提出了過急過高的目標，結果犯了很多錯誤；改革開放後，看到中國與發達國家之間存在的巨大差距後，很多人又開始頭腦發熱、急於求成，開始「洋躍進」，這時候把標準降一降、把步子壓一壓，能夠更好地按客觀經濟規律辦事，避免再犯類似錯誤。

---

1 中共中央黨史和文獻研究院：《全面建成小康社會大事記》，新華網，人民出版社 2021 年版。

2 中共中央黨史和文獻研究院：《全面建成小康社會大事記》，新華網，人民出版社 2021 年版。

（四）小康社會的基本面貌

為了驗證小康目標的現實可行性，1983 年 2 月，鄧小平到經濟發展較快的江、浙、滬地區進行了深入調查研究，回北京後介紹了調研了解到的情況。他說：「這次，我經江蘇到浙江，再從浙江到上海，一路上看到情況很好，人們喜氣洋洋，新房子蓋得很多，市場物資豐富，幹部信心很足。看來，四個現代化希望很大。現在，蘇州市工農業總產值人均接近八百美元。我問江蘇的同志，達到這樣的水平，社會上是一個什麼面貌？發展前景是什麼樣子？他們說，在這樣的水平上，下面這些問題都解決了：

第一，人民的吃穿用問題解決了，基本生活有了保障；

第二，住房問題解決了，人均達到二十平方米，因為土地不足，向空中發展，小城鎮和農村蓋二三層樓房的已經不少；

第三，就業問題解決了，城鎮基本上沒有待業勞動者了；

第四，人不再外流了，農村的人總想往大城市跑的情況已經改變；

第五，中小學教育普及了，教育、文化、體育和其他公共福利事業有能力自己安排了；

第六，人們的精神面貌變化了，犯罪行為大大減少。」[1]

這六條標準，不僅包含經濟，還包含民生、文化、教育、法治等諸多方面，是對小康社會基本面貌的具體、清晰、全面的介紹，繪製了一幅豐衣足食、其樂融融的新生活藍圖，對於團結、鼓舞、凝聚各方面力量，起了巨大作用。

1　鄧小平：《鄧小平文選》（第三卷），人民出版社 1994 年版，第 24-25 頁。

二、「三步走」發展戰略

在制定和不斷完善 20 世紀末實現小康社會目標的同時，中國共產黨開始思考下一個世紀的發展目標，提出了分步走、到 21 世紀中期「基本實現現代化」的長遠發展戰略構想。

（一）「兩步走」初步設想的提出

1982 年中共十二大圍繞實現小康社會建設目標，提出了分兩步走的戰略部署，即到 1990 年為第一步，是打好基礎、積蓄力量、創造條件的階段，實現工農業年總產值翻一番，解決人民的溫飽問題。剩下的十年為經濟起飛階段，在新的基礎上使工農業年總產值再翻一番，人民生活達到小康水平。這是中國共產黨關於 20 世紀中國經濟社會發展目標的總體安排。

到 1984 年，改革開放的實踐已經表明小康社會建設目標能夠達到，黨中央隨即把目光又投向 21 世紀，開始醞釀中國跨世紀的發展戰略。1984 年 4 月 18 日，鄧小平在會見英國外交大臣傑弗里·豪時，第一次對「小康」之後的發展目標作了設想。他說：「我們的第一個目標就是到本世紀末達到小康水平，第二個目標就是要在 30 年至 50 年內達到或接近發達國家的水平。」[1] 同年 10 月 6 日，鄧小平會見參加中外經濟合作問題討論會全體中外代表，闡述了中國的宏偉目標和根本政策，明確將「兩步走」作為黨和國家長期努力奮鬥的政治目標。他指出，「我們確定了一個政治目標：發

---

1 曹普：《「小康」構想與 1983 年鄧小平蘇杭之行》，《百年潮》2008 年第 8 期。

展經濟，到本世紀末翻兩番，國民生產總值按人口平均達到八百美元，人民生活達到小康水平。這個目標對發達國家來說是微不足道的，但對中國來說，是一個雄心壯志，是一個宏偉的目標。更為重要的是，在這個基礎上，再發展三十年到五十年，力爭接近世界發達國家的水平。」[1] 這是關於中國長遠發展戰略的最初構想，即 20 世紀最後 20 年是「一步」，21 世紀前 30 年到 50 年又是「一步」。

（二）「三步走」發展戰略的確立

1987 年，中央開始對「兩步走」的發展目標作出調整。1987 年 4 月 30 日，鄧小平在會見西班牙工人社會黨副總書記、政府副首相阿方索·格拉時說，「我們原定的目標是，第一步在八十年代翻一番。以一九八○年為基數，當時國民生產總值人均只有二百五十美元，翻一番，達到五百美元。第二步是到本世紀末，再翻一番，人均達到一千美元。實現這個目標意味着我們進入小康社會，把貧困的中國變成小康的中國。那時國民生產總值超過一萬億美元，雖然人均數還很低，但是國家的力量有很大增加。我們制定的目標更重要的還是第三步，在下世紀用三十年到五十年再翻兩番，大體上達到人均四千美元。做到這一步，中國就達到中等發達的水平。」[2] 把原先 20 世紀最後 20 年的「一步」細化為「兩步」，再加上 21 世紀前 30 到 50 年的「一步」，從而構成

---

1 鄧小平：《鄧小平文選》（第三卷），人民出版社 1994 年版，第 77 頁。
2 鄧小平：《鄧小平文選》（第三卷），人民出版社 1994 年版，第 226 頁。

了中國現代化建設「三步走」的戰略構想。

　　這個戰略構想為中共十三大所採納。十三大報告提出:「黨的十一屆三中全會以後,我國經濟建設的戰略部署大體分三步走。第一步,實現國民生產總值比一九八○年翻一番,解決人民的溫飽問題。這個任務已經基本實現。第二步,到本世紀末,使國民生產總值再增長一倍,人民生活達到小康水平。第三步,到下個世紀中葉,人均國民生產總值達到中等發達國家水平,人民生活比較富裕,基本實現現代化。然後,在這個基礎上繼續前進」。[1]

　　「三步走」發展戰略,對中華民族百年圖強的宏偉目標作了積極而穩妥的規劃,既體現了中國共產黨和中國人民勇於進取的雄心壯志,又反映了從實際出發、遵循客觀規律的科學精神,是黨和國家探索中國式現代化建設規律的重大成果。

三、農村經濟改革的發動

　　20 世紀 50 年代到 80 年代初,中國農村實行「政社合一」的人民公社制度,管理權限的過於集中、分配上的平均主義嚴重挫傷了廣大農民的生產積極性,農業生產發展和農民生活改善非常緩慢,農村落後面貌長期沒有大的改觀。即便到了 1978 年改革開放前夕,全國仍有一億多農民生活在貧困線以下,基本的溫飽問

---

1 《沿着有中國特色的社會主義道路前進 —— 在中國共產黨第十三次全國代表大會上的報告》,中國政府網,http://www.gov.cn/test/2007-08/29/content_730445.htm.

題都沒有得到妥善解決。調整農村生產關係、改變農村政策，成為廣大農民的迫切要求，農村經濟改革勢在必行。

（一）實行包產到戶、包幹到戶

經濟體制改革首先在農村地區取得成功，這看起來似乎帶有一些偶然因素，但實際上卻是二三十年來，農村地區一直探索嘗試突破「左」的政策的結果。為了解決吃飯問題，一些地區的農民曾在 1957 年、1959 年、1962 年先後自發實行過包產到組、包產到戶等，但在當時的環境下，這被認為是「走資本主義道路」而遭到禁止，導致這種生產組織形式長期受到壓制。

1978 年夏秋之際，安徽遭受百年不遇的特大旱災，中共安徽省委作出把土地借給農民耕種，不向農民徵統購糧的決策。這一決策激發了農民的生產積極性，戰勝了特大旱災，還引發出一些農民包產到戶、包幹到戶的行動。當年秋天，安徽省鳳陽縣小崗村 18 戶農民祕密訂約，決定在本生產隊實行包產到戶，結果 1978 年產糧 13 萬多斤，相當於全隊 1966 年到 1970 年五年糧食產量的總和。幾乎與此同時，四川省廣漢縣金魚公社在全省率先推行「分組作業，定產定工，超產獎勵」改革試點，也就是每個組在完成產量指標後，超產部分按一定比例獎勵給社員，這就是後來被稱為「包產到組」聯產計酬生產責任制的初始模式。在安徽、四川的影響下，其他一些地方也開始實行農村聯產責任制。

農村出現的改革勢頭，引起一些人的議論，但得到鄧小平的支持。1980 年 4 月和 5 月，鄧小平兩次就農村政策問題同中央負責人談話，提出農村政策要繼續放寬，土地承包給個人不會影響

我們制度的社會主義性質。同年 9 月，黨中央召開省、市、自治區黨委第一書記座談會，討論加強完善農業生產責任制問題，並下發《關於進一步加強和完善農業生產責任制的幾個問題》，首次突破多年來把包產到戶等同於分田單幹和資本主義的觀念，指出在社會主義工業、商業佔絕對優勢的條件下，在生產隊領導下實行的包產到戶，不會脫離社會主義軌道，沒有復辟資本主義的危險。1982 年 1 月 1 日，中共中央批轉 1981 年 12 月的《全國農村工作會議紀要》，這是中國共產黨歷史上第一個關於農村工作的一號文件，明確指出包產到戶、包幹到戶都是社會主義集體經濟的生產責任制。在中央的肯定下，包產到戶、包幹到戶的聯產承包責任制迅速在全國擴展開來。1982 年，中國農業獲得少有的大豐收，農業總產值比上年增長 11%，大大超過計劃增長 4% 的要求，主要農產品產量大都創歷史最高水平。

（二）廢除人民公社

人民公社既是 1958 年「大躍進」的重要內容，也是「大躍進」的典型產物，雖然中間經歷過多次調整，但「責權利」不分、管理過分集中、經營方式過於單一、勞動「大呼隆」、分配平均主義的弊病難以根除。1978 年，以包產到戶、包幹到戶為核心的農村經濟改革開啟後，人民公社「三級所有，隊為基礎」的高度集中統一的經營管理模式被徹底打破，與農村生產力發展需要之間的矛盾越來越顯著，變革「政社合一」的人民公社，成為一項極為重要的任務。

在此歷史背景下，一些地方開始進行改革試點。1980 年 6 月

18 日，廣漢縣向陽公社在全國率先摘下掛了 22 年的「廣漢縣向陽人民公社管理委員會」牌子，正式掛出「廣漢縣向陽鄉人民政府」的牌子，成為全國第一個撤銷人民公社的地方。到 1980 年底，廣漢縣 22 個人民公社先後被撤銷，建立鄉（鎮）人民政府。從人民公社變為實行黨政分工、政企分開體制的鄉鎮，拉開了中國基層政權組織形式改革的帷幕，由此確立了中國農村基層政權新體制。1981 年 1 月，中共四川省委辦公廳在《關於對廣漢縣縣、社體制改革問題的批覆》中指出，「經省委討論，同意按廣漢縣委所報體制改革方案進行試點」。至此，廣漢撤銷公社、恢復鄉人民政府的改革得到上級的正式認可。同年，中共四川省委決定在新都縣石板公社、邛崍縣桑園公社、新民公社繼續試點，向陽經驗通過擴大試點逐步在全省推廣。

1982 年 12 月，五屆全國人大五次會議通過修改後的《中華人民共和國憲法》，明確規定「省、直轄市、縣、市、市轄區、鄉、民族鄉、鎮設立人民代表大會和人民政府」「城市和農村按居民居住地區設立的居民委員會或者村民委員會是基層群眾性自治組織」，[1] 從法律層面改變了農村人民公社政社合一體制。1983 年 10 月，在總結各地試點經驗基礎上，中共中央、國務院印發《關於實行政社分開，建立鄉政府的通知》，明確當前的首要任務是把政社分開，建立鄉政府。同時按鄉建立鄉黨委，並根據生產的需要和群眾的意願逐步建立經濟組織，要求各地在 1984 年底以前大體上完成建立鄉政府的工作。到 1985 年 5 月，全國共建立了 9.2

---

1 《中華人民共和國憲法（1982 年 12 月 4 日）》，中國人大網，http://www.npc.gov.cn/zgrdw/npc/zt/qt/gjxfz/2014-12/03/content_1888093.htm.

萬多個鄉（鎮）政府，82 萬多個村民委員會，至此，在中國農村實行了 27 年之久的人民公社最終退出歷史舞台。

改革從農村開始，這是中國農民的偉大創造，也符合中國的國情實際。廢除人民公社，不走土地私有化道路，而是實行家庭聯產承包為主，統分結合、雙層經營，解決了中國社會主義農村體制的重大問題。對於這一變革，鄧小平同志予以充分肯定，認為「中國社會主義農業的改革和發展，從長遠的觀點看，要有兩個飛躍。第一個飛躍，是廢除人民公社，實行家庭聯產承包為主的責任制。這是一個很大的前進，要長期堅持不變」。[1]

（三）鄉鎮企業異軍突起

鄉鎮企業是指農村集體經濟組織或者農民投資為主，在鄉鎮（包括所轄村）舉辦的承擔支援農業任務的各類企業，是中國農村地區多形式、多層次、多門類、多渠道的合作企業和個體企業的統稱。包括鄉鎮辦企業、村辦企業、農民聯營的合作企業、其他形式的合作企業和個體企業五級。鄉鎮企業的前身叫作「社隊企業」，指的是公社和農業生產大隊所創辦的集體企業，始辦於 20 世紀 50 年代後期，主要是一些為農業和農民生活服務的小工廠。20 世紀 50、60 年代，受到「左」的政策影響，農民利用農閒進行手工業商品生產也被視為資本主義，社隊企業只能在挫折和困難中求生存、求發展。進入 20 世紀 70 年代，由於人口快速增長和農業機械化的發展，農村勞動力增加速度遠高於耕地增長速度，

1　鄧小平：《鄧小平文選》（第三卷），人民出版社 1994 年版，第 355 頁。

部分地區人地矛盾十分突出。在此情況下，國家從「主要為農業生產服務，為人民生活服務，有條件的，為大工業、為出口服務」的角度，開始支持社隊企業發展，在當時的農林部建立農村人民公社企業管理局，將農村手工業企業劃歸人民公社領導管理，為社隊企業發展創造了有力條件。到 1978 年，社隊兩級共有企業152 萬個，安置農業剩餘勞動力 2826 萬人，產值達到 515 億元，相當於當年農業總產值的 37% 左右。

在實行包產到戶、包幹到戶，取消人民公社的同時，農業開始釋放出大量剩餘勞動力，而在當時的計劃經濟體制下，農民進城就業存在種種限制，在此情況下，國家將興辦社隊企業作為吸納農村剩餘勞動力的重要渠道。比如，1978 年底中共十一屆三中全會原則通過的《中共中央關於加快農業發展若干問題的決定（草案）》明確提出，社隊企業要有一個大發展，逐步提高社隊企業的收入佔公社三級經濟收入的比重，並明確給予了部分優惠扶持政策。1979 年 7 月 3 日，國務院頒發《關於發展若干問題的規定（試行草案）》，指出了發展社隊企業的重大意義，針對社隊企業發展中遇到的現實問題，從發展方針、經營範圍、企業調整和發展規劃等 18 個方面作出具體規定，有力促進了社隊企業的發展。1981 年 5 月 4 日，國務院下發《關於社隊企業貫徹國民經濟調整方針的若干規定》，1983 年中央 1 號文件《當前農村經濟政策的若干問題》等，也強調社隊企業是支持農業生產的經濟力量，必須努力辦好，繼續充實發展。1984 年中央 1 號文件《關於開創社隊企業新局面的報告》，將社隊企業正式改名為鄉鎮企業，闡述了發展鄉鎮企業的意義和作用，明確了鄉鎮企業發展的總方針，提出了開創鄉鎮企業新局面的目標任務，並對若干政策問題作出

具體規定，比如，經營主體由原來的社辦、隊辦擴大到鄉辦、村辦、聯戶辦、戶辦，經營範圍由以農副產品加工為主擴大到農業、工業、商業、建築、運輸、服務業等，生產活動突破了「三就地」原則（就地取材、就地生產和就地銷售），允許廣泛進行外引內聯等。

這些全面放開、搞活鄉鎮企業的激勵政策，顯著改善了鄉鎮企業的發展環境，極大激發了廣大農民興辦鄉鎮企業的積極性和創造性。在東南沿海等經濟發展水平相對較高的地區，鄉鎮企業率先發展起來，並在三個區域形成了各具特色的經濟發展模式，即蘇南模式、溫州模式和珠江模式。蘇南模式是指蘇州、無錫兩市所屬九縣及常州、鎮江兩市個別縣，由鄉鎮政府主導、集體興辦鄉鎮企業帶動農村全面進步。溫州模式是指浙江省東南部的溫州地區，以家庭工業和專業化市場的方式發展非農產業，從而形成小商品、大市場的發展格局。珠江模式是指珠江流域中以廣州、深圳等為中心的 14 個市縣，利用毗鄰港澳的優勢，藉助境外的資金、技術、設備和市場，發展「三來一補」的外向型企業。

鄉鎮企業深刻改變了農村經濟單純依靠農業發展的格局。到 1987 年，鄉鎮企業總產值 4764 億，佔當年農村社會總產值的50.5%，產值首次超過了農業總產值，標誌着中國農村經濟完成了農村從農業為主到農工商並舉的過渡，已經進入了一個新的歷史時期。尤其是東南沿海地區，鄉鎮企業在當地 GDP 中的分量很高，其中當時被稱為「華夏第一縣」的無錫，1985 年工業總產值超過 50 個億，鄉鎮企業貢獻率佔 84%，這一產值超過了青海、寧夏、西藏三個省（自治區）工業總產值的總和。1997 年也是鄉鎮

企業歷史上具有標誌性意義的一年。這一年，《中華人民共和國鄉鎮企業法》正式公佈實施，國務院首次召開全國鄉鎮企業工作會議，中央出台了一系列關於加快鄉鎮企業發展的文件，鄉鎮企業發展呈現更加迅猛的勢頭。這一年，鄉鎮企業在原煤、水泥、食品飲料、服裝等行業中的產值佔比，分別達到 40%、40%、43%、80%，貢獻了國內生產總值的近三分之一，全國稅收的五分之一，全國出口交貨值的三分之一，形成了國民經濟「三分天下有其一」的局面。

鄉鎮企業異軍突起，是中國農民的又一個偉大創造。鄉鎮企業的一個重要作用，是農民可以「離土不離鄉、進廠不進城」，實現就地轉移就業，逐步打破了中國傳統的城鄉二元化結構，改變了「農副產品進城、工業品下鄉」的傳統城鄉關係，形成了城鄉之間資金、資源、商品、人才、技術雙向流動的新格局，開了市場經濟的先河，有力促進了小城鎮的建設發展，為農村剩餘勞動力從土地上轉移出來，為農村致富和逐步實現現代化，為促進工業和整個經濟的改革和發展，開闢了一條新路。

四、城市經濟改革的展開

中國城市經濟改革發軔於 1978 年，幾乎與農村經濟改革同步，但由於改革環境遠比農村複雜，城市經濟改革速度明顯慢於農村經濟改革，直到 1984 年 10 月，中共十二屆三中全會通過《中共中央關於經濟體制改革的決定》後，城市經濟改革才全面展開。

（一）擴大企業自主權

　　中共十一屆三中全會前，城市經濟改革已經在局部地區進行試點。1978 年 10 月，四川省決定在成都灌縣（今都江堰市）寧江機牀廠等六家企業率先進行擴大企業自主權改革試點。幾乎與此同時，廣東省清遠縣為了調動工人的積極性，實現扭虧增盈，在清遠氮肥廠等四家國營工業企業試行「超計劃利潤提成獎」，隨後向全縣 17 家國營工業企業推廣，很快實現扭虧為盈。1979 年 5 月，國家經委等六部門選擇首都鋼鐵公司、天津自行車廠、上海柴油機廠等八家企業，進行擴大企業自主權改革試點，許多地方和部門開始紛紛效仿。1979 年 7 月，國務院連續頒佈了擴大企業經營管理自主權、實行利潤留成、開徵固定資產稅、提高折舊率和改進折舊費使用辦法、實行流動資金全額信貸等五個文件，要求地方部門選擇少數企業試點。1979 年底，試點企業擴大到 4200 個，1980 年 6 月又發展到 6600 個，約佔全國預算內工業企業數的 16% 左右，但產值和利潤分別佔 60% 和 70% 左右。擴大企業自主權改革最重要的內容有兩條：一是在利潤分配上，給企業以一定比例的利潤留成；二是在權力分配上，給企業以一定的生產計劃、產品購銷，資金運用的權力。這一改革打破企業是政府機關的附屬物、吃國家「大鍋飯」的體制，在傳統的計劃經濟體制上打開一個缺口，初步改變了過去只按國家指令性計劃生產，不了解市場需要，不關心產品銷路，不關心盈利虧損的狀況，增強了企業的自主經營意識和市場意識，也調動了企業和職工的積極性。

　　1980 年 12 月 16 日至 25 日，中央召開工作會議，提出擴大企業自主權改革試點主要在 6600 家企業中繼續進行，試點面不再

擴大，以利於總結經驗、鞏固提高。擴大企業自主權改革主要解決的是國家和企業之間的利益分配關係，而沒有有效解決企業與職工之間、職工與職工之間的經濟關係。一些企業在擴權後，開始借鑒農村家庭聯產承包責任制的成功經驗，開始探索推行經濟責任制。1981 年春季，山東省率先在企業中試行經濟責任制，主要圍繞國家同企業之間、企業同職工之間以及職工與職工之間的責、權、利關係，貫徹聯產承包、按勞分配的原則，進一步調動了企業和職工的積極性，在增收節支、提高財政收入方面頗有成效，得到了國務院的肯定。1981 年 10 月，國務院轉發《關於實行工業企業生產責任制若干問題的意見》，提出通過在工業企業中實行經濟責任制，把企業和職工的經濟利益，同他們所承擔的責任和實現的經濟效益聯繫起來，經濟責任制很快推行到全國 3.6 萬個工業企業。到 1983 年，絕大部分國有工業企業和商業企業都實行了各種形式的經濟責任制。

（二）商業流通體制改革

改革開放前，中國所有物資和消費品均由國家按照統一計劃進行收購、調撥和銷售，商品嚴格按照一、二、三級（省、市、縣）批發流通體系實行單渠道流通，以國營和合作商業企業為代表的公有制企業是商業流通領域的唯一主體。以農副產品為例，包括生豬、雞蛋、糖料、烤煙、蠶絲、麻類、水產等 132 種品類，只允許國家糧食部門和供銷合作社等特定機構按計劃價格統購派購，很多產品派購任務佔總產量的 90% 以上。農村經濟改革開始後，一些農副產品的產量大幅提升，但統購派購制度只能解

決部分銷路問題，導致產品大量積壓，一時出現了「銷售難」，商品流通少渠道、多環節、產銷脫節等弊端突顯。從 1979 年起，國家重新限定農副產品的統購和派購範圍，放寬農副產品的購銷政策，規定供銷合作社基層社可以出縣、出省購銷，集體所有制商業、個體商販和農民也可以長途販運，這為加快城鄉商品流轉創造了有利條件。1980 年又進一步放寬政策，明確三類農副產品和完成徵購、派購、計劃收購任務以後的一、二類農副產品（除棉花外）都可以自由運銷。此外，還規定基層公社可以出縣出省購銷，集體所有制商業、個體商販和農民也可以長途販運，以及提倡廠店掛鈎、隊店掛鈎、產銷直接見面等，農產品流通逐步走向多渠道、少環節、產銷結合。1985 年中央 1 號文件《關於進一步活躍農村經濟的十項政策》公佈，第一條就是「改革農產品統購派購制度」，放開了大部分農副產品的價格，同時實行合同定購與市場收購並行的「雙軌制」政策，這標誌着國家終結了過去長期實行的統購派購制度，使農民獲得了經營自主權，這是國家在放活農業經營方面的一次大跨越。

隨後，商業流通體制改革的重點由農村轉向城市，國家開展了「一少三多」的改革，即減少工業品計劃管理的品種，發展多種經濟形式，採用多種購銷方式，開闢多條流通渠道，建立城鄉互相開放的流通體制。到 1987 年，生產領域中，國家指令性計劃的工業產品從改革前的 120 種減少到 60 種；流通領域中，國家計劃管理的商品從改革前的 188 種減少到 23 種。同時，國家宏觀調控的範圍和方式得到調整與改進，小商品和計劃外商品都由市場調節，價格、稅收、金融等經濟槓桿在宏觀調控中的作用日益增強，促進了商品經濟的發展。

（三）所有制結構改革

　　20 世紀 50 年代至 70 年代，中國所有制結構主要是單一的公有制經濟，單位以全民所有制企業、集體所有制企業和黨政機關為主，法人單位數量相對穩定，增長較為平緩。以工業企業為例，1978 年全國共有工業企業 34.8 萬個，僅僅比 1957 年增長了 1.1 倍。1979 年，全國出現知青返城大潮，城鎮待業青年迅速增至 2000 萬以上。為了緩解就業壓力，國家在向現有單位硬性分派就業人員的同時，開始考慮在國有部門之外開闢新的就業門路，政策業逐步放開，採取支持城鎮集體經濟和個體經濟發展的方針，開啟了以公有制經濟為主體、多種經濟形式並存的改革，鼓勵勞動者多渠道就業和自謀職業。在這種情形下，城鎮非國有經濟再次獲得發展機會，特別是「個體戶」應運而生。大量待業青年進入手工業、商業、飲食、運輸、建築修繕以及各種服務業，出現了北京前門「大碗茶青年茶社」、安徽蕪湖「傻子瓜子」等一批轟動一時的「個體戶」、私人企業。

　　這裏特別講下「傻子瓜子」的故事。20 世紀 80 年代初，安徽蕪湖個體戶年廣久炒賣的「傻子瓜子」受到市場追捧，生意迅速擴張。父子三人從僱四個幫手開始，兩年內發展成一個年營業額 720 萬、僱工 140 人的私人企業。當時，理論界有個「七下八上」的說法，即個體經營者僱工七人以下是個體戶，超過八人就不是普通的個體經濟，而是資本主義經濟，裏面就存在剝削問題。當時，「傻子瓜子」營業額之高、僱工規模之大，引發很多爭議。有人認為「傻子瓜子」僱用的都是不能進入國營系統的人，而且工資水平很高，對於擴大就業、增加收入有好處，應當允許發展。

也有人認為「傻子瓜子」僱工人數超過當時的國家規定，存在剝削，企業有偷稅漏稅等不法行為，而且經營規模之大，對國營、集體商業渠道造成不利影響，應當限制或者取締。這種爭議從安徽蕪湖當地一直傳到中央，一時間成為一大熱點問題。1984 年 10 月，鄧小平在中顧委第三次全體會議上，明確表示：「前些時候那個僱工問題，相當震動呀，大家擔心得不得了。我的意見是放兩年再看。那個能影響到我們的大局嗎？如果你一動，羣眾就說政策變了，人心就不安了。你解決了一個『傻子瓜子』，會牽動人心不安，沒有益處。讓『傻子瓜子』經營一段，怕什麼？傷害了社會主義嗎？」[1] 後來，鄧小平回顧此事時又說，「農村改革初期，安徽出了個『傻子瓜子』問題。當時許多人不舒服，說他賺了一百萬，主張動他。我說不能動，一動人們就會說政策變了，得不償失。」[2] 正是在國家相對寬鬆的政策環境下，無數像年廣久這樣的「個體戶」，迎來了更大的發展機遇和空間。

1981 年 10 月，黨中央、國務院在《關於廣開門路，搞活經濟，解決城鎮就業問題的若干決定》中指出：「在社會主義公有制經濟佔優勢的根本前提下，實行多種經濟形式和多種經營方式長期並存，是我黨的一項戰略決策，決不是一種權宜之計。」在這一新政策指引下，集體經濟、個體經濟有了新的發展，還出現全民、集體和個體聯營等新的經濟形式。到 1987 年，全國城鎮個體工商戶等非公有制經濟從業人員由 1978 年的 15 萬增加到 569 萬，為發展經濟、方便人民生活和安置就業起了積極作用。

---

1 鄧小平：《鄧小平文選》（第三卷），人民出版社 1994 年版，第 91 頁。
2 鄧小平：《鄧小平文選》（第三卷），人民出版社 1994 年版，第 371 頁。

（四）經濟體制綜合改革

　　隨着城市經濟體制改革的不斷深化，要求全面改革的呼聲日益強烈。1981 年 7 月，國務院決定在湖北省沙市開始工業管理體制、計劃體制、財政體制、銀行體制、商業體制、物資體制、價格體制、勞動工資體制、科技體制和城市建設體制等十個方面的綜合配套改革。隨後，又在江蘇省常州市、重慶市先後進行改革試點，對城市經濟的生產、流通、交換、分配等各個方面進行配套改革。1984 年 4 月，國家經濟體制改革委員會在江蘇省常州市召開了「城市經濟體制改革試點工作座談會」，會議認為，沙市、常州、重慶等市的實踐表明，搞好城市綜合改革試點，對於推動整個經濟體制改革具有重要意義。根據改革形勢的需要，會議提出了加快城市經濟體制改革試點步伐，簡政放權、搞活企業，開放市場、搞活流通，探索城市新的計劃管理體制，完善市領導縣的新體制，增加一批改革試點城市等措施和建議。

　　在改革試點基礎上，1984 年 10 月召開的中共十二屆三中全會，討論並通過了《關於經濟體制改革的決定》。《決定》明確提出，改革是社會主義制度的自我完善，改革的基本任務是建立起具有中國特色的、充滿生機和活力的社會主義經濟體制。要求把增強企業活力作為中心環節；自覺運用價值規律，發展社會主義商品經濟；建立合理的價格體系，充分重視經濟槓桿的作用；實行政企職責分開，正確發揮政府機構管理經濟的職能；建立多種形式的經濟責任制，認真貫徹按勞分配原則；積極發展多種經濟形式，進一步擴大對外和國內的經濟技術交流，等等。《決定》突破了把計劃經濟同商品經濟對立起來的傳統觀點，提出和闡明了

經濟體制改革的一些重大理論和實踐問題，是進行經濟體制改革的綱領性文件，此後以城市為重點的經濟體制改革全面展開。

五、深圳等經濟特區的建立

在改革推進的過程中，中國的對外開放也逐步展開。1979 年 1 月，廣東省和交通部遞交報告，提出在蛇口一帶設立出口工業區的設想，得到中央的批准。隨後，廣東、福建兩省根據蛇口工業區的先例，向中央提出給些優惠政策，在更大範圍內試行創辦出口加工區的設想，得到中央的支持。1979 年 7 月，中共中央、國務院批轉廣東省委和福建省委關於對外經濟活動實行特殊政策和靈活措施的兩個報告，決定先在深圳、珠海兩市劃出部分地區試辦出口特區，作為吸引外資的一種特殊方式。待取得經驗後，再考慮在汕頭、廈門設置特區。[1]「出口特區」成為特區最初的稱呼。

1980 年 3 月，中央在廣州召開廣東、福建兩省會議，同意將「出口特區」定名為內涵更為豐富的「經濟特區」。5 月，中共中央、國務院批轉《關於廣東、福建兩省會議紀要》，決定在廣東的深圳、珠海、汕頭和福建的廈門，各劃出一定範圍的區域，試辦經濟特區。經濟特區的管理，在堅持四項基本原則和不損害主權的條件下，採取與內地不同的體制和政策，主要是實行市場調節。8 月，第五屆全國人大常委會第 15 次會議決定，批准《廣東

---

1 國家之所以選定廣東、福建兩省四地興辦特區，主要是因為深圳靠近香港地區，珠海靠近澳門地區，廈門靠近台灣地區，汕頭是僑鄉，同時也靠近台灣地區，這四個地方建立特區具有諸多便利條件。

省經濟特區條例》，宣佈在廣東深圳、珠海、汕頭和福建廈門四市分別劃出一定區域，設置經濟特區。至此，完成經濟特區設立的決策和立法程序，標誌着中國的經濟特區正式誕生。

為什麼叫「特區」？改革開放後，廣東、福建的特區之所以叫「特區」，是鄧小平建議的。1979 年 4 月，中央召開工作會議，圍繞如何命名廣東、福建這四處即將實行特殊政策的地區，大家提出了很多叫法，比如「出口基地」「工業區」「加工區」「貿易合作區」，等等。各種意見匯總到鄧小平那裏後，他表示：「還是叫特區好，將來台灣回來，香港回來，也是特區，過去陝甘寧開始就叫特區嘛！是我們中國的地方就是了，中央沒有錢，可以給些政策，你們自己去搞，殺出一條血路來。」[1] 其實，建國初期，中國就設立了幾個特區，比如山東的長山島特區，吉林的豐滿特區，湖北的石黃特區，湖南的南岳特區、錫礦山特區等。這些地區因為地理位置偏僻，或者有豐富的水能、石灰、礦山等能源資源，一段時間內曾以「特區」的形式進行組織管理。20 世紀 60 年代，隨着「三線」建設的開展，國家加大了對偏遠地區的開發，考慮到當地缺少基本的生產生活配套，國家又設立了一批政企合一、政社合一的礦山開發性質的特區，比如在東北林區的伊春特區、大興安嶺特區，中原和西南礦區的平頂山特區、攀枝花特區等。這些礦山特區絕大多數已被撤銷，目前僅剩一個，即貴州省六盤水市的六枝特區，這也是目前全國唯一一個以「特區」命名的縣級行政區。

1　吳躍農：《習仲勛與我國經濟特區的創建》，中國共產黨新聞網，http://dangshi.people.com.cn/n1/2017/1227/c85037-29731092.html.

興辦經濟特區，是對外開放的重大步驟，也是一項嶄新試驗，主要思路就是參照世界通行的自由港區模式，以減免關稅等優惠措施為手段，通過創造良好的投資環境，鼓勵外商投資，引進先進技術和科學管理方法，大力發展外向型經濟，從而實現帶動中國經濟社會發展的目的。

六、對外開放的推進

四個經濟特區創建後，解放思想，放膽發展生產力，並經受了各種考驗，短短幾年就取得顯著成就，為進一步推進對外開放創造了條件。1984 年 5 月，中共中央、國務院批轉《沿海部分城市座談會紀要》，同意進一步開放大連、秦皇島、天津、煙台、青島、連雲港、南通、上海、寧波、溫州、福州、廣州、湛江、北海等 14 個沿海港口城市，允許興辦經濟技術開發區，加快利用外資、引進先進技術的步伐，並給予了若干優惠政策和措施。國家這一重大決策，有力促進了這些城市的經濟發展，到 1984 年底，14 個城市全年工業總產值共計 1589.6 億元，同比增長 11.5%，其中簽訂的利用外資合同數目及協議金額，相當於 1979 年至 1983 年五年的總和。

從 1985 年起，國家又相繼在長江三角洲、珠江三角洲、閩東南地區和環渤海地區開闢經濟開放區。1988 年 4 月，國家決定設立海南省，全省辦經濟特區，劃定海南島為海南經濟特區。海南經濟特區是全國面積最大的經濟特區，也是唯一一個省級特區。1988 年，國務院開始實施沿海地區發展外向型經濟戰略，即利用

沿海地區勞動力資源豐富而且素質較好的優勢，以「來料加工」等形式引進外資、先進技術和必要的原材料，大力發展勞動密集型以及勞動密集型與知識密集型相結合的產業，把加工的產品打入國際市場。隨着對外開放的不斷擴大，包括約二億人口的東南沿海地帶迅速發展，帶動中國逐步形成了經濟特區—沿海開放城市—沿海經濟開放區—內地這樣一個多層次、有重點、點面結合的對外開放格局，為改革開放和整個國民經濟快速發展起到了顯著的促進作用。

至 1989 年底，五個經濟特區實際利用外資 41 億美元，佔全國實際利用外資總額的 25% 以上；外貿出口 38.5 億美元，佔全國出口總額的約 10%；工業總產值接近 300 億元，是全國經濟增速最快的地區。沿海地區的經濟技術開發區也逐步發展壯大，產值從 1986 年的三億元增加到 1988 年的 42 億元，尤其是天津、大連等幾個較大工業城市，新增工業產值中大約有一半來自開發區，經濟特區和經濟技術開發區的地位和作用十分顯著。

第五章

社會主義市場
經濟的確立

在相當長的時間裏，社會主義與計劃經濟、資本主義與市場經濟緊密相連，公有制、按勞分配和計劃經濟被看作是社會主義最基本的特徵。在改革開放的過程中，中國突破了社會主義只能是計劃經濟的傳統模式，逐步探索並建立起社會主義市場經濟體制。

一、鄧小平南方談話

1992 年初，年近九旬的改革開放總設計師鄧小平，懷着對國家和人民偉大事業的深切期待，先後赴武昌、深圳、珠海和上海等地視察，沿途發表了重要談話，提出「革命是解放生產力，改革也是解放生產力」。「南方談話」是鄧小平改革開放思想走向成熟集大成之作，體現了他完全徹底的改革思想，對改革開放和中國社會主義現代化道路建設具有重大而深遠的意義。

（一）改革開放是社會主義社會發展的動力

鄧小平高度重視經濟發展和改革開放作用。1992 年 1 月 20

日，他在深圳國貿大廈發表重要講話：「堅持以經濟建設為中心的基本路線不是管十年、二十年，是要管一百年，動搖不得……只要我們不堅持社會主義，不改革開放，不發展經濟，不改善人民生活，只能是死路一條！」社會主義革命的目的是解放生產力，社會主義建設的根本任務是發展生產力。

從 1978 年到 1999 年，經過 20 年改革開放的努力，中國人均國民生產總值達到 780 美元，超過當年聯合國和世界銀行等國際機構所定的中等收入國家最低門檻的 756 美元，中國終於脫掉低收入國家的帽子。到 2010 年，中國國內生產總值規模超過日本，變成世界第二大經濟體。同一年，中國的出口超過了德國，成為世界第一大出口國，出口的產品 97% 以上是製造業產品，中國成為 18 世紀工業革命以來繼英國、美國、日本、德國之後的世界工廠。2013 年，中國進口加出口的貿易總量超過了美國，成為世界第一大貿易國。2014 年，按照購買力平價計算，中國的經濟規模超過了美國，成為世界第一大經濟體。中國經濟規模佔世界經濟的比重從 1978 年的 4.9%，恢復到 2022 年的 18%。改革開放 40 多年，中國有超過七億人擺脫貧困。正是由於改革開放這 40 多年的成就，才能說現在比歷史上任何時期都更接近中華民族的偉大復興。

（二）計劃和市場都是經濟手段

一段時期，社會各界就計劃和市場之間的關係問題展開了熱烈的討論，一部分人主張回歸計劃，還有一部分人主張擴大市場作用，都基於各自的觀點出發，提出了大量關於改革目標模式的

設想，主要有以下幾種：一是主輔論，主張計劃經濟為主，市場調節為輔。二是板塊輪，主張把國民經濟分成幾塊，由計劃和市場分別來加以調整。三是層次論，主張在宏觀層面上實行嚴格的國家計劃管理，在微觀層面更多發揮市場的調節作用。在這樣的歷史關頭，鄧小平通過「南方談話」，不僅回答了束縛人民思想的許多重大問題，也提出了促進社會深刻警醒的許多重大理論和政策問題，有效推動了歷史朝着社會主義市場經濟的方向發展。

關於計劃和市場的關係，鄧小平指出，「計劃多一點還是市場多一點，不是社會主義與資本主義的本質區別」。[1] 計劃和市場都是經濟手段。他鮮明地提出，「社會主義的本質是解放生產力，發展生產力，消滅剝削，消除兩極分化，最終達到共同富裕」。[2] 他還指出，「社會主義要贏得與資本主義相比較的優勢，就必須大膽吸收和借鑒人類社會創造的一切文明成果，吸收和借鑒當今世界各國包括資本主義發達國家的一切反映現代社會化生產規律的先進經營方式、管理方法」。[3]

（三）兩手抓，兩手都要硬

鄧小平在南方談話中再次強調，要堅持兩手抓，既要抓好物質文明建設，又要抓好精神文明建設；既要抓好經濟建設，又

1 《鄧小平「南方談話」的重要論斷與當代中國發展》，馬克思主義研究網，http://myy.cass.cn/mkszyzgh/201204/t20120412_1971855.shtml.
2 《把握好中國特色社會主義最本質特徵和社會主義本質的關係》，人民網，http://theory.people.com.cn/n1/2019/0417/c40531-31033961.html.
3 《社會主義要贏得與資本主義相比較的優勢》，中國共產黨新聞網，http://cpc.people.com.cn/n1/2017/0111/c69113-29016071.html.

要抓好民主法制建設；既要抓好黨風建設，又要抓好社會風氣建設等。鄧小平認為，兩手抓，兩手都要硬，尤其是抓好黨風和社會風氣，這關係到中國社會主義事業興衰成敗。今天，我們建設社會主義現代化強國，必須把穩定經濟增長長期抓下去，不斷增強自己的實力和競爭力。保持戰略定力和耐心，加強監管和推動發展都要兩手抓，不能監管之手越來越硬，推動發展之手越來越軟。加強統籌協調，避免局部合理政策疊加起來，造成負面效應。還要防止分解謬誤，避免把整體任務簡單一分了之，更不能層層加碼，導致基層難以承受。

（四）經濟開放型國家

「南方談話」之後，中國對外開放的步伐進一步擴大，由沿海地區迅速向內陸腹地擴展。開着門，世界能夠進入中國，中國也能走向世界，通過逐漸融入經濟全球化，中國在國際產業分工調整中找準定位，成為向開放型經濟轉型最成功的發展中國家之一，成功抓住了自身發展的歷史性機遇。今天，中國已經成為世界第二經濟大國、最大貨物出口國、第二大貨物進口國、第二大對外直接投資國、最大外匯儲備國、最大旅遊市場，成為影響世界政治經濟版圖變化的一個主要因素，國家綜合實力和人民生活水平顯著提升。主動融入經濟全球化，不斷擴大對外開放，讓中國實現了同世界關係的歷史性變化，從紅利分享，到紅利互動，再到今天中國開始給予世界更多紅利。中國深度融入經濟全球化的案例已經寫入世界歷史，其獨特經驗和思考，成為越來越多國家所重視的發展經驗。這些年統籌國內國際兩個大局，奉行互

利共贏的開放戰略，鼓勵和支持其他國家搭乘中國發展的「順風車」，幫助廣大發展中國家融入到全球價值鏈，促進包容性增長和共享型發展，為構建人類命運共同體作出中國貢獻。

二、建立現代企業制度

1993 年 11 月，中共十四屆三中全會通過的《關於建立社會主義市場經濟體制若干問題的決定》明確提出要建立現代企業制度。在中國建立現代企業制度的核心使命可以濃縮為「十六個字」，即「產權清晰、權責明確、政企分開、管理科學」。中共二十大報告圍繞現代企業制度提出：「完善中國特色現代企業制度，弘揚企業家精神，加快建設世界一流企業」。[1]

（一）國有企業試點

1994 年 11 月 2 日至 4 日，全國建立現代企業制度試點工作會議在北京召開，國務院部署開展建立現代企業制度試點工作。在按照建立社會主義市場經濟體制的要求和鞏固公有制主體地位前提下，建立企業的激勵和約束機制，目的是進一步解放和發展生產力，增強企業的活力。在建立現代企業制度的過程中，要系統全面理解「產權清晰、權責明確、政企分開、管理科學」等要求，工作

---

1 《高舉中國特色社會主義偉大旗幟 為全面建設社會主義現代化國家而團結奮鬥》，新華網，http://www.news.cn/politics/cpc20/2022-10/25/c_1129079429.htm.

的重點是要搞好政企職責分開、加強企業內部經營管理、建立社會保障體系等內容，確定了北京第一輕工業總公司等 100 個國有大中型企業進行現代企業制度試點。這些企業涉及汽車、紡織、航天、冶金等重要工業部門，除此之外，各級地方政府也根據本地實際情況，選定了一些試點企業，全國累計達 2000 多家，目的是將一批國有企業轉變成高效益、具有競爭力的現代化公司。

（二）國有企業改革

　　1999 年 9 月，中共十五屆四中全會進一步集中討論國有企業改革和發展問題，通過了《中共中央關於國有企業改革和發展若干重大問題的決定》，確定了到 2010 年國有企業改革和發展的目標。到 2010 年，要基本完成國有企業戰略性調整和改組，形成更加合理的國有經濟佈局和結構，建立比較完善的現代企業制度。文件提出了一系列重大政策措施，即從戰略上調整國有經濟佈局，國企改革同產業結構優化升級和所有制調整結合起來，堅持有所為有所不為；根據不同情況，加強對國有企業實施戰略性改組；突出抓好政企分開、探索國有資產管理的有效形式、進行規範的公司制改革，建立和完善現代企業制度；逐步解決國有企業負債率過高、資本金不足、社會負擔重等問題；做好減員增效、再就業和社會保障工作；加快技術進步和產業升級等。國有企業改革大步推進。從 1998 年到 2000 年，中央和各地近 3000 戶試點企業，基本都進行了公司制、股份制改革。在改革的推動下，國有及國有控股工業企業實現利潤大幅度增加，到 2000 年底，1997 年 6599 戶虧損國有及國有控股大中型企業減少超過 70%；國有及國有控股工業企

業實現利潤 2392 億元，相對 1997 年增長 1.97 倍；國有小企業也實現利潤 48.1 億元，結束了連續六年淨虧損的局面。

（三）中國特色現代企業制度

2019 年 11 月，中共十九屆四中全會明確提出，深化國有企業改革，完善中國特色現代企業制度，為深入推進企業制度改革指明了方向。「中國特色現代企業制度」首次寫入中共中央的決定。

第一階段（1993—2002 年），以股份制、兼併重組等方式推進國有企業建立現代企業制度。國有及控股工業企業通過兼併、重組、出售等方式，將從 1992 年的 10.3 萬家企業整合為 2001 年的 4.7 萬家，實現利稅總額由 2497.2 億增長到 4797.5 億元。但由於股權交易、內部治理以及政府監管等制度建設滯後，導致出現較為嚴重的國有資產流失問題。基於此，中央開始着手加大力度推進對國有企業的治理和監管，但從世界 500 強企業來看，中國並不佔優勢，數據顯示，2002 年，世界 500 強企業只有 11 家中國企業。

第二階段（2003—2012 年），以健全內部治理與外部監管制度深化國企改革。中共十六大明確提出，在外部監管上，國家需要制定法律法規，建立管資產與管人、管事相統一的管理體制；在內部治理上，要求國有大中型企業按照現代企業制度實行公司制改革，着力完善法人治理結構，同時在推進股份制改革進程中，創新所有制的實現形式。2003 年 3 月，國務院國有資產監督管理委員會掛牌成立，管理當時 196 戶中央企業。2003 年 5 月頒佈實施了《企業國有資產監督管理暫行條例》，對中央和地方國資委職能、監管方式與內容等作了全面調整。2003 年 10 月，

十六屆三中全會通過了《中共中央關於完善社會主義市場經濟體制若干問題的決定》，對健全國有資產管理和監督體制、完善公司法人治理結構作出了詳細部署。到 2011 年底，全國 90% 以上的國有企業完成了公司制、股份制改革；其中，央企完成公司制、股份制改革所佔比重達到 72%。數據顯示，2011 年國有企業實現淨利潤超過 1.9 萬億元，與 2003 年相比，年平均增長率達到了 25.2%。截至 2012 年底，中國 79 家企業上榜 2012 年度世界企業 500 強，比 2011 年增加了十家，連續九年呈增加態勢，中國企業的世界影響力空前提升。

第三階段（2013 年至今），國有企業在國民經濟戰略領導地位進一步增強，產業佈局趨向合理，資本運營機制更趨市場化。2013 年，十八屆三中全會通過《關於全面深化改革若干重大問題的決定》，指出「國有資本、集體資本、非公有資本等交叉持股、相互融合的混合所有制經濟，是基本經濟制度的重要實現形式」，同時提出，「允許更多國有經濟和其他所有制經濟發展成為混合所有制經濟」，「完善國有資產管理體制，改革國有資本授權經營體制，組建若干國有資本運營公司，支持有條件的國有企業改組為國有資本投資公司。」[1]2015 年，《中共中央、國務院關於深化國有企業改革的指導意見》和《關於國有企業發展混合所有制經濟的意見》相繼出台，詳細闡明了混合所有制改革具體實施辦法，對涉及國家安全以及經濟命脈行業的混合所有制改革提出了明確要求，並首次將抗風險能力納入國有企業改革目標之中。2020 年 6

---

1 《中共中央關於全面深化改革若干重大問題的決定》，國務院新聞辦公室網站，http://www.scio.gov.cn/zxbd/nd/2013/Document/1374228/1374228.htm.

月 30 日中央全面深化改革委員會第十四次會議審議通過了三年行動方案，國企混改、重組整合、國資監管體制改革等方面都將進入快速推進、實質進展的新階段。2022 年，中國一共有 145 家企業進入財富雜誌世界 500 強企業榜單，其中世界品牌 500 強中國企業名單比去年增加三家，總數達到 70 家，佔了世界品牌 500 強總量的 14%。

（四）晉江民營經濟發展經驗

民營經濟發展是改革開放和市場經濟發展的標誌，「晉江經驗」高度重視民營經濟的發展。改革開放以來，福建晉江完成了從貧窮小縣城向經濟強縣的歷史性跨越，民營經濟扮演了舉足輕重的角色。2022 年，晉江位於中國百強縣第九位。晉江 97% 以上企業是民營企業，民營企業創造的產值、稅收、就業崗位均超過了 90%，可以說，晉江改革開放的成就史，就是民營企業的發展史。民營經濟是晉江發展的王牌名片，民營企業家是晉江最寶貴的財富。

晉江民營經濟覆蓋廣泛，是晉江的特色、活力和優勢所在。「晉江經驗」核心內涵就是發展，注重推動民營經濟的發展。「晉江經驗」代表着一批民營企業的崛起，突出了民營經濟對於經濟發展的重要作用，對於理解新時代推動共同富裕與民營經濟的關係具有重要啟示。2022 年，福建民營企業 100 強的營業收入總額 1.85 萬億元，資產總額 2.3 萬億元，稅後淨利潤 999.4 億元，[1] 其中

---

1 《2022 年福建省民企 100 強發佈 三家企業營業收入超千億元》，閩南網，https://baijiahao.baidu.com/s?id=1745090428425300229&wfr=spider&for=pc.

晉江民營企業納稅額在 3000 萬以上的企業達到 39 家，這在全國層面來看都是了不起的成績。

近年來，推動民營經濟發展，晉江始終牢記習近平提出的「三個沒有變」的重要判斷，即「非公有制經濟在我國經濟社會發展中的地位和作用沒有變；我們毫不動搖鼓勵、支持、引導非公有制經濟發展的方針政策沒有變；我們致力於為非公有制經濟發展營造良好環境和提供更多機會的方針政策沒有變。」[1]

在推動民營經濟發展上，第一，晉江十分重視培育企業家精神，充分更好發揮企業家作用。加大新生代企業家培育力度，持續壯大優秀民營企業家隊伍，有丁世忠（安踏集團董事局主席兼 CEO）、曾毓羣（寧德時代新能源科技股份有限公司董事長兼總經理）等優秀企業家代表，建立健全民營企業家關愛機制，增強企業家的安全感、使命感、自豪感，促進民營企業家做愛國敬業、守法經營、創業創新、回報社會的典範。第二，晉江十分重視培育梯隊化企業，精心培育了安踏、恆安、利郎、柒牌、七匹狼、特步、盼盼等一批明星梯隊企業，並扶持企業加快壯大，成長為全省乃至全國的「明星企業」。第三，晉江持續推動龍頭企業做大做強，2023 年，晉江對年度工業產值首次超過十億元、30 億元、50 億元、100 億元、200 億元的晉江市龍頭企業分別一次性獎勵 30 萬元、50 萬元、100 萬元、200 萬元、500 萬元。對按既定計劃目標建成投產且納入統計部門工業固投統計的省、泉州、晉江生產性重點建設項目，分別一次性獎勵 15 萬元、10 萬元、5 萬

---

1 《民營經濟發展迎來新的春天》，央廣網，https://baijiahao.baidu.com/s?id=16164401293 30596370&wfr=spider&for=pc.

元。[1] 第四，晉江十分重視強化「親」「新」服務，積極為民營企業改革發展營造市場化、法治化、國際化營商環境。努力打造最寬民企發展空間，鼓勵和引導民間資本平等進入法律法規沒有明確禁止的任何行業和領域。

三、加入世界貿易組織

2001 年 12 月 11 日，中國正式成為世界貿易組織成員，開啟了中國在更大範圍和更深程度參與經濟全球化的歷史新一頁。改革開放特別是加入世貿組織後，中國加入國際大循環，形成「世界工廠」的發展模式，對中國抓住經濟全球化機遇、快速提升經濟總量發揮了重要作用。

（一）15 年的入世談判

申請加入世界貿易組織，中國進行了為期 15 年的談判，被稱為世貿組織歷史上最複雜、技術上最困難的博弈。1986 年 7 月，中國正式向關貿總協定提出恢復締約國地位的申請，但是誰也沒有想到，這個談判竟然持續了 15 年。在接下來漫長的 15 年時間裏，美國是關貿總協定最大的成員國，並且具有主要發言權，西方多數國家都要看美國人的眼色行事，美國對於中國仍懷有非常

---

1 《晉江市人民政府關於印發晉江市推動民營製造業提質增效若干措施的通知》，晉江市人民政府網，http://www.jinjiang.gov.cn/xxgk/zfxxgkzl/ml/02/202304/t20230424_2873156.htm.

深的成見，不願意看到一個強大富強的中國崛起。中國駐日內瓦代表團大使錢嘉東以及分別由沈覺人、佟志廣、谷永江、龍永圖四位首席談判代表率領的中國代表團，接力投入艱苦談判。

1987 年 10 月至 1994 年 10 月，關貿總協定中國工作組總共進行了 19 次會議。1995 年，世界貿易組織（WTO）正式接替關貿總協定，成為國際貿易領域最大最重要的組織。WTO 的出現並不是僅僅更改了名稱，而是從內容到框架都發生了實質性變化。這意味着，中國需要按照全新的規則，與 37 個國家展開新的談判。經過近兩年的艱苦談判，在 1997 年 5 月，中國談判代表團終於拿下了第一個談判對手匈牙利。在後來的一年多時間裏，中國先後與 35 個國家簽訂了入世協定，但美國始終不同意中國加入世貿組織。經過了一輪又一輪與美國代表團的艱苦談判，北京時間 2001 年 11 月 10 日 23 時 39 分，於多哈喜來登酒店薩爾瓦會議大廳，世界貿易組織成員以全體協商一致的方式審議並通過中國加入世貿組織的決定之際，世界貿易組織第四屆部長級會議主席，卡塔爾財政、經濟和貿易大臣卡邁勒手中木槌輕落，標誌着中國長達 15 年復關和加入世貿組織進程的結束，中國正式加入世界貿易組織。龍永圖曾說：「談了這麼多年，各種各樣的滋味都嘗過了，中國最終能被接納為世貿組織成員，作為我個人來講，確實感到如釋重負。但入世談判的結束並不意味着中國改革開放進程的結束，而是改革開放步入一個新進程的開始。」[1]

這一步，改變了中國，改變了世界。正如習近平所指出：「加

---

1 《龍永圖縱論中國入世》，央視網，https://baijiahao.baidu.com/s?id=171872969890168984
5&wfr=spider&for=pc.

入世界貿易組織以來，中國不斷擴大開放，激活了中國發展的澎湃春潮，也激活了世界經濟的一池春水。」[1]

（二）從「引進來」到「走出去」

改革開放 40 多年來，中國從「引進來」到「走出去」，從加入世貿組織到共建「一帶一路」，成功實現從封閉半封閉到全方位開放的偉大轉折。這不僅深刻改變了中國，也深刻影響了世界。40 多年來，中國堅持深化改革與擴大開放相互促進，走出了一條以擴大開放倒逼改革、以深化改革促進擴大開放的發展道路。中共十九大強調，開放帶來進步，封閉必然落後。中國開放的大門不會關閉，只會越開越大。看到成績的同時，也要認識到，現在中國市場體系尚不完善，市場准入與退出渠道還不暢通，市場競爭還不充分，市場競爭無序現象時有發生，部分領域價格尚未理順，生產要素市場發展相對滯後，要素流動仍受到多方面限制。中共二十大提出：「我們實行更加積極主動的開放戰略，構建面向全球的高標準自由貿易區網絡，加快推進自由貿易試驗區、海南自由貿易港建設，共建『一帶一路』成為深受歡迎的國際公共產品和國際合作平台。我國成為一百四十多個國家和地區的主要貿易夥伴，貨物貿易總額居世界第一，吸引外資和對外投資居世界前列，形成更大範圍、更寬領域、更深層次對外開放格局。」「十四五」時期，構建高水平社會主義市場經濟體制，還是需要全

---

1 《開放的大門越開越大》，人民網，https://baijiahao.baidu.com/s?id=171988286022631490
6&wfr=spider&for=pc.

面深化改革，需要推動更深層次改革。經濟體制改革是全面深化改革的重點，其核心問題在於處理好政府和市場的關係，使市場在資源配置中起決定性作用和更好發揮政府作用。習近平強調，過去 40 年中國經濟發展是在開放的條件下取得的，未來中國經濟實現高質量發展也必須在更加開放的條件下進行。「十四五」時期，中國將堅持實施更大範圍、更寬領域、更深層次對外開放，依託中國大市場優勢，促進國際合作，實現互利共贏。

（三）加入世界貿易組織造福世界

加入世貿組織 20 多年來，中國經濟持續增長，已成為 50 多個國家和地區的最大貿易夥伴、120 多個國家和地區的前三大貿易夥伴，中國對世界經濟增長的平均貢獻率接近 30%，特別是在 2020 年，中國是主要經濟體中唯一實現正增長的國家，成為拉動世界經濟復甦增長的最重要引擎。世貿組織總幹事伊維拉在進博會上曾說，「沒有中國，世貿組織就無法稱之為一個世界性的組織」。中國入世，顯著完善了基於規則的多邊貿易體制。20 多年來，中國在世貿組織中扮演了愈發重要的角色，為維護多邊貿易體系、完善全球治理作出了巨大貢獻。

四、區域經濟發展戰略

從中國區域發展實踐的基本脈絡來看，中國區域經濟發展總體上經歷了生產力均衡發展佈局（1978 年之前）、區域非均衡發

展（1978 年至 1996 年）、區域協調發展（1996 年以來）三個階段。中國區域經濟發展孕育了豐富的實踐創新，形成了中國區域經濟發展的鮮明特色。例如，經濟特區、經濟開發區、國家高新區、自貿試驗區等的設立和發展，在中國區域經濟發展、雙軌制改革、農村人口轉移的城鎮化進程以及製造業產業發展和壯大過程中發揮了極為重要的作用。

近些年，中國區域發展差距持續縮小，中西部地區增速連續多年高於東部地區，2021 年中西部地區 GDP 佔全國比重超過 43.1%，東部與中部、西部的人均 GDP 比值分別下降至 1.53、1.68；京津冀、長三角、大灣區、成渝圈等各類生產要素特別是創新要素快速集聚，成為推動高質量發展動力源和引擎。中共二十大報告提出：「深入實施區域協調發展戰略、區域重大戰略、主體功能區戰略、新型城鎮化戰略，優化重大生產力佈局，構建優勢互補、高質量發展的區域經濟佈局和國土空間體系。推動西部大開發形成新格局，推動東北全面振興取得新突破，促進中部地區加快崛起，鼓勵東部地區加快推進現代化。支持革命老區、民族地區加快發展，加強邊疆地區建設，推進興邊富民、穩邊固邊。推進京津冀協同發展、長江經濟帶發展、長三角一體化發展，推動黃河流域生態保護和高質量發展。高標準、高質量建設雄安新區，推動成渝地區雙城經濟圈建設。健全主體功能區制度，優化國土空間發展格局。」[1]

---

1 《高舉中國特色社會主義偉大旗幟 為全面建設社會主義現代化國家而團結奮鬥》，新華網，http://www.news.cn/politics/cpc20/2022-10/25/c_1129079429.htm.

（一）協調發展：四大板塊

改革開放以來，中國先後實施了東部沿海開放戰略、西部大開發戰略、東北老工業基地振興戰略、中部崛起戰略等區域經濟發展戰略。其中，東部地區包含：北京、天津、河北、山東、江蘇、上海、浙江、福建、廣東、海南，共十省市。中部地區包含：山西、河南、湖北、安徽、湖南、江西，共六省。西部地區包含：內蒙古、陝西、甘肅、寧夏、四川、重慶、貴州、雲南、廣西、青海、新疆、西藏，共 12 個省、自治區、直轄市。東北地區包含：遼寧、吉林、黑龍江，共三省。經過十幾年的對外開放政策實施，東部地區率先發展起來了。從 1996 年起，國家又實施了對口幫扶戰略，讓先發展起來和先富起來的東部地區反哺中西部地區，也就是大家現在經常提到的對口扶貧或對口幫扶。

（二）開放發展：四個特區和十四個沿海開放城市

改革開放以來，鄧小平的經濟戰略思想主張對外開放，建設和發展開放型的經濟體系。區域經濟戰略的重點就是實施沿海開放戰略，開放發展與傾斜發展相結合的結合點就是東部沿海地區。在深圳、珠海、汕頭和廈門四個經濟特區建設取得成功經驗後，1984 年，國家又先後逐步開放天津、上海、大連、秦皇島、煙台、青島、連雲港、南通、寧波、溫州、福州、廣州、湛江和北海等 14 個沿海城市，開放開發海南島和浦東，開放開發沿邊沿江地區，開放開發內地中心城市，由此，形成了從沿海到內地、從東部地區到中西部地區的梯度推移、漸進發展、開放發展的新格局。

（三）區域經濟增長極：十九個國家級新區

1992 年，國家批准了第一個國家級新區浦東新區。2006 年，天津濱海新區升格為國家級新區。而後，國家先後批准了重慶兩江新區、浙江舟山羣島新區、甘肅蘭州新區、廣東南沙新區、西咸新區、貴安新區、西海岸新區、金普新區、天府新區、湘江新區、江北新區、福州新區、滇中新區、哈爾濱新區、長春新區、贛江新區、雄安新區等 19 個重要的國家級新區，分佈在東、西部不同發展水平的區域，其中八個在東部，兩個在中部，六個在西部，三個在東北，目的是通過集中政策資源和項目資金投入，加快培育壯大一批區域經濟增長極，發揮對周邊區域的輻射帶動和引領示範作用。以「第一強區」浦東新區為例，其擁有中國最頂級的金融企業和大量核心科技企業，同時在集成電路產業、生物醫藥產業上規模最大、實力最強，於新能源汽車領域同樣實力強勁。上海所擁有的三個先進製造業國家隊集羣均位於該區。另外至少還有九個城市新區正在申請打造國家級新區，分別是武漢長江新區、合肥濱湖新區、鄭州鄭東新區、南寧五象新區、烏魯木齊烏昌新區、瀋陽瀋北新區、石家莊正定新區，以及唐山曹妃甸新區、杭州錢塘新區等。

五、城鎮化的快速推進

中共二十大報告提出：「推進以人為核心的新型城鎮化，加快農業轉移人口市民化。以城市羣、都市圈為依託構建大中小城市協調發展格局，推進以縣城為重要載體的城鎮化建設。堅持人

民城市人民建、人民城市為人民，提高城市規劃、建設、治理水平，加快轉變超大特大城市發展方式，實施城市更新行動，加強城市基礎設施建設，打造宜居、韌性、智慧城市。」[1]

（一）城鎮化進入提質增效轉型發展階段

城鎮化關乎國計民生，是中國現代化建設、擴大內需和全面建成小康社會的重要「引擎」。近些年，國家高度重視城鎮化發展，2016 年《國務院關於深入推進新型城鎮化建設的若干意見》明確指出：「新型城鎮化是現代化的必由之路，是最大的內需潛力所在，是經濟發展的重要動力。」改革開放以來，中國城鎮化進程快速推進，取得了巨大的成就。數據顯示，1978 年中國城鎮化率為 17.92%，城鎮常住人口為 17245 萬人；到 2022 年，二者分別提升到 65.2% 和 92071 萬人。世界城鎮化率由 30% 提升到 50% 平均用了大約 50 年時間，而中國僅用了 15 年，在規模提升速度上遠遠超出世界平均水平，這對中國乃至世界經濟社會發展產生了重要影響。

城鎮化發展可分為四個階段，即先是經歷孕育階段和加速發展階段，然後進入減速發展階段，最後進入成熟發展階段。規律顯示，在城鎮化率低於 30% 水平時，其發展速度十分緩慢，尚處在孕育階段；當城鎮化率處於 30%~50% 時，其發展速度會逐漸加快，城鎮規模會得到較快提升；當城鎮化率處於 50%~70% 時，其

---

1 《高舉中國特色社會主義偉大旗幟 為全面建設社會主義現代化國家而團結奮鬥》，新華網，http://www.news.cn/politics/cpc20/2022-10/25/c_1129079429.htm.

發展速度將逐漸減慢，開始以發展效率和質量提升為重點；當城鎮化率大於 70% 水平時，意味着城鎮化發展已經相對成熟，實現高效率和高質量將成為其最主要的目標。

由此可見，中國城鎮化已經進入中期減速調整發展階段，城鎮化發展已經不再是以追求發展速度和規模擴大為主要目標，而是以優化城鎮化效率和質量為主要目標。學者們曾指出，中國城鎮化效率低嚴重阻礙了中國經濟社會的發展，迫切需要以更高效的方式推進城鎮化發展。前期城鎮化快速推進為中國經濟社會發展創造了重要的條件，但在重視規模和速度的傳統發展模式下，中國城市發展相繼產生了環境污染、生態破壞、資源利用效率低、公共服務供給不足、城市內部二元結構、城鄉二元結構和城鄉收入差距擴大等「城市病」問題，實現城鎮化提質增效發展已經時不可待。

（二）大城市成中國經濟社會發展重要載體

大城市是中國城鎮化發展的最重要載體，但目前中國城區人口 100 萬以上大城市數量還較少，大城市發展潛力亟待釋放。相對於中小城市和小城鎮，大城市集聚了更多的人口、企業、資源、土地等各類生產、生活要素，其規模效應、集聚效應和要素利用效率相對更高。長期以來，為避免城市間差距過大，國家曾採取了一些限制措施來控制大城市規模的擴張，但這並不能阻止人們向大城市的流動。調查顯示，近些年中國近 70% 的城市流動人口期望在大城市落戶，而期望在中小城市落戶的比重僅為 30% 左右，大城市常住人口及大城市數量依然呈較快增長趨勢。

戶籍和落戶政策能夠很好地反映國家對城市發展的戰略導向，從近些年大中小城市和小城鎮相關落戶政策來看，國家對大城市發展的限制越來越少，鼓勵越來越多，大城市發展迎來了重要機會。在 1980 年中國城鎮化起步階段，為了防止城鄉差距過大，《全國城市規劃工作會議紀要》明確提出，要控制大城市規模，限制大城市發展。伴隨城鎮化進程的推進，2000 年，國家在「十五」計劃綱要中對待大城市發展的態度開始變得積極，已不再使用「限制大城市規模」這一提法。隨後，《2013 年中央城鎮化工作會議》顯示，國家開始積極研究和制定大城市落戶條件，但特大城市落戶依然受到嚴格控制。緊接着，《國家新型城鎮化規劃（2014—2020 年）》明確提出，放開中國 II 型大城市落戶限制，積極推動 I 型大城市落戶，但針對特大城市落戶依然沒有鬆動。2016 年，《國務院關於深入推進新型城鎮化建設的若干意見》圍繞超大和特大城市落戶提出要加快調整完善超大城市和特大城市落戶政策，這標誌着國家開始積極推動超大城市和特大城市流動人口落戶。《2018 年新型城鎮化建設重點任務》再次針對大城市落戶提出：「大城市對參加城鎮社保年限的要求不得超過五年」，「超大城市和特大城市要區分城區、新區和所轄市縣，制定差別化落戶條件，探索搭建區域間轉積分和轉戶籍通道」，這意味着國家繼續大幅削減大城市落戶限制，大城市落戶越來越開放。更進一步地，《2019 年新型城鎮化建設重點任務》明確提出，要全面放開 I 型及以下城市落戶限制，並要求大幅增加超大特大城市落戶規模，對大城市落戶實行了前所未有的開放，這將促使越來越多的流動人口在大城市，尤其是超大特大城市落戶，大城市、超大特大城市進入了全新的發展階段。

總的來看，近些年國家連續發佈了一系列鼓勵大城市落戶的相關政策，目前已全面放開大城市落戶限制，並提出要大幅增加超大和特大城市落戶規模，國家對大城市發展的重視達到了前所未有的高度，大城市發展迎來了重要時機，將對中國經濟社會發展發揮更大的作用。

（三）服務業成為城市發展的重要產業選擇

在城鎮化發展初期，工業是推動其發展的主要力量，但其作用主要體現在促進城鎮化規模的提升上，且相對會產生能耗高、污染物排放多等問題；而在城鎮化中後期，服務業一般會對城鎮化發展起着更為關鍵的作用。相較於工業，服務業具有勞動力密集、低污染、低能耗、高增值性等特點，在推動城鎮化效率和質量提升方面將扮演更為重要的角色。另外，工業化一般會推動城市功能和形態趨同，而服務業則能夠促進城市個性化發展，更好地滿足人們的個性化需求，更多地體現以人為本。從國家統計數據來看，2013 年中國服務業產值佔 GDP 比重達到 46.1%，首次超越第二產業，成為國民經濟第一大產業；2022 年中國服務業增加值佔 GDP 比重達到 52.8%，且這一比例在大城市中會更高，有的甚至超過了 80%，這充分證明服務業已成為促進中國城鎮化，尤其是大城市城鎮化發展的主要產業力量。

從近些年國民經濟與社會發展規劃綱要來看，《國民經濟和社會發展第十一個五年規劃綱要》提出，「大城市要把發展服務業放在優先位置，有條件的要逐步形成服務經濟為主的產業結構」；《國民經濟和社會發展第十二個五年規劃綱要》再次提出，「推動

特大城市形成以服務經濟為主的產業結構」;《國民經濟和社會發展第十三個五年規劃綱要》明確強調,「服務業比重進一步提高,大中城市要加快產業轉型升級」。這說明加快服務業發展、形成服務業主導的產業結構已成為中國大城市城鎮化的重要選擇。美國、英國、日本等國家發展經驗也表明,服務業發展水平與城市自身發展水平呈正相關關係,即城市發展水平越高,其服務業發展水平一般也越高。

六、低碳經濟發展的實踐

改革開放 40 多年來,中國經濟社會發展取得了舉世矚目的成就,從起初更多追求經濟增長的速度和規模,到今天走上自然資源和生態環境保護與經濟發展並重的路子,低碳經濟發展與時俱進,已邁入深化發展的新階段。

(一) 1978 — 2002 年:重發展輕環保階段

改革開放之初,黨和國家的工作重點開始轉移到以經濟建設為中心上,發展的重心是向經濟要效益,總體呈現出重發展輕環保特徵,低碳經濟並未獲得明顯發展。這一時期,中國經濟快速增長,GDP 從 1978 年的 3678.7 億元增長到了 2002 年的 120,480.4 億元,年均增長 15.6%,在經濟增速上創造了世界奇跡;但從污染物排放來看,2002 年中國廢水排放量增長到了 439.5 億噸,二氧化硫、煙塵和工業粉塵等污染物的排放量分別達到 1926.6 萬

噸、1012.7 萬噸和 941.0 萬噸，污染物排放量十分巨大，這時全國出現多個城市降水 pH 值低於 5.6。粗放式的經濟發展引發了嚴重的水污染、大氣污染等生態環境問題，人們開始對轉變經濟發展方式進行更多的思考。

但相較於改革開放前，中國實際上已經開始對生態環境和自然資源保護提出了更高的要求。1982 年，鄧小平提出「植樹造林，綠化祖國，造福後代」，希望通過植樹造林為人民創造美好家園；而後又基於當時的基本國情，實施了計劃生育基本國策，開始着力協調人口與資源的關係。1983 年，中國首次將環境保護確立為基本國策，在政策層面對環境保護給予了更高的重視。到了 20 世紀 90 年代，江澤民根據新的時代背景明確提出了可持續發展理念，並強調「保護環境就是保護生產力」，將保護環境視為生產力，為綠色生產的推進奠定了重要基礎。1998 年，中國開始倡導發展循環經濟，並突出強調在發展中要堅持資源減量化、再使用和再循環這三個基本原則，對資源的高效集約循環利用提出了更高的要求。

可以看出，這一時期中國明確提出了一系列關於加強生態環境保護和自然資源節約利用的要求。但基於解決老百姓吃飯問題、就業問題和貧困問題的緊迫性，在更多追求經濟增長速度和規模背景下，中國在工業化建設中對生態環境和自然資源並未給予足夠的保護。伴隨着經濟的快速增長，大氣污染、水污染和土壤污染等問題日益嚴峻，如何協調經濟發展與生態環境保護的關係，讓經濟發展更為綠色，成為接下來發展的重要議題。

（二）2002 － 2011 年：低碳經濟發展成效初顯

　　這一時期，中國經濟社會發展取得了顯著的成就，但發展不平衡不充分和生態環境污染問題日益加劇，推進低碳經濟發展已經成為時代所亟需。21 世紀初，胡錦濤提出要堅持科學發展觀，這標誌着中國在未來發展中不再單純追求經濟增長速度，而是要實現更加科學全面的發展。2003 年，在《關於完善社會主義市場經濟體制若干問題的決定》中，「統籌人與自然和諧發展」首次被列為五個統籌之一，並明確提出要建設資源節約型和環境友好型社會，這標誌着中國生態環境和資源保護再次被提上日程。2005 年，《國務院關於落實科學發展觀加強環境保護的決定》提出，統籌經濟、社會和環境協調發展，在經濟發展中兼顧生態環境保護，這一提法與低碳經濟發展的應有之義完美契合。2007 年，中共十七大報告強調「建設生態文明，基本形成節約能源資源和保護生態環境的產業結構、增長方式和消費模式」，進一步明確了中國低碳經濟發展的方向和主要內容；而後，國家發展改革委會同有關部門制定了《節能減排綜合性工作方案》，對中國「十一五」期間的節能減排目標給予了明確的部署。這一系列政策的頒佈和實施切實推進了中國低碳經濟發展的進程，2002 — 2011 年，中國經濟發展中的節能減排效果明顯，單位 GDP 能耗逐年降低，工業固體廢物綜合利用率逐年提升。

　　這一階段，循環經濟、清潔生產、低碳經濟等低碳經濟發展的相關政策陸續落地，經濟發展中的生態環境保護和資源節約、集約利用得到了實踐，環境保護投入持續加大，工程減排、結構減排和管理減排穩步推進，中國低碳經濟發展成效逐漸顯現。

（三）2012年至今：低碳經濟深化發展階段

「十二五」時期，中國經濟發展進入了新常態，中共十八大報告提出經濟建設、政治建設、文化建設、社會建設和生態文明建設「五位一體」總體佈局，要求將生態文明建設與其他四個建設緊密融合，這標誌着中國低碳經濟開始進入深化發展階段。2015年，習近平在十八屆五中全會上提出了「創新、協調、綠色、開放、共享」五大發展理念，首次將綠色發展列為關係中國發展全局的一個重要理念，這在馬克思主義政黨史上是第一次，體現出中共對中國經濟社會發展規律認識的深化。2017年，習近平在中共十九大報告中指出，中國經濟已經由高速發展轉向高質量發展階段，必須樹立和踐行「綠水青山就是金山銀山」理論，推進綠色發展，建立健全綠色發展體制機制，構建綠色發展經濟體系。在黨中央領導下，全國各地持續加快推進低碳經濟發展，單位GDP能耗逐年降低，氮氧化合物和二氧化硫排放量逐年下降。

從該時期的具體政策來看，2012年，中國首次出台大氣污染防治規劃《重點區域大氣污染防治「十二五」規劃》，對大氣污染治理提出了明確的目標；2015年，國務院、中辦先後印發了《生態文明體制改革總體方案》和《環境保護督查方案》，提出要建立綠色生態導向的綠色金融體系、綠色產業體系，推進中國環保督察由「督企」向「督政」轉變；2016年，國務院發佈了《關於建立統一的綠色產品標準、認證、標識體系的意見》，提出建立統一的綠色產品標準、認證、標識體系，目的是推動綠色低碳循環發展和培育綠色市場；同年，《關於構建綠色金融體系的指導意見》和《工業綠色發展規劃（2016—2020）》相繼發佈，強調大

力發展綠色金融產品，加快推進工業綠色化轉型，增加綠色工業產品和服務的供給；2018 年，農業農村部印發《農業綠色發展技術導則（2018—2030 年）》，圍繞農業綠色發展提出要研製綠色投入品、研發綠色生產技術、發展綠色產後增值技術、創新綠色低碳種養結構與技術模式和加強農業綠色發展基礎研究等；2019 年，生態環境部和全國工商聯發佈了《關於支持服務民營企業綠色發展的意見》，提出在市場准入、財稅優惠、綠色金融等方面支持服務民營企業綠色發展；2021 年，住房和城鄉建設部等 15 部門印發《關於加強縣城綠色低碳建設的意見》，提出縣城建設要與自然環境相協調，應大力發展綠色建築和建築節能，建設綠色節約型基礎設施；而後，《「十四五」全國農業綠色發展規劃》和《「十四五」工業綠色發展規劃》相繼發佈，進一步深化了對農業和工業綠色化轉型發展的要求；2022 年，《國務院關於加快建立健全綠色低碳循環發展經濟體系的指導意見》正式印發，明確提出要加快建立健全綠色低碳循環發展的經濟體系，系統提出了構建綠色生產體系、綠色流通體系和綠色消費體系，重點推進基礎設施綠色升級、構建市場導向的綠色技術創新體系和完善相關法律法規體系。

　　這一時期，中國強調要系統實行最嚴格的生態保護制度，把經濟發展與生態環境保護充分聯動起來，要求從源頭上就解決好生態環境問題。在一系列環保政策的推動下，中國經濟發展與環境保護進入深度融合階段，經濟發展質量持續提升，生態環境質量逐年改善，低碳經濟發展開始向更加成熟的階段邁進。

第六章

新時代變革和
全面建成小康社會

中共十八大以來，中國特色社會主義進入新時代。以習近平同志為核心的黨中央採取一系列戰略性舉措，推進一系列變革性實踐，實現一系列突破性進展，取得一系列標誌性成果，團結帶領人民推動黨和國家事業取得歷史性成就、發生歷史性變革。進入新時代以來，打贏了脫貧攻堅戰，如期全面建成小康社會，取得了經濟社會發展的偉大成就。新時代的偉大變革，在新中國成立以來黨和人民長期探索和實踐的基礎上寫下了濃墨重彩的輝煌篇章，在新中國史上具有里程碑意義。

一、提出新發展理念

　　中共十八屆五中全會提出新發展理念，即創新發展、協調發展、綠色發展、開放發展、共享發展。這是關於發展理論的重大昇華。改革開放以來，中國經濟多年年均增長率接近 10%，創造了世界經濟史上的「中國奇跡」。進入新時代，經濟發展的內在支撐條件和外部需求環境都已發生深刻變化，突出表現為速度變化、結構優化、動力轉換三大特點，還包含轉變資源配置方式、增進民生福祉和實現包容發展等豐富內涵。新發展理念契合當前

經濟發展的要求，順應中國生產力水平整體提高的趨勢，是指導實現更好發展的科學理念。進入新世紀以來，世界多極化、經濟全球化、文化多樣化、社會信息化深入發展，國際金融危機的陰霾久久未消散，經濟低迷使全球經濟進入「新平庸」。中國國內改革發展穩定的任務依然繁重，面臨經濟下行和轉型升級雙重壓力，加快轉變經濟發展方式刻不容緩。新發展理念是針對錯綜複雜的國際國內形勢開出的藥方。只有緊緊抓住新發展理念這個「魂」，才能使中國經濟這個「體」更加強健。

創新是引領發展的第一動力。創新是一個民族進步的靈魂，是一個國家興旺發達的不竭動力。在激烈的國際競爭中，惟創新者進，惟創新者強，惟創新者勝。從國家層面看，創新始終是推動一個國家向前發展的重要力量。從個體層面看，一個地方、一個企業要突破發展瓶頸、解決深層次矛盾和問題，根本出路也在於創新。創新發展注重的是解決發展動力問題。中國創新能力不強，科技發展水平總體不高，科技對經濟社會發展的支撐能力不足，科技對經濟增長的貢獻率遠低於發達國家水平，這是中國這個經濟大個頭的「阿喀琉斯之踵」。新一輪科技革命帶來的是更加激烈的科技競爭，如果科技創新搞不上去，發展動力就不可能實現轉換，中國在全球經濟競爭中就會處於下風。為此，必須把創新作為引領發展的第一動力，讓創新在全社會蔚然成風。

協調是持續健康發展的內在要求。改革開放 40 多年來，中國經濟社會發展取得巨大成就，城鄉面貌發生了翻天覆地的變化，各項事業開創了新局面，但也面臨許多「發展中的煩惱」，如區域差距、城鄉差距拉大，產業發展不協調，物質文明和精神文明發展不同步等。這些發展不平衡、不協調的問題，既有損社會公

平正義，又影響人民羣眾的滿意度和獲得感，成為經濟社會持續健康發展的瓶頸。堅持協調發展就是要補齊發展短板，破解發展難題，推動區域協調發展、城鄉協調發展、物質文明和精神文明協調發展、經濟發展和社會建設協調發展，只有發展協調了，才能避免一條腿長、一條腿短，才能實現均衡發展和公平發展。

一方面，綠色是永續發展的必要條件和人民對美好生活追求的重要體現。良好生態本身蘊含着無窮的經濟價值，能夠源源不斷創造綜合效益，實現經濟社會可持續發展。另一方面，綠色發展要求破解人與自然的對立行為，實現「人與自然和諧共生」。人與自然是生命共同體，人類只有遵循自然規律才能有效防止在開發利用自然上走彎路，人類對大自然的傷害最終會傷及人類自身，這是無法抗拒的規律。此外，綠色和大自然緊密相關，綠色是大自然的底色，是環保、生機和生命的象徵，代表了人民對美好生活的追求。

開放是國家繁榮發展的必由之路。從歷史上看，不論是陸上絲綢之路還是海上絲綢之路，都對中國經濟文化繁榮起到了重要推動作用。棉花、番薯、玉米等作物的引進對中國農業生產作出了重大貢獻；白銀的持續流入對保持貨幣體系穩定功不可沒；敦煌文化則是中西交流的重要結晶；指南針的輸出為大航海時代提供了技術支撐；茶葉、瓷器等產品享譽西方。同樣，當前中國能夠取得舉世矚目的發展成就，一個重要因素就是堅持改革開放，積極融入全球經濟貿易體系。2013 年，中國成為全球第一大貨物貿易國，2022 年中國外貿進出口總值 42.07 萬元，規模再創歷史新高，對外貿易在國家經濟發展中發揮了重要驅動作用。事實充分說明了，只有堅持改革開放，各國之間相互學習、相互借鑒、

取長補短，才能共同發展，才能保持中國經濟社會長期繁榮。

　　共享是中國特色社會主義的本質要求。共享發展理念的提出，揭示了中國將轉向以共同富裕為追求目標的共享發展新階段，人民羣眾的獲得感、幸福感、安全感將大幅度得到滿足和提升。在共享發展理念指引下，國家不僅要大幅度地增加公共服務供給和提高公共服務共建能力與共享水平，而且要實現義務教育、就業服務、社會保障、基本醫療和公共衛生、公共文化、環境保護等全覆蓋，並儘可能地採取各種措施來調動社會資源與市場資源，以壯大共享發展的物質基礎，這些舉措必然將為全體人民提供穩定的安全預期，這將是國家長治久安的法寶。

二、打贏脫貧攻堅戰

　　新中國成立以來，黨中央高度重視減貧扶貧工作，從救濟式扶貧到開發式扶貧再到精準扶貧，不斷探索符合中國國情的有效減貧模式。特別是中共十八大以來，以習近平同志為核心的黨中央高度重視扶貧工作，把脫貧攻堅作為全面建成小康社會的底線任務和標誌性指標，帶領全國各族人民堅決打贏脫貧攻堅戰，取得了決定性成就，書寫了人類發展史上「最成功的脫貧故事」，積累了豐富的實踐經驗，創造了珍貴的精神財富，產生了重要的世界影響。

（一）中國脫貧攻堅取得歷史性成就

　　第二次世界大戰結束以來，消除貧困始終是廣大發展中國家面臨的重要任務。當今世界仍有八億多人生活在極端貧困之中，

貧困及其衍生出來的飢餓、疾病等系列難題依然困擾着許多發展中國家。新中國剛成立時，國家一窮二白，是世界上最貧困的國家之一。根據聯合國統計資料顯示，1949 年，中國人均國民收入僅有 27 美元，不足整個亞洲人均國民收入 44 美元的 2/3，大多數中國人處於極端貧困狀態。1978 年末，按當年價現行農村貧困標準衡量，中國當時是世界上貧困人口數量最多的國家，貧困人口達到 7.7 億人，農村貧困發生率高達 97.5%。改革開放後，中國成立了專門的扶貧機構，開始了大規模、有組織、有計劃的扶貧工作，到 2012 年末，農村貧困人口大幅減少，按照現行農村貧困標準中國農村貧困人口降至 9899 萬人，農村貧困發生率降至 10.2%。

中共十八大以來，中國實施了精準扶貧精準脫貧戰略，全面打響了脫貧攻堅戰。經過八年持續奮鬥，到 2020 年底，中國如期完成新時代脫貧攻堅目標任務，現行標準下 9899 萬農村貧困人口全部脫貧，832 個貧困縣全部摘帽，12.8 萬個貧困村全部出列，區域性整體貧困得到解決，完成了消除絕對貧困的艱巨任務。

（二）中國脫貧攻堅貴在「精準」

誰是真正的貧困戶？貧困原因是什麼？怎麼針對性幫扶？幫扶效果又怎樣？脫貧之後如何退出？長期以來，這一系列問題制約着中國扶貧開發工作的深入開展。脫貧攻堅，精準是要義。要想做到精準，必須進行體制機制創新，健全精準扶貧工作機制，真正解決好扶持誰、誰來扶、怎麼扶、如何退等問題。

解決好「扶持誰」的問題。精確識別是精準扶貧的重要前提。扶貧工作要到村到戶，首先要了解哪一村貧、哪一戶窮，摸清底

數、建檔立卡，這是精準扶貧的「第一戰役」。貴州省威寧縣迤那鎮在實踐中總結出了精確識別「四看法」：一看房、二看糧、三看勞動力強不強、四看家中有沒有讀書郎。看房，就是通過看農戶的居住條件和生活環境，估算其貧困程度；看糧，就是通過看農戶的土地情況和生產條件，估算其農業收入和食品支出；看勞動力強不強，就是通過看農戶的勞動力狀況和有無病殘人口，估算其務工收入和醫療支出；看家中有沒有讀書郎，就是通過看農戶受教育程度和在校生現狀等，估算其發展潛力和教育支出。「四看法」實際效果好，在實踐中管用，是一個創造，可以在實踐中不斷完善。在摸清扶貧對象的基礎上，要通過建檔立卡，對扶貧對象實行規範化管理，做到心中有數，一目了然。

解決好「誰來扶」的問題。第一，從中央到地方，將脫貧攻堅的責任落到實處，形成中央統籌，省（自治區、直轄市）負總責，市（地）縣抓落實的扶貧開發工作機制，做到分工明確、責任清晰、任務到人、考核到位，既各司其職、各盡其責，又協調運轉、協同發力。中共十八大以來，中西部地區 22 個省（自治區、直轄市）黨政主要負責同志向中央簽署脫貧攻堅責任書，立下軍令狀，省市縣鄉村五級書記一起抓，層層落實脫貧攻堅責任。第二，在選派貧困村共產黨基層組織（村黨支部）第一書記上下功夫，確保「因村派人精準」。「農村富不富，關鍵在支部。」選派優秀幹部到貧困村擔任第一書記，夯實農村基層基礎，對改變農村貧困面貌、帶領貧困人口脫貧致富至關重要。第一書記人選從哪裏來？近年來中國各地的實踐證明，優秀大學生村官、創業致富能手、復退軍人、返鄉農民工或各級機關優秀年輕幹部、後備幹部和國有企事業單位優秀人員等都是第一書記的備選者。

第三，廣泛動員社會力量投入扶貧濟困工作。我們堅持動員全社會參與，發揮中國制度優勢，構建了政府、社會、市場協同推進的大扶貧格局，形成了跨地區、跨部門、跨單位、全社會共同參與的多元主體的社會扶貧體系。

解決好「怎麼扶」的問題。第一，發展生產脫貧一批。一方面，根據各地的區位條件、資源優勢和產業基礎，選擇適合當地發展的特色產業。另一方面，對建檔立卡貧困戶統籌安排使用資金，建立產業發展帶動機制，奠定牢固的產業發展基礎和穩定的脫貧機制保障。積極引導承包土地向專業種養大戶、家庭農場、農民合作社、農業龍頭企業流轉；推行「公司＋合作社（基地）＋貧困戶」等模式，提高貧困戶的組織化水平，讓貧困戶從產業發展中獲得更多利益。第二，易地搬遷脫貧一批。對生存條件惡劣、自然災害頻發的地方，通水、通路、通電等成本很高，貧困人口很難實現就地脫貧，要在堅持羣眾自願的前提下，實施易地搬遷。第三，生態補償脫貧一批。對生存條件差、但生態系統重要、需要保護修復的地區，結合生態環境保護和治理，通過建立生態補償機制，幫助貧困地區和貧困人口脫貧。第四，發展教育脫貧一批。治貧先治愚，扶貧先扶智，讓貧困地區的孩子們接受良好教育，是扶貧開發的重要任務，也是阻斷貧困代際傳遞的治本之策。第五，社會保障兜底一批。對貧困人口中完全或部分喪失勞動能力的人，由社會保障來兜底。與此同時，大力加強醫療保險和醫療救助。建立健全醫療保險和醫療救助制度，對因病致貧或因病返貧的羣眾給予及時有效的救助。新型農村合作醫療、大病保險政策、門診統籌和財政補貼等向貧困人口傾斜。

解決好「如何退」的問題。建立貧困戶脫貧和貧困縣摘帽評

估機制，明確退出標準、程序、核查辦法和後續扶持政策，是解決好「如何退」問題的關鍵。一是設定時間表，實現有序退出。將貧困縣摘帽和全面建成小康社會進程對表，早建機制、早作規劃。二是留出緩衝期，在一定時間內實行摘帽不摘政策。貧困縣的帽子不好看，但很多地方卻捨不得摘，主要是這頂帽子有相當高的含金量，有些貧困縣擔心摘帽後真金白銀沒了。這樣的擔心有其合理成分。客觀上講，貧困縣摘帽後培育和鞏固自我發展能力需要有個過程。這就需要扶上馬、送一程，保證貧困縣摘帽後各方面扶持政策能夠繼續執行一段時間。三是實行嚴格評估，按照摘帽標準驗收。嚴格脫貧驗收辦法，明確摘帽標準和程序，確保摘帽結果經得起檢驗。也可以建立第三方評估機制，以增強脫貧工作績效的可信度。四是實行逐戶銷號，做到脫貧到人。對建檔立卡的貧困戶實行動態管理，脫貧了逐戶銷號，返貧了重新錄入，做到政策到戶、脫貧到人、有進有出，保證各級減貧任務和建檔立卡數據對得上、扶貧政策及時調整、扶貧力量進一步聚焦。

（三）打贏脫貧攻堅戰的世界影響

貧困是人類社會的頑疾，是世界許多國家經濟社會發展過程中都要面臨的共同挑戰。經過 70 多年的接續奮鬥，中國打贏脫貧攻堅戰為世界減貧事業作出巨大貢獻，豐富了世界擺脫貧困走向富裕的新理論，為全球減貧提供了中國智慧、中國方案和中國力量，為世界消除貧困提供了強大信心。

中國減貧加快了全球減貧進程和減貧事業發展。從 1978 年到 2020 年，中國累計減少貧困人口七億多人，對全球減貧貢獻率超

過 70%。同時，中國的減貧速度明顯快於全球，根據世界銀行的數據，按照每人每天 1.9 美元的國際絕對貧困標準，從 1981 年到 2015 年，中國貧困發生率累計下降了 87.6 個百分點，年均下降 2.6 個百分點，同期全球貧困發生率累計下降 32.2 個百分點，年均下降 0.9 個百分點，中國減貧速度明顯快於全球的減貧速度。中國減貧事業取得舉世矚目的成就，2005 年中國實現貧困人口減半，提前十年率先完成《聯合國千年發展目標》提出的任務。2020 年中國打贏脫貧攻堅戰後，困擾中華民族幾千年的絕對貧困問題得到歷史性的解決，這又將提前十年率先完成《聯合國 2030 年可持續發展目標》。

中國減貧模式為發展中國家減貧提供理論借鑒。中國的減貧實踐在不同的時期有着不同的工作思路和扶貧模式，構建了與本國經濟社會發展水平相適應的反貧困體制機制，形成了具有中國特色的社會主義減貧理論和實踐體系，為處在不同經濟社會發展階段的發展中國家提供了多樣的扶貧工作的理論依據和實踐經驗。中國減貧實踐為全球反貧困理論創新作出了重大理論和實踐貢獻，進一步豐富了發展經濟學理論。一是在經濟社會發展比較落後的時期，實施特殊困難羣體救濟的扶貧模式。新中國成立初期，人民生活普遍處於貧困水平，政府減少貧困主要通過對特殊困難羣體實施兜底救助的扶貧模式。二是經濟社會發展較快的時期，實施改善區域整體貧困的扶貧模式。改革開放後，中國經濟財政實力逐漸增強。隨着財政實力的增強，扶貧開發的區域、羣體逐漸擴大，貧困瞄準的範圍逐漸縮小。扶貧開發區域逐漸由 20 世紀 80 年代初期的「三西」地區擴大到全國的貧困地區，扶貧瞄準的範圍也逐漸由區域性縮小到貧困縣、貧困村，扶貧的效果更

加顯著。三是經濟社會發展達到一定水平後，實施精準扶貧精準脫貧的扶貧模式。中共十八大以來，扶貧羣體擴大到全國所有的地區、所有的極端貧困人口，瞄準對象精準到戶、到人，確保一個也不能少，匯集全國的資源和力量，徹底消除千百年來難以解決的重點貧困地區的區域性整體貧困和農村極端貧困問題。

中國特色減貧道路為全球減貧提供中國方案。中國減貧之所以取得巨大的成就，關鍵在於中國探索出了一條符合中國國情的扶貧開發道路。一是要有堅強的領導力量一以貫之推動扶貧事業。脫貧攻堅，加強中共的領導是根本。中國共產黨一直高度重視減貧治理，把扶貧開發、脫貧攻堅放到國家治理中十分重要的位置，舉全黨全國全社會之力，持續高位推進，為減貧治理提供了堅強政治保證。二是要與時俱進地選準扶貧路徑。中國的扶貧路徑是根據經濟發展階段不斷進行動態調整的，從區域整體性扶貧到精準扶貧，從大水漫灌到精準滴灌，從救濟式扶貧到開發式扶貧，從輸血式扶貧到激發困難羣眾內生動力，中國扶貧路徑和扶貧階段的變化始終與經濟社會發展的綜合實力變化緊密相聯。三是要注重發展成果與民眾分享共享。隨着經濟發展水平提高，國家加大對貧窮落後、農村地區基礎設施建設和公共服務投入，增強了人民的獲得感、幸福感和安全感。四是要注重激發扶貧的內生動力。激發羣眾內生動力，建立可持續發展的內生扶貧長效機制。中國積極推行參與式扶貧模式，讓廣大貧困人口直接參與扶貧資金使用決策和扶貧開發項目建設，增強貧困人口的自我積累和自我發展能力，引導貧困羣眾自力更生，就業創業。

中國建立解決相對貧困長效機制，為世界減貧提供經驗。中國這種着眼長遠、接續努力，探索建立徹底消除貧困機制的做

法，為全球貧困治理提供了參考。在即將消除絕對貧困之時，中國就將建立解決相對貧困長效機制作為下一步減貧治理的重要任務。解決相對貧困是一項更加艱巨的工作，是一個全球性的難題，即使對於不少發達國家而言，相對貧困、相對落後、相對差距問題也都是長期存在的。相對貧困的解決要涉及經濟發展水平、執政黨宗旨、政策整合等更多方面的條件、更深層次的利益調整等，需要持續發力、久久為功。發展不平衡、不充分，收入分配改革不到位，社會保障體系不完善等因素是中國產生相對貧困的主要原因。今後減貧將出現一些變化：在治理目標靶向上，由開發扶貧、精準脫貧模式變遷為鞏固脫貧、防止返貧模式；由農村脫貧重點變遷為城鄉兼顧的貧困救助格局。在政策取向上，重點推進好這幾方面：一是推進全面脫貧與鄉村振興有效銜接，二是促進減貧與更多國家宏觀政策的銜接，三是實現中國現有扶貧開發制度的進一步高效整合。

中國減貧成功實踐為世界消除貧困提供強大信心。消除貧困依然是當今世界面臨的最大全球性挑戰。中國減貧成功實踐不僅體現在消除自身貧困取得的歷史性成就中，也體現在中國為全球減貧事業提供幫助和取得的成就中。一是中國在實現自身減貧的同時也努力幫助其他發展中國家減貧。中國政府提出了幫助發展中國家發展經濟、改善民生的一系列新舉措，包括中國將繼續增加對最不發達國家投資，免除最不發達國家、內陸發展中國家、小島嶼發展中國家無息貸款債務等措施。二是推進「一帶一路」建設，讓國際減貧合作成果惠及更多國家和人民。中共十八大以來，中國先後提出共建絲綢之路經濟帶和 21 世紀海上絲綢之路，並倡議籌建亞洲基礎設施投資銀行，設立絲路基金，促進沿線欠

發達國家的經濟社會發展，幫助更多發展中國家更好地融入全球供應鏈、產業鏈、價值鏈，增強自身發展能力，以發展促減貧，為發展中國家減貧事業注入新活力。中國的努力，使廣大發展中國家和「一帶一路」沿線國家看到了消除貧困的可能。

三、啟動全面深化改革

中共十八屆三中全會對全面深化改革進行總體部署，開啟了全面深化改革的新征程。全面深化改革就是通過改革舉措，推動中國特色社會主義制度更加成熟更加定型，為黨和國家事業發展、為人民幸福安康、為社會和諧穩定、為國家長治久安提供一整套更完備、更穩定、更管用的制度體系。發展和改革是高度融合的，發展前進一步就需要改革前進一步。發展是全面的，改革就是全面的。全面深化改革是解決中國現實問題的根本途徑。

（一）全面深化改革是中國漸進式改革邏輯發展的必然結果

2013 年中共十八屆三中全會提出全面深化改革的總目標，強調要進一步完善和發展中國特色社會主義制度、推進國家治理體系和治理能力現代化。中共十八大以來，習近平多次強調增強改革的系統性、整體性、協同性，強調「正確、準確、有序、協調」推進改革。

首先，進入新世紀後，隨着社會主義市場經濟體制的逐步完善和經濟的持續快速增長，除經濟體制改革外，政治、文化、社會、生態文明體制的改革日顯重要和迫切，中國的改革開放進入了一個嶄新階段，改革的目標更高更全面。其次，雖然經濟體制改革是全面深化改革的重點，但更強調要全面推進。再次，全面深化改革是 1978 年從農村改革起步不斷深化和發展的必然選擇，是中國全面建成小康社會、進而逐步建成富強文明民主法治的社會主義現代化國家的必然選擇。

相比之前的改革，全面深化改革有這樣幾個特徵：一是重視統籌。改革不是單個領域體制的調整和修補，而是各方面體制與制度的創新，是全方位的改革。二是重視系統。改革不是某個領域體制改革的單向推進，而是各領域、各層次的系統推進。三是重視集成。改革不是止步於改革體制機制，而是要着眼於制度聚合與集成，形成總體性的制度成果和制度文明。

（二）保持中國特色社會主義制度優勢的關鍵在於堅持改革不動搖

改革開放以來，中國國民經濟迅速起飛，創造了讓世界震驚的經濟快速發展奇跡。與此同時，各項社會事業全面發展，國際地位和影響力大幅提升。這些都充分展示了中國特色社會主義制度的優越性和生命力。

具體來說，中國特色社會主義的制度優勢主要表現在：第一，更加注重全面協調發展，注重彌補結構性短板。改革開放以來的政策，一個鮮明的特點是「補制度短板」，哪個領域制度不

適應發展的需求，就重點改革哪個領域的制度。這個注重全面性的制度完善方式，使得制度具有可改革性和可完善性，不至於形成僵化的體制。第二，制度設計上有一個中長期的規劃，不迴避發展面臨的深層次結構性矛盾。能夠提出問題並且部署結構性改革，是我們現行最突出的優勢所在。第三，有一個改革的頂層協調和統籌推進機制，以實現結構性改革的突破，推進結構優化。因此，從制度角度看，中國的制度優勢在於，不迴避制度短板，不迴避結構性矛盾，注重結構性改革，通過制度的調整和完善不斷適應發展環境的變化。

要保持這個制度優勢，關鍵在於堅持改革不動搖。一個經濟體的發展，不可能不面臨這樣那樣的挑戰和問題，關鍵在於要有改革的決心和勇氣，以問題為導向，不斷改革、不斷完善。只要有改革的意識，有開放心態，有打破利益掣肘的決心和勇氣，我們的制度優勢就能夠繼續保持下去。

中國特色社會主義制度只有通過全面深化改革，才能不斷培育生長點、釋放生命力、展示優越性。在新的歷史條件下，要以完善中國特色社會主義制度為目標，始終堅持全面深化改革的正確方向，提高改革決策的科學性和前瞻性，明確深化改革的重點和難點，不失時機地推進重要領域和關鍵環節改革，推動中國特色社會主義制度的自我完善和發展。

（三）全面深化改革取得重大歷史性成就

歷史是漸進性與飛躍性相統一的過程。推進全面深化改革以來取得的重大歷史性成就、發生的深刻歷史性變革，在改革開放

的歷史中值得大書特書。

改革啃下了不少硬骨頭，闖過了不少急流險灘。新時代改革開放處在一個船到中流浪更急、人到半山路更陡的時候，一個愈進愈難、愈進愈險而又不進則退、非進不可的時候。黨中央急流勇進、無畏險峰，闖關奪隘、披荊斬棘，堅決破除一切妨礙發展的體制機制障礙和利益固化藩籬，解決了許多長期想解決而沒有解決的難題，辦成了許多過去想辦而沒有辦成的大事。十多年來，推出了 2000 多個改革方案，用行動宣示了在新時代將改革開放進行到底的堅定決心。農村承包地「三權」分置、國防和軍隊改革等，都是體制機制的重塑重構。

改革呈現全面發力、多點突破、蹄疾步穩、縱深推進局面。堅決破除各方面體制機制弊端，重要領域和關鍵環節改革取得突破性進展，主要領域改革主體框架基本確立。2018 年是改革開放 40 周年，提出改革開放再出發。緊接着，堅持打贏三大攻堅戰，供給側結構性改革深入推進，經濟轉向高質量發展，提出構建新發展格局，社會大局穩定，人民生活持續改善。黨和國家機構改革順利推進，海南全島建設自由貿易試驗區，中國特色自由貿易港建設全年推進，持續放寬市場准入，主動擴大進口。

人民羣眾獲得感、幸福感、安全感大大提升。城鎮新增就業年均 1000 多萬人以上，城鄉居民收入增速超過經濟增速，中等收入羣體持續擴大，覆蓋城鄉居民的社會保障體系基本建立，國家安全全面加強。人民美好生活需要日益廣泛，不僅對物質文化生活提出了更高要求，對民主、法治、公平、正義、安全、環境等方面的要求也日益增長。

四、制定「十四五」經濟社會發展藍圖

「十四五」時期是中國全面建成小康社會、實現第一個百年奮鬥目標之後，乘勢而上開啟全面建設社會主義現代化國家新征程、向第二個百年奮鬥目標進軍的第一個五年。中共十九屆五中全會審議通過的《中共中央關於制定國民經濟和社會發展第十四個五年規劃和二〇三五年遠景目標的建議》（以下簡稱「十四五規劃」），充分體現時代新變化，符合實踐新要求，反映人民新期待，為中國「十四五」時期經濟社會發展指明了方向，提供了重要遵循。

（一）開啟全面建設社會主義現代化國家新征程的戰略謀劃

中國進入新發展階段。「十四五」時期處於「兩個一百年」奮鬥目標的歷史交匯點，是黨和國家發展進程中尤為重要的時期。這一新階段有新特徵、新要求，即中國發展仍然處於重要戰略機遇期，但機遇和挑戰都有新的發展變化。當今世界正經歷百年未有之大變局，新一輪科技革命和產業變革深入發展，國際力量對比深刻調整。中共之所以能夠領導中國革命、建設、改革事業從一個勝利走向另一個勝利，一個重要原因就是及時對黨和人民事業所處的歷史方位作出科學判斷。中國特色社會主義進入新時代，制度優勢顯著，經濟長期向好，發展韌性強勁，社會大局穩定，繼續發展具有多方面優勢和條件。要深刻地認識到，「十四五」時期是新發展階段的起步期，必須走好走穩走實，為未

來 15 年乃至 30 年奠好基、開好局。

高質量發展成為新時代主題。「十四五」時期經濟社會發展要以推動高質量發展為主題，這是這次全會根據中國發展階段、發展環境、發展條件變化作出的科學判斷。人們對發展質量的認識，經歷了從經濟增長到經濟發展、從經濟增長質量到經濟發展質量的發展過程。經濟增長取決於生產要素的積累，而經濟增長質量取決於生產要素使用效率的提高。經濟發展在經濟增長之外還包含了結構、社會、生態等因素，也就是說，經濟發展質量在經濟增長質量的基礎上，還要考慮經濟結構的優化、人民生活水平提升和生態環境等的改善。中共十八屆五中全會鮮明提出了創新、協調、綠色、開放、共享的新發展理念，引領中國經濟不斷破解發展難題、厚植發展優勢，在轉變發展方式、優化經濟結構、轉換增長動力上取得重大突破，邁出高質量發展的堅實步伐。「十三五」發展實踐表明，推動高質量發展是遵循經濟發展規律、保持經濟持續健康發展的必然要求，是適應中國社會主要矛盾變化和全面建成小康社會、全面建設社會主義現代化國家的必然要求。當前，中國社會主要矛盾已經發生變化，發展中的矛盾和問題集中體現在發展質量上。這就要求必須把發展質量問題擺在更為突出的位置，把發展質量問題作為「十四五」時期經濟發展的重點。

把科技自立自強作為國家發展的戰略支撐。從創新發展提出的理論源泉上看，一方面它是以馬克思主義政治經濟學為指導，吸收了當代西方經濟學以及對科學技術發展規律的理論認識，更為重要的是，它是基於中國共產黨治國理政實踐經驗的總結概括。新中國成立以來的經濟發展實踐證明，科技進步和科技

創新工作的發展與經濟增長和健康發展密切相關，特別是改革開放以來中國經濟高速增長更是得益於創新所驅動的全要素生產率不斷增長。以習近平同志為核心的黨中央提出新發展理念，回答了中國發展動力問題，創新發展理念作為新發展理念的首位，充分體現了新時代黨和國家創新驅動發展的戰略決心。從中共十八大提出創新驅動發展戰略，到中共十九大提出創新是引領發展的第一動力，再到十九屆五中全會提出加快建設科技強國，黨中央對於科技創新的戰略方針和謀劃部署既是一脈相承，也是與時俱進的。「十四五規劃」提出堅持創新在現代化建設全局中的核心地位，把科技自立自強作為國家發展戰略支撐，擺在各項規劃任務的首位，進行專章部署，這是編制五年規劃建議歷史上的第一次，也是以習近平同志為核心的黨中央把握世界發展大勢、立足當前、着眼長遠作出的戰略佈局。

構建新發展格局。「十四五規劃」提出，形成強大國內市場，構建以國內大循環為主體、國內國際雙循環相互促進的新發展格局。這是與時俱進提升中國經濟發展水平的戰略抉擇，也是塑造中國國際經濟合作和競爭新優勢的戰略抉擇。改革開放特別是加入世貿組織後，中國加入國際大循環，形成「世界工廠」的發展模式，對中國抓住經濟全球化機遇、快速提升經濟總量發揮了重要作用。中國有 14 億多人口，人均國內生產總值已經突破一萬美元，是全球最大最有潛力的消費市場。實施擴大內需戰略，是保持中國經濟長期持續健康發展的需要，也是滿足人民日益增長的美好生活需要。國內循環越順暢，越能形成對全球資源要素的引力場，越有利於構建以國內大循環為主體、國內國際雙循環相互促進的新發展格局，越有利於形成參與國際競爭和合作新優勢。

（二）「十四五」時期中國經濟發展的重點任務

「十四五規劃」深入分析了中國發展面臨的國內國際形勢，展望了 2035 年基本實現社會主義現代化的遠景目標，明確提出了「十四五」時期中國經濟發展的重點任務，提出了新形勢下經濟什麼樣的發展、如何發展這個重大問題。

形成強大國內市場，構建新發展格局。隨着中國進入新發展階段以及外部環境變化，無論是從可持續發展來看，還是從大國發展優勢來看，還是從實現經濟高質量發展的目標來看，進一步擴大內需特別是有效促進消費，推動經濟供需循環暢通，促進形成強大國內市場都成為必然選擇和關鍵舉措。「十四五」時期，要堅持把培育完整內需體系作為重點，把擴大內需搞好。同時，要注重國內國際雙循環，國內循環是建立在國內統一大市場基礎上的循環，不是各自為戰、各自為政，搞省內循環、市內循環、縣內循環。

加快發展現代產業體系，推動經濟體系優化升級。經過改革開放 40 多年的快速發展，中國綜合國力和國家地位顯著提升，但當前離現代化國家目標仍有差距，具體表現為「大而不強」「全而不優」等。「十四五規劃」明確提出，堅持把發展經濟着力點放在實體經濟上，堅定不移建設製造強國、質量強國、網絡強國、數字中國，推進產業基礎高級化、產業鏈現代化，提高經濟質量效益和核心競爭力。實體經濟是強國之本。中國從低收入國家變成中等收入國家，成為世界第二大經濟體，靠的是實體經濟，今後要跨越高收入國家門檻也必須依靠實體經濟。建設現代化經濟體系，必須把發展經濟的着力點放在實體經濟上，把提高供給體系

質量作為主攻方向，提升產業鏈供應鏈現代化水平，發展戰略性新興產業，加快發展現代服務業。推動經濟體系優化升級，關鍵在於科技創新對實體經濟發展的支撐，在於促進技術創新與產業發展的良性互動，在於激發企業家精神和工匠精神。

全面深化改革，構建高水平社會主義市場經濟體制。總體看，中國市場體系尚不完善，市場准入與退出渠道還不暢通，市場競爭還不充分，市場競爭無序現象時有發生，部分領域價格尚未理順，生產要素市場發展相對滯後，要素流動仍受到多方面限制。「十四五」時期，構建高水平社會主義市場經濟體制，還是需要全面深化改革，需要推動更深層次改革。「十四五規劃」明確提出，全面深化改革，構建高水平社會主義市場經濟體制。堅持和完善社會主義基本經濟制度，充分發揮市場在資源配置中的決定性作用，更好發揮政府作用，推動有效市場和有為政府更好結合。這是對構建高水平社會主義市場經濟體制全面的部署。當前，要進一步完善產權制度，深化要素市場配套改革，對更好發揮政府作用進行探索。

優先發展農業農村，全面推進鄉村振興。農業是國民經濟的基礎，建設現代農業，發展農村經濟，增加農民收入，是開啟社會主義現代化建設新征程的重大任務。「十三五」時期，農民收入顯著提高，農民生活不斷改善，農村面貌煥然一新，這是黨中央高度重視「三農」發展的結果。中共十九大作出實施鄉村振興戰略的重大決策部署，各地圍繞這一要求，全面推進鄉村產業振興、人才振興、文化振興、生態振興、組織振興。「十四五規劃」明確提出，優先發展農業農村，全面推進鄉村振興。堅持把解決好「三農」問題作為全黨工作重中之重，走中國特色社會主

鄉村振興道路，全面實施鄉村振興戰略，強化以工補農、以城帶鄉，推動形成工農互促、城鄉互補、協調發展、共同繁榮的新型工農城鄉關係，加快農業農村現代化。把優先發展農業農村，全面推進鄉村振興列入「十四五」國民經濟規劃中，可見黨和國家一如既往對農村工作的高度重視。

優化國土空間佈局，推進區域協調發展和新型城鎮化。區域協調發展是經濟現代化進程中的重大問題，特別是對於幅員遼闊的中國，解決可能產生的區域發展不平衡的矛盾和問題，對於實現長期可持續發展具有重大戰略意義。實施新型城鎮化戰略以來，在提高戶籍人口城鎮化率、改善城市基礎設施和公共服務以及推動城市羣發展等方面都取得了積極進展。但在看到新型城鎮化取得的成績的同時，新型城鎮化還面臨着城鎮化效率不高、城鎮化包容性不強、城鎮化可持續性不足等方面問題。「十四五規劃」明確提出，優化國土空間佈局，推進區域協調發展和新型城鎮化。堅持實施區域重大戰略、區域協調發展戰略、主體功能區戰略，健全區域協調發展體制機制，完善新型城鎮化戰略，構建高質量發展的國土空間佈局和支撐體系。實施區域協調發展戰略，要進一步增強西部開發、東北振興、中部崛起、東部率先的區域發展總體戰略與京津冀協同發展、長江經濟帶建設、粵港澳大灣區建設、長三角一體化發展、黃河流域生態保護等重大國家發展戰略的協同性。堅持以人民為中心的發展思想，大力推進新型城鎮化，走中國特色新型城鎮化道路。

推動綠色發展，促進人與自然和諧共生。綠色發展就其要義來講，是要解決好人與自然和諧共生問題，強調人與自然的生命共同體關係。綠色發展，不是不要發展，而是要與自然相和諧的

發展。「十四五規劃」明確提出，堅持綠水青山就是金山銀山理念，堅持尊重自然、順應自然、保護自然，堅持節約優先、保護優先、自然恢復為主，守住自然生態安全邊界。綠色轉型是一項複雜的系統工程和長期任務，涉及經濟、社會、科技進步和體制機制等方面，需要付出長期艱苦不懈的努力。我們要深入實施可持續發展戰略，完善生態文明領域統籌協調機制，構建生態文明體系，促進經濟社會發展全面綠色轉型，建設人與自然和諧共生的現代化。

實行高水平對外開放，開拓合作共贏新局面。以開放促改革、促發展，是中國社會主義現代化建設不斷取得新成就的重要經驗。「十四五規劃」明確提出，實行高水平對外開放，開拓合作共贏新局面。堅持實施更大範圍、更寬領域、更深層次對外開放，依託中國大市場優勢，促進國際合作，實現互利共贏。我們要全面提高對外開放水平，推動貿易和投資自由化便利化，推進貿易創新發展，推動共建「一帶一路」高質量發展，積極參與全球經濟治理體系改革。要加快形成新發展格局、推動高質量發展，主動順應經濟全球化潮流，堅持對外開放的基本國策，更加積極有為地推進高水平對外開放，發展更高層次的開放型經濟。

五、推動高質量發展

經濟高質量發展，明確提出於 2017 年中共十九大，並在 2017 年的中央經濟工作會議上得到進一步闡釋，之後構成有關中國經濟發展問題的判斷和主題。

（一）經濟高質量發展的內涵和特徵

一是從發展目標來看，高質量發展致力於實現「更高質量、更有效率、更加公平、更可持續」的發展，以此滿足人民日益增長的美好生活需要和推動人的全面發展。習近平在中共十九大報告中指出：「解放和發展社會生產力，是社會主義的本質要求。我們要激發全社會創造力和發展活力，努力實現更高質量、更有效率、更加公平、更可持續的發展！」在此意義上，「更高質量、更有效率、更加公平、更可持續」即為中國特色社會主義新時代經濟發展戰略目標。另一方面，高質量發展的提出與落實，全方位貫徹着以人民為中心的根本立場，強調的是發展為了人民、發展依靠人民、發展成果由人民共享。簡言之，高質量發展是能夠更好滿足人民不斷增長的真實需要的經濟發展方式、結構和動力狀態。

二是從發展方式來看，高質量發展意味着經濟發展方式向集約型增長轉變。在此意義上，推動高質量發展是實現由要素投入和驅動的粗放型高速增長轉變為以科技進步、管理水平改善和勞動者素質能力提高為主的集約型增長，推動經濟「從『數量追趕』轉向『質量追趕』，從『規模擴張』轉向『結構升級』，從『要素驅動』轉向『創新驅動』」。

三是從發展內容來看，高質量發展內在包含經濟、民生、生態、安全等多方面內容。經濟高質量發展目標是更高的效率、更加公平、綠色可持續。換言之，經濟效率、公平、綠色等多方面目標要求被納入了高質量發展的內涵之中。不僅如此，面對百年變局和世紀疫情相互疊加、世界進入新的動盪變革期的複雜局

面，特別是世所罕見、史所罕見的風險挑戰，更要注重統籌發展與安全，既要以安全促發展，又要以發展保安全。

四是從發展結構來看，高質量發展具有宏觀、中觀和微觀三重視角。從宏觀視角而言，高質量發展意味着供給與需求在相互影響中實現動態平衡，意味着經濟增長的穩定性、發展的均衡性、環境的協調性、社會的公平性；從中觀視角而言，高質量發展體現在產業和區域產業結構與區域協調方面；從微觀視角而言，高質量發展不僅表現在產品的種類、數量和質量，也包括一流企業的培育、品牌影響力的打造等，還體現在人民的幸福感指數等。

五是從發展要素來看，高質量發展對提高要素質量和配置效率、增加新的生產要素提出了新的要求。以往經濟發展主要依賴要素的大量投入。高質量發展，強調了諸如人力資本要素質量提升的重要性，即要提高全要素生產率，實現新舊動能轉換，另一方面將「數據要素」等新的生產要素納入高質量發展之中。

綜上而言，從中國經濟發展歷程來看，經濟高質量發展意味着經濟體系的變革，特別是現代化經濟體系的建設，實現了在廣義上對發展問題的概括。

（二）經濟高質量發展是「十四五」乃至更長時期中國經濟社會發展的主題

經濟高質量發展的提出，既是立足歷史，對中國發展成就、發展階段、發展經驗的深刻把握，又是針對現在，對中國發展不平衡、不協調、不可持續問題的充分研判，更是着眼未來，對發

展環境、發展條件、發展主題的綜合判斷。

　　經濟高質量發展是應對新時代中國社會主要矛盾轉換的主動作為。中共的百年奮鬥歷程表明，黨和人民事業能不能沿着正確方向前進，取決於能否準確認識和把握社會主要矛盾、確定中心任務。1981 年，中共十一屆六中全會通過的《關於建國以來黨的若干歷史問題的決議》回到了有關社會主要矛盾的正確判斷上，以此明確了堅持以經濟建設為中心的根本任務。經過幾十年的經濟建設與社會發展，中國經濟社會發展取得全方面的成就，創造出經濟快速發展奇跡，國家經濟實力大幅躍升。同時，由於一些地方和部門存在片面追求速度規模、發展方式粗放等問題，加上國際金融危機後世界經濟持續低迷，經濟結構性體制性矛盾不斷積累，發展不平衡、不協調、不可持續問題十分突出。中共十九大報告指出：「我國社會主要矛盾已經轉化為人民日益增長的美好生活需要和不平衡不充分的發展之間的矛盾。」新時代社會主要矛盾的轉化表明，中國長期所處的短缺經濟和供給不足的狀況已經發生根本性改變，也就是總體上已經解決了「有沒有」的問題。進一步而言，發展不平衡不充分的問題逐漸突顯，供給相對不足和供給結構性失衡仍然突出。同時，人民對美好生活需要呈現出多樣化、多層次、多方面的特點，不僅在物質文化生活方面，而且在民主、法治、公平、正義、安全、環境等方面均提出要求。在此背景下，高質量發展就是從「有沒有」轉向「好不好」，不斷朝着更高質量、更有效率、更加公平、更可持續的方向前進，從而滿足人民日益增長的美好生活需要，最終落腳於解決好新時代中國社會主要矛盾。

　　經濟高質量發展是適應中國經濟發展階段轉換的積極應對。

經過改革開放以來 40 多年的發展，中國經濟實現了跨越式的發展，經濟總量牢牢穩居世界第二位，佔全球經濟比重上升到 18% 以上，人均國內生產總值達到 1.25 萬美元，接近了高收入國家門檻。但受外部環境影響和內部因素制約，2010 年後中國經濟增速從高速轉向中高速，經濟增長速度進行「換擋」。實際上，經濟增速的轉變符合經濟發展一般過程。從西方發達國家的經濟發展歷程來看，工業化早期普遍能夠實現較為高速的經濟增長，工業化後期則會經歷從高速增長到中高速增長再到穩定增長的階段轉換。西方國際的發展歷程印證了經濟發展的一般規律，也就是經濟增長方式轉變對於經濟增長速度的影響，即實現主要由通過勞動、資本等要素投入實現數量擴張，到依賴技術創新、人力資本積累等方式實現質量型增長的階段轉變。可見，推動經濟高質量發展，不僅符合經濟發展規律，更是利用經濟發展規律、推動經濟發展階段轉換的主動作為。

經濟高質量發展是推動質量變革、效率變革、動力變革的客觀要求。首先，從經濟質量而言，中國經濟過去主要看重經濟增長速度，推動經濟高質量發展則是更加重視質的解決發展。其次，從經濟效率而言，由資源、勞動、資本與全要素生產率等構成的生產要素在中國經濟發展中的地位發生了重要變化。勞動力要素方面，在經過「劉易斯轉折點」並且「人口紅利」面臨消失的情況下，中國通過勞動力在部門間的轉移所獲得的資源重新配置效應，以及勞動力無限供給所贏得的穩定的資本報酬效應，都將逐漸消失。資本要素方面，存在着資本形成率佔 GDP 的比重過高以及投資效率仍然不高等問題；資源要素方面，高投入、高耗能甚至高污染的粗放式增長方式也為環境帶來了極大破壞，加

劇了資源的緊張狀況。因此，推動效率變革應着力提升勞動生產率、投資回報率、資源配置效率，加快推進有利於提高資源配置效率的改革。最後，從經濟動力而言，出口和投資已經難以大規模拉動經濟增長，第二產業技術含量總體偏低等問題客觀存在。推動高質量發展與實現動力變革相一致，即經濟增長向依靠消費、投資、出口協調拉動，向第一、第二、第三產業協同帶動轉變。

第七章

中國經濟時代
坐標和成績單

中共十八大以來，世界經濟格局深刻重塑，以習近平同志為核心的黨中央統籌中華民族偉大復興戰略全局和世界百年未有之大變局，團結帶領全黨全國各族人民攻堅克難、開拓創新，統籌推進「五位一體」總體佈局，協調推進「四個全面」戰略佈局，立足新發展階段，貫徹新發展理念，構建新發展格局，中國經濟社會發展取得新的歷史性成就，世界經濟大國地位全面提升，如期全面建成小康社會，實現了第一個百年奮鬥目標，開啟全面建設社會主義現代化國家，向第二個百年奮鬥目標進軍新征程。

一、綜合國力顯著增強

（一）經濟實力大幅提升

　　經濟總量不斷邁上新台階。2013—2021 年，中國國內生產總值（GDP）年均增長 6.6%，高於同期世界 2.6% 和發展中經濟體 3.7% 的平均增長水平。2014 年、2016 年、2017 年、2018 年、2020 年、2021 年，國內生產總值相繼跨越 60 萬億、70 萬億、80 萬億、90 萬億、100 萬億、110 萬億元大關。2022 年，中國國內

生產總值（GDP）達到 121 萬億元，經濟總量再次邁上新台階。
2020 年，新冠肺炎疫情對世界經濟造成嚴重衝擊，中國經濟增長
2.2%，是世界主要經濟體中唯一保持正增長的國家。中共十八大
以來，在全球經濟版圖中，中國經濟所佔比重穩步提升，已成為
世界第二大經濟體。按年平均匯率折算，2021 年，中國經濟總量
佔世界經濟的比重達 18.5%，比 2012 年提高 7.2 個百分點，居世
界第二位。2013—2021 年，中國對世界經濟增長的平均貢獻率超
過 30%，居世界第一。作為世界第一製造大國、第一貨物貿易大
國、第一外匯儲備大國，隨着經濟實力的不斷增強，中國已成為
推動世界經濟增長的主要力量。

財政實力不斷增強。財政實力是國家強大、穩定、安全的重
要物質保證。2013—2021 年，中國財政收入規模持續擴大，年均
增長 5.8%。2022 年，全國一般公共預算達到 20.37 萬億元。強大
的財政實力，為推動經濟發展、增進民生福祉、調整經濟結構、
有效防範風險提供了堅實資金保障。

外匯儲備規模穩居世界第一。外匯儲備是一個國家經濟實力
的重要組成部分，是一國用於調節國際收支、穩定本國匯率、維
持本國國際信譽的物質基礎。中共十八大以來，中國外匯儲備穩
定在三萬億美元以上，2022 年末達 31,277 億美元，在外部環境複
雜多變的背景下，充裕穩定的外匯儲備規模，為中國經濟抵禦外
部風險衝擊、維護國家經濟金融安全提供了有力保障。

（二）人均國民收入大幅增加

人均 GDP 邁上新台階。人均 GDP 一般指人均國內生產總

值，是衡量各國人民生活水平的一個標準。中共十八大以來，中國人民生活水平顯著提高，人均國民總收入在世界排名中大幅提升。有關資料顯示，2021 年，中國人均國民總收入（GNI）達 11,890 美元，較 2012 年增長一倍。在世界銀行公佈的人均 GNI 排名中，中國人均 GNI 由 2012 年的第 112 位上升到 2021 年的第 68 位。2021 年，中國人均 GDP 達 80,976 元，扣除價格因素，比 2012 年增長 69.7%，年均增長 6.1%；按年平均匯率折算，達到 12,551 美元，連續三年超過一萬美元，穩居世界上中等收入國家行列。2022 年，中國人均 GDP 再次增長，達到了 85,698 元，比上年實際增長 3%。按年平均匯率折算，達到 12,741 美元。

實現全面消除絕對貧困。2021 年 2 月 25 日，中國向世界莊嚴宣告，中國脫貧攻堅戰取得了全面勝利，脫貧攻堅取得了重大歷史性成就。據有關數據顯示，2012 年全國農村貧困人口為 9899 萬人，2020 年實現全部脫貧，平均每年減少 1237 萬貧困人口，貧困發生率由 2012 年的 10.2% 下降至 2020 年的 0。脫貧地區的基本公共服務水平大大改善，貧困人口在教育、醫療、社會保障等方面得到了更好的保障，實現了上得起學、看得起病，老有所養、弱有所扶。

（三）發展基礎全面夯實

基礎產業進一步鞏固。隨着一系列強農惠農政策落實，農業綜合生產能力不斷提高，國家糧食安全得到有力保障，重要農產品供給充裕而豐富。2012 年以來，穀物、肉類、花生和茶葉產量穩居世界第一位，油菜籽產量穩居第二位。2015—2021 年，穀物

總產量保持在六億噸以上，穩居世界首位；肉類、水果、花生、籽棉、茶葉等農產品產量，均保持世界第一。農業機械化步伐加快。2021 年，農作物耕種收綜合機械化率超過 70%。主要工業產品產量穩步提高，同樣穩居世界前列。其中粗鋼、煤、發電量、水泥、化肥、汽車、微型計算機和手機等工業產品產量穩居世界第一位。

現代交通運輸網絡建設全球領先。中國的綜合運輸網絡日趨完善，建成了全球最大的、四通八達的高速鐵路網、高速公路網。2012—2021 年末，鐵路營業里程由 9.8 萬千米增加至 15.1 萬千米；其中高速鐵路營業里程由不到一萬千米增加到四萬千米。高鐵營業里程達四萬千米，較 2012 年增長 3.3 倍，已建成世界上最發達的高鐵網，居世界首位；高速公路運行里程達 16.9 萬千米，較 2012 年增長 0.8 倍，居世界首位。現代化的城市軌道交通發展迅速。2021 年末，城市軌道交通運營線路里程 8736 千米，擁有運營線路的城市達 51 個。

數字化信息通信水平大幅提升。中國實施「寬帶中國」「網絡強國」戰略，信息通信服務較快發展。5G 網絡發展勢頭強勁。截至 2022 年底，中國累計建成並開通 5G 基站 231 萬個，已建成全球最大 5G 網，5G 基站總量佔全球比重達 60% 以上，5G 終端連接數佔全球比重超 80%，均居全球首位。截至 2022 年底，中國固定寬帶用戶數由 2012 年的 1.8 億戶增至 5.9 億戶；移動電話用戶規模為 16.83 億戶，人口普及率升至 119.2 部 / 百人，高於全球平均的 106.2 部 / 百人。其中 5G 移動電話用戶達 5.61 億戶，在移動電話用戶中佔比 33.3%，是全球平均水平 12.1% 的 2.75 倍。互聯網普及率明顯提高。截至 2022 年 12 月，互聯網上網人數達 10.67 億

人，互聯網普及率升至 75.6%。

能源生產能力穩步提升。2022 年，中國一次能源生產總量 46.6 億噸標準煤。其中，原煤產量 45.6 億噸，原油產量達到 2.04 億噸；天然氣產量 2200 億立方米，年增產量連續六年超百億立方米。2022 年末，全國累計發電裝機容量 25.6 億千瓦，同比增長 7.8%。全國可再生能源總裝機超過 12 億千瓦，水電、風電、太陽能發電、生物質發電裝機均居世界首位。

（四）創新能力明顯提升

國際創新排名不斷提升。中共十八大以來，中國大力實施創新驅動發展戰略，創新型國家建設取得新進展，創新能力大大增強，國際創新排名持續提高。2022 年，在世界知識產權組織發佈的《2022 年全球創新指數報告》中，中國創新指數居全球第 11 位，比 2012 年的第 34 位上升了 23 位，在中等收入國家中排名首位，進入了創新型國家行列。在瑞士洛桑國際發展管理學院（IMD）發佈的 2022 年度的世界競爭力排名中，中國國際競爭力排名第 17 位，在人口超過四千萬的經濟體中，中國排名第三位。世界 500 強上榜企業數量居全球第一。2012 年以來，世界 500 強上榜的中國企業數量持續增長，並在 2018 年首次超越美國。2022 年，中國上榜企業數量再創新高，達 145 家，實現了上榜企業數量連續 20 年增長。而且，在前 100 名裏的中國企業達到 35 家。

創新產出不斷擴大。國家戰略科技力量加快壯大。量子信息、鐵基超導、幹細胞、合成生物學等基礎前沿研究湧現出一系

列重大原創成果，載人航天、探月工程、深海工程、超級計算、大飛機製造等戰略高技術領域取得重大突破。專利申請授權明顯增加。2022年，國內外專利申請授權量460.1萬件，中國申請人通過PCT途徑提交的國際專利申請達7.4萬件。截至2022年末，發明專利有效量達421.2萬件，每萬人口高價值發明專利擁有量9.4件。

（五）社會事業發展欣欣向榮

教育水平持續提升。教育普及水平穩步提高，2022年，九年義務教育鞏固率、高中階段毛入學率、高等教育毛入學率分別達95.5%、91.6%、59.6%。國民素質明顯提升。2020年「七普」數據顯示中國勞動年齡人口的教育水平大幅度提升。16—59歲勞動年齡人口中有大專及以上學歷人數從2010年的1.12億上升至2020年的1.7億。2022年，15歲及以上人口的平均受教育年限達9.9年以上，新增勞動力平均受教育年限為14年，相當於大學二年級。高等教育普及程度達到世界中上水平。

文化建設不斷加強。公共文化服務不斷擴展，2021年末，全國共有公共圖書館3215個、博物館5772個，分別比2012年末增加139個和2703個。文化產業快速發展，2020年，文化及相關產業增加值佔國內生產總值的比重為4.43%，比2012年提高1.07個百分點。文化遺產保護傳承卓有成效，孔子學院與孔子課堂遍佈全球，中國以外學習使用中文的人數累計近兩億，中華文化影響力顯著增強。

健康中國建設積極推進。醫療服務供給能力顯著提升，2021年末，全國醫療衛生機構牀位、衛生技術人員分別達945萬張、

1124 萬人，分別比 2012 年末增長 65.0%、68.4%。居民健康狀況明顯改善，人均預期壽命由 2010 年的 74.8 歲提高至 2021 年的 78.2 歲；嬰兒死亡率由 2012 年的 10.3‰ 下降至 5.0‰。面對新冠肺炎疫情衝擊，中國堅持人民至上、生命至上，常態化精準防控和局部應急處置有機結合，持續推進新冠病毒疫苗接種，疫情防控取得重大戰略成果，守護了 14 億多人民的生命安全和身體健康。

醫療衛生水平持續改善。人民健康是國家現代化的重要指標，是國家富強的重要標誌，也是幸福生活的基礎。以習近平同志為核心的黨中央堅持以人民為中心的發展思想，把人民健康放在優先發展的戰略位置，以人民健康為中心，持續深化醫藥衛生體制改革，不斷完善衛生健康體系，人民健康得到了全方位、全周期的有力保障。2012 年以來，中國醫療衛生水平持續改善，優於中等偏上收入國家。2022 年末，全國共有醫療衛生機構 103.3 萬個，醫療衛生機構牀位 975 萬張，衛生技術人員 1155 萬人。1949 年建國初期中國人口的平均預期壽命僅為 35 歲，2022 年，中國居民人均預期壽命達 78.2 歲，較十年前增加 3.4 歲。

體育事業蓬勃發展。競技體育連上台階，據統計，2013—2022 年，中國運動員共獲得 972 個世界冠軍。2022 年，中國運動員在國際比賽中連創佳績，獲得 93 個世界冠軍，創造 11 項世界紀錄。近十年來，中國成功舉辦第 20 屆世界羽毛球錦標賽、第二屆青年奧林匹克運動會、國際田聯世界田徑錦標賽等大型國際賽事，尤其是 2022 年舉辦的北京冬奧會、北京冬殘奧會，實現了「帶動三億人參與冰雪運動」的目標，彰顯了中國綜合國力的提升，向世界展示了文明、開放、富強的國家形象。全民羣眾體育

如火如荼。2022 年末，全國共有體育場地 422.7 萬個，體育場地面積 37.0 億平方米，人均體育場地面積達 2.62 平方米。2022 年，全國七歲及以上人口中經常參加體育鍛煉人數比例達 36.7%。2022 年，體育產業增加值佔國內生產總值的比重為 1.07%，比 2015 年提高 0.27 個百分點。

中共十八大以來，世界百年未有之大變局加速演進，新冠肺炎疫情影響廣泛深遠，中國經受住了各種風險挑戰，各項經濟指標穩居世界前列，人民生活水平大幅提升，國際影響力持續增強。展望未來，我們要深刻認識錯綜複雜的國際環境帶來的新矛盾新挑戰，增強機遇意識和風險意識，努力實現更高質量、更有效率、更加公平、更可持續、更為安全的發展，奮力開啟全面建設社會主義現代化國家的新征程。

二、經濟結構明顯優化

（一）三次產業協同發展

新中國成立以來，中國持續優化產業結構，實現了由農業為主向三次產業協同發展的深刻轉變。建國初期，中國工業基礎十分薄弱，1952 年，農業增加值佔 GDP 比重達到 50.5%，農業吸納了 83.5% 的就業人口。1953 年，新中國開始實行發展國民經濟的第一個五年計劃，提出優先發展重工業作為建設的中心環節。到了 1978 年，隨着改革開放大幕的拉開，中國逐步建立起了社會主義市場經濟體制，對產業結構進行了進一步的深入調整。中共

十八大以來，中國着力構建現代化經濟體系，加快推動產業結構優化升級，不斷鞏固第一產業的基礎地位，以創新驅動第二產業發展壯大，大力推動第三產業蓬勃發展，三次產業呈現出協同發展的良好態勢。根據有關資料，三次產業結構由 2012 年的 9.1：45.4：45.5 調整為 2021 年的 7.3：39.4：53.3。

第一產業穩步增長，糧食安全得到有力保障。中共十八大以來，中國堅持農業農村優先發展，深入實施鄉村振興戰略，持續出台一系列支農惠農政策以支持農業發展。農業經濟持續穩定增長。2018 年 9 月 25 日，習近平在黑龍江省考察時強調「中國人的飯碗任何時候都要牢牢端在自己手上。」[1] 2022 年，中國收穫糧食生產「十九連豐」，糧食總產量再創新高，達 13,731 億斤，連續八年穩定在 1.3 萬億斤以上。自 2012 年起，中國人均糧食產量持續穩定在 450 千克以上，2022 年人均糧食產量達到了 483 千克，比 2012 年增加 31 千克，2013—2022 年年均增長約 0.7%，中國人的飯碗端得更穩更牢了。農業生產基礎條件不斷提升，農業農村現代化建設取得了巨大進步。2013—2021 年共新增耕地灌溉面積 713 萬公頃。2021 年，中國農業科技進步貢獻率突破 60%，比2012 年提高了 7.0 個百分點，中國農業科技整體水平已跨入世界第一方陣。

第二產業加快轉型升級，由高速增長向高質量發展轉變。隨着供給側結構性改革、創新驅動發展等國家重大戰略措施的深入實施，第二產業加快向高端化、智能化、數字化、綠色化轉型升

---

1 參見《中國人的飯碗牢牢端在自己手上》，《人民日報》，2021 年 9 月 25 日 01 版。

級，由高速增長向高質量發展轉變。截至 2023 年 3 月，中國重點工業企業關鍵工序數控化率達到 58.6%，數字化研發設計工具普及率達到 77%。2013—2021 年，規模以上高技術製造業和裝備製造業增加值年均增速分別達到 11.7% 和 9.2%，明顯高於製造業增加值年均 6.4% 的增速。2022 年，高技術製造業、裝備製造業佔規模以上工業增加值比重分別達到 15.5%、31.8%，已成為帶動工業發展的主要力量。企業創新能力不斷增強，2020 年，計算機、通信和其他電子設備製造業，醫藥製造業增加值佔製造業增加值比重分別為 10.2%、3.8%，比 2012 年分別提高了 2.3 和 1.1 個百分點。

　　第三產業蓬勃發展，新興產業不斷成長壯大。中共十八大以來，互聯網、大數據、雲計算等新一代信息技術不斷完善，第三產業發展日新月異，現代服務業、新興服務業發展較快。2013—2021 年，第三產業增加值年均增速達到 7.4%，比國內生產總值（GDP）年均增速高 0.8 個百分點；對經濟增長的年均貢獻率達到 55.6%。2021 年，第三產業增加值佔 GDP 的比重達到 53.3%，比 2012 年提高 7.8 個百分點，成為國民經濟第一大產業。電子商務、數據消費、互聯網金融等新產業、新業態、新商業模式不斷湧現，新興服務業佔 GDP 的比重明顯提升。2021 年，信息傳輸、軟件和信息技術服務業，租賃和商務服務業增加值佔 GDP 的比重分別為 3.8% 和 3.1%，比 2012 年分別提高了 1.6 和 1.1 個百分點。2022 年，全國實物商品網上零售額 119,642 億元，增長 6.2%，佔社會消費品零售總額的比重為 27.2%。2016—2021 年，規模以上戰略性新興服務業營業收入年均增長 13.5%，明顯快於規模以上服務業營業收入增速。

（二）需求結構持續改善

消費成為經濟增長的基礎性力量。中國具有超大規模的國內市場，這是中國經濟發展的獨特優勢。中國堅持把擴大內需戰略作為推動經濟持續健康發展的重要基礎，加快培育完整內需體系，促進消費潛力不斷釋放，推動消費結構不斷升級，消費對經濟增長的基礎性作用不斷增強。2013—2021 年，中國平均消費率為 54.2%，比 2012 年提高 3.1 個百分點；最終消費支出對經濟增長的貢獻率年均值為 53.2%，消費成為中國經濟增長的主要動力。2021 年，最終消費支出對經濟增長貢獻率為 65.4%，拉動 GDP 增長 5.3 個百分點。投資結構不斷優化，服務業和民間投資較快增長，發展內生動力不斷增強，發展質量進一步提升。2013—2021 年，第三產業投資、民間投資年均都增長 8.9%。

持續增進人民福祉。中共十八大以來，以習近平同志為核心的黨中央始終堅持以人民為中心的發展思想，不斷推動人民生活全方位改善，持續增進人民福祉，中國政府消費支出更多地投入到了教育、醫療、社會保障等事關百姓切身利益的民生領域，人民群眾的獲得感、幸福感、安全感不斷提升。為了更好地滿足人民群眾看病就醫需求，緩解人民群眾看病難問題，中國不斷加快優質醫療資源在各區域的均衡佈局，推動國家醫學中心、區域醫療中心建設，讓人民群眾能夠更好地享受優質醫療資源。截至 2022 年底，中央財政已經累計投入資金 25.4 億元，在全國支持 508 個國家臨牀重點專科建設項目；各地財政累計投入資金 70 多億元，支持 4652 個省級臨牀重點專科建設項目和 10,631 個市（縣）級臨牀重點專科建設項目。

對外開放水平不斷提升。堅持對外開放是中國的基本國策，中共十八大以來，中國不斷深化改革，擴大高水平對外開放，中國的新發展為世界提供了新機遇，為推動建設開放型世界經濟貢獻了中國力量。隨着對外開放的不斷拓展，中國同世界經濟的聯繫越來越緊密，成為世界的大市場、外商投資的熱土，國際經濟合作和競爭新優勢不斷增強，貨物貿易大國地位更加穩固，貿易結構持續優化，質量效益不斷提升，有力帶動國民經濟增長。2021 年，中國貨物貿易進出口總額首次突破六萬億美元，規模再上新台階；中國出口機電產品 12.83 萬億元，佔出口總值的 59%，其中，手機、自動數據處理設備及其零部件、汽車分別比上年增長 9.3%、12.9%、104.6%，知識密集型服務貿易穩定增長，服務貿易發展更加均衡。2021 年，知識密集型服務進出口 23,258.9 億元，比上年增長 14.4%。

（三）區域協調發展呈現新格局

區域發展協調性增強。中國是一個幅員遼闊、人口眾多的大國，各地區自然條件、歷史基礎差別很大，統籌區域發展，促進區域協調發展，是中國經濟社會發展的一個重點原則，是推進中國式現代化的關鍵路徑。中共十八大以來，中國深入實施京津冀協同發展、長江經濟帶發展、粵港澳大灣區建設、長江三角洲區域一體化發展、黃河流域生態保護和高質量發展等區域發展戰略，深入推進東部率先發展、中部地區崛起、西部大開發、東北全面振興。在這些區域發展戰略的深入實施下，各地區充分發揮比較優勢，合理分工，各區域經濟總量不斷增加，東中西和東北

「四大板塊」聯動發展態勢良好。2021年，東部、中部、西部、東北地區生產總值分別為59.2萬億元、25.0萬億元、24.0萬億元和5.6萬億元。東部地區是全國經濟高質量發展的領頭羊，2021年，東部地區生產總值佔全國的比重達到52.1%，對全國經濟增長的貢獻率達到52.9%。中部地區在國家經濟社會發展中發揮了重要支撐作用，2021年，中部地區六省份生產總值佔全國的比重達到22.0%，綜合實力、競爭力進一步增強。西部地區的基礎設施建設不斷完善，生態環境不斷優化，成渝地區雙城經濟圈建設、陸海新通道建設加速推進，經濟持續快速發展，西部地區人均地區生產總值由2012年的29,195元增加至2021年的62,596元。東北地區振興發展取得新進展，營商環境持續向好，老工業城市更新改造不斷深入，傳統產業轉型升級加快。2021年，東北地區第三產業增加值佔地區生產總值的比重達到51.4%，產業結構不斷優化，新產業新業態新模式加速成長。

區域重大戰略有效實施。京津冀協同發展戰略的核心是北京、天津和河北省三地作為一個整體協同發展，京津冀協同發展自2015年以來結出纍纍碩果，2022年，京津冀地區生產總值達十萬億元，是2013年的1.8倍。長江經濟帶地區覆蓋了中國沿江11個省市，是引領中國經濟高質量發展的主力軍，2022年生產總值約達56萬億元，佔全國經濟總量的46.3%。粵港澳大灣區包括香港、澳門特區和廣東廣州、深圳、珠海等珠三角九市，2019年2月18日，中共中央、國務院印發《粵港澳大灣區發展規劃綱要》，四年間，港珠澳大橋、南沙大橋、廣深港高鐵香港段先後通車，廣汕鐵路、深茂鐵路、佛莞城際鐵路等重大基礎設施項目相繼開工建設，資本、技術、人才、信息等要素向「軌道上的大

灣區」加速集聚。長三角地區主要包括上海市、江蘇省、浙江省和安徽省，是中國經濟發展最活躍、開放程度最高、創新能力最強的區域之一，2022 年，長三角地區生產總值為 29.03 萬億元，佔全國經濟總量的 24%。黃河流域生態保護和高質量發展是習近平親自謀劃、親自部署、親自推動的國家重大戰略，近年來，黃河大保護、大治理行動穩步推進，污染防治、生態保護修復、深度節水控水等重大工程項目深入實施，黃河流域的綠意更濃了，水質更好了，生態環境更優美了。

（四）新型城鎮化和鄉村振興同步推進

城鎮化水平不斷提高。2013 年，黨中央召開改革開放以來的第一次城鎮化工作會議，提出要推進以人為核心的新型城鎮化，並作出重要部署，中國城鎮化開始進入以人為本、規模和質量並重的新階段。隨着新型城鎮化建設的不斷提速，中國城市數量持續增加，城市規模結構持續改善，大中小城市和小城鎮協調發展，基本形成「中心城市－都市圈－城市羣」的城鎮化主體形態。2021 年末，全國城市數量達 691 個，比 2012 年末增加 34 個。北京、上海、廣州、武漢等國家中心城市輻射能力不斷增強，都市圈成為推動區域經濟發展的重要增長極。城市羣是中國式現代化主引擎，19 大城市羣貢獻了全國 85% 左右的 GDP，京津冀協同發展、粵港澳大灣區建設、長三角一體化發展取得重大進展，成渝地區雙城經濟圈等發展駛入快車道，長江中游、北部灣、關中平原等城市羣集聚能力穩步增強。城鄉融合發展加快推進。2014 年以來，全國有 1.3 億農業轉移人口成為城鎮居民。2022 年末，

常住人口城鎮化率達到 65.22%，比 2012 年末提高 12.1 個百分點。城鎮基本公共服務覆蓋範圍擴大，農民工參加城鎮職工基本醫療和養老保險的比例提高，隨遷子女在常住地即可接受義務教育，2021 年 90.9% 的義務教育階段隨遷子女在流入地公辦學校就讀或享受政府購買學位服務。

鄉村建設全面提速。2017 年，中共十九大報告提出了實施鄉村振興戰略，加快推進農業農村現代化。新型城鎮化建設不斷發展，鄉村振興也在同步推進，中國農村基礎設施建設更加完善，農村生產生活更加方便了。2022 年，農村自來水普及率達到 87%，農村電商和快遞物流行政村覆蓋率達到 90%，全國行政村歷史性實現了「村村通寬帶」，具備條件的村全部通硬化路。農村基本公共服務不斷完善，老百姓的生活更有保障了，2021 年末，鄉鎮衛生院達到 3.5 萬家，有衛生院的鄉鎮佔全國鄉鎮總數的 90.8%，村衛生室數達 59.9 萬個，平均每個村擁有至少一個衛生室。國家持續加大扶貧支農力度，消除了絕對貧困。2021 年，農村居民最低生活保障人數 3474 萬人，比 2012 年下降 1871 萬人。農村人居環境顯著改善，鄉村環境更加美麗宜居。2021 年末，96.3% 的農村生活垃圾集中處理或部分集中處理，農村衛生戶廁普及率達 77.5%。城鄉居民在公共服務和生活水平上的差距日益縮小，不斷向共同富裕目標邁進。2022 年，城鄉居民人均可支配收入之比由 2012 年的 2.88 縮小至 2022 年的 2.45。

（五）宏觀收入分配結構不斷改善

住戶部門收入佔比持續提高。中共十八大指出，要「實現發

展成果由人民共享，必須深化收入分配制度改革」，提出了「兩個同步」「兩個提高」的目標：「努力實現居民收入增長和經濟發展同步、勞動報酬增長和勞動生產率提高同步，提高居民收入在國民收入分配中的比重，提高勞動報酬在初次分配中的比重。」多渠道增加居民財產收入，持續完善收入再分配調節機制，實施個人所得稅改革，建立多層次的社會保障體系，加大社會救助補助資金投入等一系列增加收入和縮小收入差距的政策舉措的實施，推動了中國居民收入穩步增長；住戶部門可支配收入佔國民可支配總收入比重整體提高，2020 年，住戶部門可支配總收入佔國民可支配總收入比重為 62.2%，比 2012 年提高 4.8 個百分點。城鎮居民人均可支配收入從 2012 年的 24,127 元增加到 2021 年的 47,412 元，年均實際增長 5.7%，老百姓的「錢袋子」越來越鼓了。

企業部門收入佔比總體提高。2015 年以來，中國持續深入推進供給側結構性改革，供給體系質量和效率明顯提升，企業去產能、去槓桿、降成本取得積極成效，企業「包袱」輕了，效益不斷改善，企業部門收入在國民總收入及可支配總收入中的比重逐步提高。2020 年，企業部門初次分配總收入佔國民總收入比重為 26.9%，比 2015 年提高 2.4 個百分點；可支配總收入佔國民可支配總收入比重為 22.9%，比 2015 年提高 2.7 個百分點。

廣義政府部門收入佔比不斷下降。中共十八大以來，中國接連大力實施利企惠民的退稅減稅降費政策，全面推開營改增試點、實施個人所得稅改革、清理規範行政事業性收費等一系列政策舉措，讓各類市場主體和廣大人民群眾都分享到了退稅減稅降費紅利。國家做收入的「減法」，為企業效益做「加法」，政府過

「緊日子」，讓百姓過上「好日子」。2013—2021 年新增減稅降費累計 8.8 萬億元。2022 年，開始落實大規模增值稅留抵退稅等新的組合式稅費支持政策，截至 2022 年 7 月底，累計辦理新增減稅降費和退稅緩稅緩費近 12 萬億元。廣義政府部門收入在國民總收入及可支配總收入中的比重不斷下降。據有關資料顯示，2020 年，廣義政府部門初次分配總收入佔國民總收入比重為 11.1%，比 2012 年下降 4.7 個百分點；可支配總收入佔國民可支配總收入比重為 14.9%，比 2012 年下降 6.5 個百分點。

總體而言，中共十八大以來，中國產業結構、需求結構、地區結構和分配結構持續優化改善，發展的平衡性、協調性和可持續性明顯增強，為經濟社會持續穩定發展注入了強大的動力與活力。當前，在全面建設社會主義現代化國家的新起點新征程上，我們需要準確把握新發展階段，深入貫徹新發展理念，構建新發展格局，推動擴大內需戰略與深化供給側結構性改革有機結合，積極暢通國民經濟循環，推動經濟高質量發展。

三、創新能力大幅提高

（一）創新生態持續優化

企業創新能力大幅提升。中國各類企業發揮科技創新投入、組織和成果轉化主體作用，領軍企業積極應對風險挑戰和國外科技打壓，技術攻關能力穩步提升。據 2021 年歐盟發佈的《產業研發投入記分牌》，中國進入全球研發前 2500 強企業數達到 597

家，是 2012 年的 6.4 倍，總數穩居世界第二位；中國入選企業研發經費投入合計已佔全球入選企業的近 1/6。隨着「雙創」不斷升級，廣大中小企業技術創新能力快速提升，2013—2021 年規模以上工業中小企業 R&D 經費年均增長 14.5%，增速遠超大型企業。近年來，中國已培育國家級專精特新企業四萬多家，「小巨人」企業 4762 家，單項冠軍企業 848 家，通過創新合作成為產業鏈補鏈強鏈的生力軍。

創新體制機制加快完善。中共十八大以來，中國堅持科技創新與體制機制創新「雙輪驅動」，不斷深入推進科技體制機制改革。2016 年，黨中央、國務院發佈《國家創新驅動發展戰略綱要》，明確了未來 30 年創新驅動發展的目標、方向和重點任務。中共十九大、二十大均對科技創新工作作出一系列重大部署。建立以質量、貢獻、績效為核心導向的科研分類評價體系，為科研人員減輕負擔，創建「揭榜掛帥」（指以需求為牽引、以能夠解決問題為評價標準的新機制，讓有能力、有擔當的團隊承擔關鍵核心技術攻關等重點任務）等新組織管理模式。隨着中國科技創新基礎性制度框架基本確立，科技創新重點領域和關鍵環節改革取得實質性進展。截至 2022 年末，國家科技成果轉化引導基金累計設立 36 支子基金，資金總規模達 624 億元。人才評價和激勵機制更加完善，湧現出一大批領軍人才和創新團隊，全國研發人員全時當量 2012 年為 324.7 萬人年，到了 2022 年已超過 600 萬人年。科技成果轉化加快，技術交易市場更加活躍。截至 2022 年末，全國共登記技術合同 772,507 項，全國技術市場成交額約 4.8 萬億元；經國家備案的眾創空間已達 2441 家，國家級科技企業孵化器 1425 家，大眾創業萬眾創新示範基地 212 家。

創新投入水平顯著提升。開展科技創新活動需要大量的經費支持，中國對科技創新全方位加大投入，研發支出持續快速增長，為創新活力提升、創新能力增強提供了有力保障。2021 年，中國研究與試驗發展（R&D）經費投入達 27,956 億元，按現價計算比 2012 年增長 1.7 倍，年均增長 11.7%，投入規模僅次於美國，穩居世界第二位。研發投入強度穩步提高。2021 年，中國 R&D 經費投入與 GDP 之比達到 2.44%，比 2012 年提高 0.53 個百分點，接近 OECD 國家平均水平。基礎研究投入力度加大，2021 年，基礎研究經費投入 1817 億元，比 2012 年增長 2.6 倍，年均增長 15.4%；佔 R&D 經費投入的比重為 6.5%，比 2012 年提高 1.66 個百分點。

　　創新平台建設碩果纍纍。中國創新平台體系建設不斷完善，建成了信息科學、生命科學、納米科學、量子科學等一系列關鍵領域的重大創新平台，為推動重大基礎前沿領域研究和企業創新發展提供了重要支撐。截至 2022 年末，正在運行的國家重點實驗室達 533 個，國家工程研究中心 191 個，佈局建設了 20 個國家科學數據中心、31 個國家生物種質與實驗材料資源庫。企業創新平台建設也在加速推進，有效支撐了實體經濟創新發展。截至 2022 年末，國家級科技企業孵化器 1425 家，國家企業技術中心 1601 家。創新空間佈局持續優化，北京、上海、粵港澳大灣區躋身全球科技集羣前十位，北京懷柔、上海張江、安徽合肥等綜合性國家科學中心建設全面啟動。科技創新有力支撐西部大開發新格局、東北全面振興、中部地區崛起、海南開放合作等大戰略。作為區域科技創新資源的聚集地，國家高新技術產業開發區數量已由 2012 年的 105 個發展到 2022 年的 177 個。

（二）創新潛能不斷激發

基礎前沿領域原始創新取得新突破。中共十八大以來，中國高度重視基礎研究，制定《關於全面加強基礎科學研究的若干意見》、基礎研究十年規劃等，加大力氣提升基礎研究能力。在量子通信、鐵基超導、中微子、幹細胞、合成生物學、腦科學等前沿方向取得了一批標誌性、引領性的重大原創成果。重大科技基礎設施加速佈局，散裂中子源、500 米口徑球面射電望遠鏡（FAST）、全超導托卡馬克核聚變實驗裝置、脈衝強磁場實驗裝置、全球生命科學領域首個綜合性大科學裝置國家蛋白質科學研究設施等一批「國之重器」陸續建成，為中國基礎研究持續向更高水平攀升奠定堅實基礎。屠呦呦研究員獲得諾貝爾生理學或醫學獎，王貽芳研究員獲得基礎物理學突破獎，潘建偉團隊的多自由度量子隱形傳態研究位列 2015 年度國際物理學十大突破榜首。中國成功分離出世界上首個新冠病毒毒株，完成病毒基因組測序，開發一批臨牀救治藥物、檢測設備和試劑，研發應用多款疫苗，科技在新冠肺炎疫情防控中發揮了關鍵作用。

戰略性高技術領域佳績連連。以國家戰略性需求為導向，中國成功組建了首批國家實驗室，500 米口徑球面射電望遠鏡（FAST）、散裂中子源等一批「國之重器」建成投用；加快推進國家重點實驗室體系重組，2022 年底正在運行的國家重點實驗室達到 533 個，國家工程研究中心 191 個，擁有國家級企業技術中心 1601 家，各類創新基地佈局不斷優化提升。在深海、深空、深地、深藍等領域積極搶佔科技制高點，某些領域正由「跟跑」向「並跑」「領跑」轉變，為產業轉型升級和經濟高質量發展提

供了重要支撐和強勁動力。新一代運載火箭成功首飛，中國空間站「天和」核心艙成功發射，神舟十三號載人飛船與「天和」核心艙首次實現徑向交會對接，中國空間站開啟全面建造階段。「天問一號」探測器成功着陸火星，「祝融號」火星車駛上火星表面。「奮鬥者」號全海深載人潛水器完成萬米海試，「海斗一號」全海深無人潛水器刷新最大下潛深度紀錄，北斗衛星導航系統全面開通，「國和一號」和「華龍一號」三代核電技術取得新突破，首艘國產航母正式入列，福建艦成功下水，國產大飛機 C919 首飛成功，港珠澳大橋建成通車，中國高鐵創下最高運營時速、最低運營溫度等世界紀錄，時速 600 千米高速磁浮交通系統成功下線。[1]

創新成果高效轉化。論文和發明專利水平是科研產出能力的直接反映。2011—2021 年的十年間，中國各學科被引國際論文數高達 4.29 萬篇，佔世界份額的 24.8%，僅次於美國的 44.5%，位列世界第二，成為全球知識創新的重要貢獻者。2022 年《中國科技論文統計報告》顯示，中國熱點論文世界佔比持續增長，數量首次排名第一位，被引論文數量繼續保持世界第二位，佔世界份額提升了近三個百分點；中國發表在國際頂尖期刊論文數量世界排名繼續保持在第二位，高水平國際期刊論文數量排名保持在第一位。2021 年，中國發明專利授權數達 69.6 萬件，是 2012 年的 3.2 倍。世界知識產權組織發佈最新報告顯示，中國申請人通過《專利合作條約》（PCT）提交的國際專利申請達 6.95 萬件，繼續居世

---

1 參見《新動能茁壯成長 新經濟方興未艾 —— 黨的十八大以來經濟社會發展成就系列報告之九》，國家統計局網站，2022 年 9 月 26 日。

界第一位。截至 2022 年底，中國每萬人口高價值發明專利擁有量達到 9.4 件，知識產權產出質量取得了長足進步。高技術領域成果競相湧現。隨着國家科技重大專項、國家重點研發計劃等順利實施，多個重點領域核心技術、關鍵共性技術實現突破，科研成果轉化和產業化步伐逐步加快。三代核電、5G 產業化、新能源汽車、超級計算、高速鐵路、大飛機等諸多領域成果豐碩；集成電路、關鍵元器件和基礎軟件研發取得積極進展。[1] 中國高新技術產品出口總額從 2012 年的 6012 億美元增加到 2021 年的 9796 億美元。2022 年，專利密集型產業增加值 14.3 萬億元，佔 GDP 比重達 12.44%。

（三）創新賦能經濟社會高質量發展

創新對經濟轉型的引領作用增強。中國堅持推動經濟發展質量和效益不斷提升，堅持創新是第一動力，推動經濟發展方式向主要依靠科技進步、勞動者素質提升、管理創新轉變。結構調整和轉型升級扎實推進，勞動者素質提高，創新能力和管理水平提升，產業鏈逐步向中高端發展，帶動勞動生產效率持續增進。2021 年，規模以上工業研發企業開發新產品項目 95.9 萬個，是 2012 年的 2.9 倍；全年實現新產品收入 29.6 萬億元，是 2012 年的 2.7 倍。中國創造新產品走向國際市場，規模以上工業企業中產品創新能達到國際新水平的企業佔全部創新企業的比重為 18.8%。

1　參見《創新驅動成效顯著 科技自強蹄疾步穩 —— 黨的十八大以來經濟社會發展成就系列報告之十》，國家統計局網站，2022 年 9 月 26 日。

產業信息化、數字化成為改造提升傳統產業、實現高質量發展的有力引擎，2021 年，近半數規模以上工業企業開展了信息化轉型創新活動。新一代信息技術飛速突破，催生大數據、雲計算、區塊鏈應用不斷深化，數字產業化開闢經濟發展新天地。2022 年，中國獨角獸企業已達到 368 家，比上年新增 74 家。此外，得益於研發投入的快速增長，高技術製造業和裝備製造業保持良好發展勢頭，有力推動了中國產業結構的持續升級。

創新賦能社會治理和民生改善。中國致力於推動科技成果向社會民生領域滲透，創新發展推動社會治理更加精細化、精準化，改善了人民生活品質。隨着數字政府、數字社會、數字鄉村、智慧城市、「互聯網＋政務服務」等加快普及，「一網通辦」「最多跑一次」「一網統管」「一網協同」等服務管理新模式廣泛應用，中國在線政務服務水平大幅躍升，在全球佔有領先地位。以國家政務服務平台為總樞紐的全國一體化政務服務平台，涵蓋 46 個國務院部門的 1376 項政務服務事項，直通 31 個省（自治區、直轄市）和新疆生產建設兵團的 548 多萬項地方政府政務服務事項。中國圖像識別、語音識別走在全球前列，5G 移動通信技術率先實現規模化應用，消費級無人機佔據全球市場大半份額，移動支付、網絡點餐、網約車出行、智能家居等生產生活新方式加速推廣，創新在逐漸引領着社會生產生活方式的變革。在應對新冠肺炎疫情過程中，中國在疫苗、藥物、檢測試劑、動物模型、病毒科學溯源等五大方向持續開展攻關，科技抗疫成果不斷湧現，科技力量為常態化疫情防控提供了強有力的支撐。此外，健康碼、線上辦公、網絡課程、雲服務等新技術、新業態大範圍普及應用，在經濟平穩恢復、社會穩定運行方面發揮了重要作用。科

技日新月異，公眾也能從參與體驗中學習科學知識。截至 2022 年 9 月，全國共有科技館和科技類博物館 1525 個，較 2012 年增長了 50% 以上。

創新服務國家重大戰略需求。在中國脫貧攻堅和鄉村振興戰略的實施過程中，科技創新發揮了重要作用，80 多萬科技特派員長期活躍在農村科技扶貧一線；種業振興和糧食安全是核心，加強科研育種技術攻關和農作物新品種示範推廣，2012 年以來年均授權農業植物新品種超 1500 件；服務節能降耗和「碳達峰」「碳中和」目標，助推中國 2021 年單位 GDP 能耗水平比 2012 年累計降低 26.4%；實施「科技冬奧行動計劃」，圍繞場館建設、冰雪製造等有 200 多項科技成果得到應用，為北京冬奧會成功舉辦貢獻科技力量。中共十八大以來，隨着科研實力的大幅提升，中國重大產品、重大技術裝備的自主開發能力和系統成套水平明顯提高，有力支撐了南水北調、港珠澳大橋、川藏鐵路等重大工程建設，在公共安全、應急救災、污染防治等重要任務中，科技創新都發揮了重要作用。

中共十八大以來，中國科技實力躍上新的大台階，科技創新日新月異。中國步入全面建設社會主義現代化國家開局起步的關鍵時期，中國科技創新領域面臨着新形勢新挑戰，原始創新能力和關鍵核心技術亟待突破，高質量創新性科技成果供給仍有待提升，自主創新體系整體效能還需持續提高。未來，我們要進一步增強風險意識與機遇意識，聚焦核心技術和重點領域，加大資金投入和人才激勵，優化資源配置和創新生態，完善體制機制和政策體系，為加快實現高水平科技自立自強不懈努力，向着建設世界科技強國的偉大目標奮勇前進！

四、對外開放深入拓展

（一）貨物貿易向高質量發展邁出新步伐

貿易規模和質量邁上新台階。2013—2021 年，中國累計貨物貿易進出口 262.3 萬億元，年均增長 5.4%。其中出口 144.7 萬億元，年均增長 5.9%；進口 117.6 萬億元，年均增長 4.7%。2013 年中國貨物進出口規模首次達到四萬億美元後，2021 年又連續跨過五萬億、六萬億美元兩大台階，達到了歷史高點。貿易質量效益穩步提升。隨着中國貨物貿易結構調整和轉型升級的推進，一般貿易方式進出口佔比不斷提升。2013—2021 年，中國一般貿易方式累計進出口 149.8 萬億元，佔同期累計貨物進出口總值的 57.1%；加工貿易累計進出口 72.6 萬億元，佔同期累計貨物進出口總值的 27.7%。中國市場採購、跨境電商等外貿新業態興起，成為帶動外貿增長的新動能。截至 2022 年底，中國已設立跨境電子商務綜合試驗區 165 個，覆蓋 31 個省市區，外貿新業態先行先試「試驗田」不斷擴大。海關數據顯示，2022 年，中國市場採購貿易方式出口 8883.8 億元，跨境電商進出口 2.11 萬億元。

貿易經營主體活力競相迸發。中共十八大以來，中國企業參與國際市場競爭的積極性進一步提升，尤其是數量多較強的民營企業，已成為拉動中國外貿發展的主力軍。2019 年民營企業進出口額佔外貿總值的比重首次超過外資企業，成為中國第一大外貿主體。2021 年，中國民營企業進出口額達三萬億美元，比 2012 年增長 1.4 倍，年均增長 10.3%；佔外貿總值的比重為 48.9%，比 2012 年提升 7.3 個百分點。2022 年，中國有進出口實績的外貿企

業數量達到 59.8 萬家，增加 5.6%。其中，有進出口實績的民營外貿企業 51 萬家，進出口值達到 3.13 萬億美元，民營企業佔中國進出口總值的比重達到了 50.9%，對中國外貿增長貢獻率達到 80.8%。同時，從「中國製造」向「中國智造」轉型升級，中國外貿企業在增強創新能力、品牌建設、營銷能力、開拓新市場等方面不斷積極努力，實力和活力不斷增強，國際市場競爭力顯著提升，在穩定和推動進出口增長方面起到重要作用。

貿易區域佈局更協調。中共十八大以來，中國東部地區對外貿易保持穩步增長，中西部地區對外開放加速推進。按美元計價，2021 年，中國東部地區外貿進出口 4.8 萬億美元，比 2012 年增長 46.9%，年均增長 4.4%。同期，中國中西部地區進出口 1.1 萬億美元，是 2012 年的 2.5 倍，年均增長 10.7%，較同期中國外貿整體年均增速高 5.6 個百分點，佔同期中國外貿進出口總值的 17.7%，較 2012 年提升 6.6 個百分點。從省份來看，2013—2021 年，東部地區中浙江是外貿進出口增長最快的省份，年均增速為 8.3%，其次是山東、福建、河北，年均增速分別為 7.1%、7.0%、5.6%。同期，中西部地區中陝西外貿進出口增速最快，年均增速為 19.5%，其次是湖南、廣西、安徽，年均增速分別為 17.4%、13.4%、11.8%。[1] 東北地區近年來利用外資保持較快增長，2021 年，黑龍江省實際利用外資 6.03 億美元，增長 10.8%，高於全年目標 5.8 個百分點；遼寧、吉林兩省實際利用外資同比分別增長 27.1%、16.7%，均高於全國平均水平。2022 年，遼寧省實際使用

1　參見《高水平開放成效顯著　合作共贏展現大國擔當 —— 黨的十八大以來經濟社會發展成就系列報告之十六》，國家統計局網站，2022 年 10 月 9 日。

外資 61.6 億美元，同比增長 90.5%，佔全國比重的 3.3%，規模列全國第七位。

國際市場佈局均衡發展。中國已成為 140 多個國家和地區的主要貿易夥伴，貨物貿易總額居世界第一，吸引外資和對外投資居世界前列。2013—2021 年，東盟、歐盟、美國始終穩居中國前三大貿易夥伴。2022 年，中國與主要貿易夥伴進出口保持增長，對前三大貿易夥伴 —— 東盟、歐盟、美國進出口分別增長 15%、5.6% 和 3.7%。同時，中國對「一帶一路」沿線國家進出口保持快速增長，2013—2021 年，中國與「一帶一路」沿線國家進出口總值從 6.5 萬億元增長至 11.6 萬億元，佔同期中國外貿總值的比重從 25.0% 提升至 29.7%。根據中國海關的數據，2022 年，中國與「一帶一路」沿線國家的貿易總額達 20,721.75 億美元，同比增長 15.4%。中國與東盟雙邊貿易保持良好發展勢頭，東盟繼 2019 年超過美國成為中國第二大貿易夥伴後，又於 2020 年超越歐盟成為中國第一大貿易夥伴。2022 年，中國與東盟的貿易佔「一帶一路」貿易規模的 47%。

（二）服務貿易增添對外開放新動能

服務貿易總量保持較快增長。中國服務進出口規模持續擴大，據商務部數據顯示，2012—2021 年，中國服務進出口總額從 4829 億美元增長至 8212 億美元，貿易規模增長了 70.1%，連續八年穩居全球第二。2013—2021 年，中國累計服務進出口總額 41.1 萬億元，年均增長 6.4%，比貨物貿易年均增速快一個百分點。其中服務出口 15.1 萬億元，年均增長 8%；進口 25.9 萬

億元，年均增長 5%。十年來，不僅服務貿易進出口規模快速增長，貿易逆差也達近年來最低值。2021 年，服務出口增速快於進口 26.6 個百分點，服務貿易逆差同比下降 69.5%，創 2011 年以來的新低。

服務貿易結構逐步優化。數字技術推動服務貿易產業新業態、新模式，知識產權使用費、電信計算機和信息服務等知識密集型服務貿易領域成長速度較快。2013—2021 年，中國累計知識密集型服務進出口 2.1 萬億美元，年均增長 9.3%，佔服務貿易進出口總額的比重由 2012 年的 33.6% 提升至 2021 年的 43.9%。據商務部數據顯示，2022 年，中國服務進出口總額 5.98 億元，服務出口約 2.85 萬億元，增長 12.1%；進口約 3.13 萬億元，增長 13.5%；逆差 2757.1 億元。其中，知識密集型服務進出口穩定增長。2022 年，知識密集型服務進出口 2.5 萬億元，增長 7.8%；知識密集型服務出口 1.4 萬億元，增長 12.2%；出口增長較快的領域是知識產權使用費、電信計算機和信息服務，分別增長 17.5% 和 13%；知識密集型服務進口 1.1 萬億元，增長 2.6%；進口增長較快的領域是保險服務，增速達 35.8%。

服務貿易高水平開放深入推進。中共十八大以來，中國積極與主要服務貿易夥伴、共建「一帶一路」重點國家、具有獨特產業優勢的國家等建立服務貿易合作機制，積極推動服務貿易自由化和便利化，為中國與世界各國在服務貿易領域深化合作創造有利的條件和公平的競爭環境。中國積極推動《區域全面經濟夥伴關係協定》（RCEP）的簽署，在原有入世承諾開放 100 個服務部門的基礎上，新增 22 個開放服務部門，提高了 37 個服務部門的開放水平。2021 年，中國在海南率先探索跨境服務貿易負面清單

管理制度。[1]

（三）外商投資釋放經濟新活力

吸引外資能力不斷增強。中共十八大以來，中國出台了一系列高水平投資自由化便利化政策，保護外商投資合法權益，營造市場化、法治化、國際化一流營商環境，讓外資企業進得來、留得住、發展得好。2020 年中國頒佈實施《中華人民共和國外商投資法》，創新外商投資法律制度，成為高水平對外開放的重要法治保障。中國經濟的穩定向好、超大規模市場、完善的基礎設施、完備的工業體系、豐富的人才資源、持續優化的營商環境等綜合優勢，使外資企業在中國投資的意願不斷高漲，中國成為外商投資興業的熱土。根據世界銀行排名，中國已連續兩年躋身全球營商環境改善最快的前十個經濟體之列。

利用外資大國地位鞏固。2013—2022 年，中國非金融領域累計利用外商直接投資金額 1.39 萬億美元，累計增長 67.7%。2021年利用外資金額比 2012 年增長 55.3%，年均增長 5%，利用外資規模連續多年居發展中國家首位。外商投資企業數量快速增加，市場主體活力不斷增強。2021 年，中國新設外商投資企業數量達到4.8 萬家，較 2012 年增長近一倍。

外商投資產業佈局優化。中共十八大以來，隨着中國外商投資政策的不斷完善，中國吸引外資結構持續優化，引導投資更多

1　張明、張哲：《高水平對外開放：歷史成就、內外挑戰及戰略佈局》，《遼寧大學學報（哲學社會科學版）》，2023 年第 1 期。

向高新技術產業、戰略性新興產業、現代服務業等產業傾斜。自2017 年以來，中國連續五年縮減全國和自貿試驗區外商投資負面清單，進一步放寬金融服務、高端製造、電子信息等領域外資准入條件，為世界各國投資者創造更多的投資機會。2022 年，中國製造業實際使用外資 3237 億元，同比增長 46.1%；高技術產業實際使用外資 4449.5 億元人民幣，同比增長 28.3%。

（四）對外投資合作拓展新空間

對外投資規模持續擴大。中共十八大以來，中國對外直接投資管理模式由核准制轉向備案制，對外投資合作量質齊升，在促進互利共贏、提升國際競爭力等方面發揮了顯著的積極作用。2013—2021 年，中國對外投資流量穩居全球前列，對外直接投資流量累計達 1.4 萬億美元，年均增長 8.2%。新冠肺炎疫情發生以來，中國統籌安排境外企業項目人員疫情防控和對外投資發展，2021 年，中國對外直接投資流量為 1788 億美元，同比增長 16.3%，佔當期全球對外直接投資流量的 10.5%，排名世界第二位。[1]

對外合作渠道不斷拓寬。中國對外投資範圍遍及全球 189 個國家和地區，設立對外直接投資企業超過 4.5 萬家，尤其對「一帶一路」沿線國家投資增長尤其迅速。2021 年末，中國在「一帶一路」沿線國家設立境外企業超過 1.1 萬家，約佔中國境外企業總量

1　參見《高水平開放成效顯著 合作共贏展現大國擔當 —— 黨的十八大以來經濟社會發展成就系列報告之十六》，國家統計局網站，2022 年 10 月 9 日。

的 1/4。2013—2021 年，中國對「一帶一路」沿線國家累計直接投資 1613 億美元，為促進東道國經濟發展作出了積極貢獻。截至 2022 年底，中國企業在沿線國家建設的境外經貿合作區累計投資達 571.3 億美元，為當地創造了 42.1 萬個就業崗位。同時，中國對外投資領域越來越廣泛，投資結構不斷優化。中國對外直接投資涵蓋國民經濟的 18 個行業大類。2021 年流向租賃和商務服務、製造、批發和零售的投資均超百億美元，租賃和商務服務業保持第一位，製造業位列第二。

（五）多邊經貿合作取得新突破

自貿試驗區創新建設成果顯著。中共十八大以來，中國自貿試驗區充分發揮先行先試作用，自貿協定內容日益豐富，多領域開放水平已超過中國加入世貿組織時的承諾。2013 年，中國在上海設立了第一個自貿試驗區，到 2022 年已增加到 21 個。2022 年，21 家自貿試驗區實現進出口總額 7.5 萬億元，同比增長 14.5%，佔全國的 17.8%。截至 2023 年 3 月，已向全國複製推廣 278 項制度創新成果。2018 年，海南自貿港建設啟動，到 2023 年已經推出 130 多項制度創新成果。2021 年，中國出台《海南自由貿易港跨境服務貿易特別管理措施（負面清單）（2021 年版）》，是中國跨境服務貿易領域的首張負面清單，代表了相應領域最高對外開放水平。

自貿區協定邁向更高標準。中共十八大以來，中國立足周邊、輻射「一帶一路」，初步構建起面向全球的高標準自貿區網絡。截至 2023 年 5 月，中國對外簽署的自貿協定數由十個增加到

20 個，自貿夥伴覆蓋亞洲、大洋洲、拉丁美洲、歐洲和非洲。與自貿夥伴的貿易額佔中國貿易總額的比重由 2012 年 17% 提升至 2021 年的 35%。自貿協定水平進一步提升，2022 年 1 月 1 日，區域全面經濟夥伴關係協定（RCEP）正式生效實施，包括中國、日本、韓國、澳大利亞、新西蘭和東盟十國在內的全球人口最多、經貿規模最大的自貿區正式落地。2021 年 9 月，中國正式申請加入《全面與進步跨太平洋夥伴關係協定》（CPTPP）。2021 年 11 月，中國正式提出加入《數字經濟夥伴關係協定》（DEPA）的申請，向着數字貿易國際規則等高標準自貿協定不斷邁進。

當前，世界百年未有之大變局加速演進，世界經濟形勢仍然複雜嚴峻。面對外部環境更加不穩定不確定帶來的挑戰，我們必須堅持推動全方位開放、高水平開放，加快建設開放型經濟新體制，加快國際經濟合作步伐，以利於在更大範圍和更高水平上統籌國內國際兩個大局，利用兩個市場、兩種資源，推動改革和開放相互促進，為經濟持續恢復和高質量發展注入長期動力。

五、人民生活水平顯著改善

（一）居民收入增長較快

居民收入與經濟增長基本同步，收入來源多元化。2021 年，全國居民人均可支配收入 35,128 元，比 2012 年的 16,510 元增加 18,618 元。居民收入增長與經濟增長基本同步，2013—2021 年居民人均可支配收入年均實際增速快於人均國內生產總值增速 0.5 個

百分點。中國深入實施就業優先戰略，各地區有效落實各項就業創業政策，不斷加大民生保障力度，多方式拓寬居民增收渠道，持續優化營商環境，不斷完善社會保障體系，進一步健全各類生產要素參與分配機制。居民工資性收入和經營淨收入保持較快增長。2021 年人均工資性收入 19,629 元，比 2012 年增長 109.3%，年均增長 8.6%；人均經營淨收入 5893 元，比 2012 年增長 85.8%，年均增長 7.1%。

（二）居民收入差距持續縮小

城鄉差距持續縮小，收入比逐年下降。隨着鄉村振興戰略和脫貧攻堅各項政策的縱深推進，農村居民人均可支配收入增速持續快於城鎮居民。2021 年城鎮居民人均可支配收入 47,412 元，比 2012 年增長 96.5%；農村居民人均可支配收入 18,931 元，比 2012 年增長 125.7%。2013—2021 年，農村居民年均收入增速比城鎮居民快 1.7 個百分點。2021 年城鄉居民人均可支配收入之比為 2.50（農村居民收入 =1），比 2012 年下降 0.38，城鄉居民收入相對差距持續縮小。

地區收入相對差距不斷縮小。區域發展總體戰略的深入實施，推動中國各地均衡發展，中西部地區居民收入增速明顯快於其他地區。2021 年，東部、中部、西部和東北地區居民人均可支配收入分別為 44,980 元、29,650 元、27,798 元和 30,518 元，與 2012 年相比，分別累計增長 110.1%、116.2%、123.5% 和 89.5%，年均增長 8.6%、8.9%、9.3% 和 7.4%，西部地區居民收入年均增速最快，中部次之。西部地區居民收入年均增速分別快於東部、中

部和東北地區 0.7、0.4 和 1.9 個百分點。東部、中部和東北地區與西部地區居民人均收入之比（西部地區居民收入為 1）從 2012 年 1.72、1.10 和 1.30 分別縮小至 2021 年的 1.62、1.07 和 1.10。

（三）居民消費水平持續提高

消費能力不斷增強。2021 年全國居民人均消費支出 24,100 元，比 2012 年的 12,054 元增加 12,046 元，人均消費支出累計名義增長 99.9%，年均名義增長 8.0%，扣除價格因素，累計實際增長 67.4%，年均實際增長 5.9%。分城鄉看，城鎮居民人均消費支出 30,307 元，比 2012 年累計名義增長 77.2%，年均名義增長 6.6%，扣除價格因素，累計實際增長 47.9%，年均實際增長 4.4%；農村居民人均消費支出 15,916 元，比 2012 年累計名義增長 138.7%，年均名義增長 10.2%，扣除價格因素，累計實際增長 99.7%，年均實際增長 8.0%。

生活品質不斷提高。近年來，中國居民恩格爾係數持續下降（恩格爾係數指的是食品支出總額佔個人消費支出總額的比重。國際上常常用恩格爾係數衡量一個國家和地區人民生活水平的狀況，一個國家或家庭生活越貧困，恩格爾係數就越大；生活越富裕，恩格爾係數就越小）。2021 年全國居民人均食品煙酒支出 7178 元，比 2012 年增長 80.2%，年均增長 6.8%。食品煙酒支出佔消費支出的比重（恩格爾係數）從 2012 年的 33.0% 下降至 2021 年的 29.8%，下降 3.2 個百分點。分城鄉看，城鎮居民人均食品煙酒支出 8678 元，比 2012 年增長 58.6%，年均增長 5.3%；城鎮居民恩格爾係數從 2012 年的 32.0% 下降至 2021 年的 28.6%，下降 3.4

個百分點。農村居民人均食品煙酒支出 5200 元,比 2012 年增長 117.2%,年均增長 9.0%;農村居民恩格爾係數從 2012 年的 35.9% 下降至 2021 年的 32.7%,下降 3.2 個百分點。居民恩格爾係數的下降,標誌着居民生活水平的進一步提高。

消費結構優化升級。隨着居民收入水平提高和消費領域不斷拓展,居民在交通出行、子女教育、醫療服務等領域的消費快速增長,服務性消費支出佔比逐步提高。2021 年全國居民人均交通通信支出 3156 元,比 2012 年增長 117.5%,年均增長 9.0%,快於全國居民人均消費支出年均增速 1.0 個百分點,佔人均消費支出的比重為 13.1%,比 2012 年上升 1.1 個百分點。2021 年全國居民人均教育文化娛樂支出 2599 元,比 2012 年增長 106.0%,年均增長 8.4%,快於全國居民人均消費支出年均增速 0.4 個百分點,佔人均消費支出的比重為 10.8%,比 2012 年上升 0.3 個百分點。2021 年全國居民人均醫療保健支出 2115 元,比 2012 年增長 152.3%,年均增長 10.8%,快於全國居民人均消費支出年均增速 2.8 個百分點,佔人均消費支出的比重為 8.8%,比 2012 年上升 1.8 個百分點。2021 年全國居民人均服務性消費支出佔人均消費支出的比重為 44.2%,比 2013 年提高 4.5 個百分點。

(四)居民生活質量顯著提升

耐用消費品持續升級換代。隨着老百姓的「錢袋子」越來越鼓,居民消費能力進一步增強,消費不斷升級,城鄉居民主要耐用消費品擁有量不斷增多,汽車、空調、移動電話等在居民家庭中日漸普及。2021 年,城鄉居民平均每百戶家用汽車擁有量

為 50.1 和 30.2 輛，分別比 2012 年提高 132.7% 和 358.3%；平均每百戶空調擁有量為 161.7 和 89.0 台，分別比 2012 年提高 27.5% 和 250.8%；平均每百戶移動電話擁有量為 253.6 和 266.6 部，分別比 2012 年提高 19.3% 和 34.8%。農村居民基本生活家電擁有量較快增加，生活便捷度大大提高。2021 年，農村居民平均每百戶電冰箱擁有量為 103.5 台，比 2012 年提高 53.8%；平均每百戶洗衣機擁有量為 96.1 台，比 2012 年提高 42.9%。

居住條件和質量明顯改善。為了改善居民居住條件，中國接連實施棚戶區改造、廉租房和經濟適用房建設以及貧困地區危舊房改造等一系列項目，城鄉居民居住條件和質量明顯改善。2021 年，城鄉居民居住在鋼筋混凝土或磚混材料結構住房的戶比重為 96.2% 和 77.6%，分別比 2013 年提高 4.4 和 21.9 個百分點；城鄉居民有安全飲用水的戶比重為 99.5% 和 97.0%，分別比 2013 年提高 1.5 和 22.3 個百分點；城鄉居民獲取飲用水無困難的戶比重為 99.4% 和 97.6%，分別比 2013 年提高 2.7 和 12.0 個百分點；城鄉居民有管道供水入戶的戶比重為 98.7% 和 92.7%，分別比 2013 年提高 1.7 和 29.4 個百分點。近年來，隨着農村廁所革命深入推進，補上農村居民人居環境短板，城鄉居民廁所衛生條件明顯改善。2021 年，城鄉居民使用衛生廁所的戶比重為 97.6% 和 82.6%，分別比 2013 年提高 8.3 和 47.0 個百分點。

生活環境和品質持續向好。「四通」（通電、通電話、通有線電視信號、通公路）覆蓋面不斷擴大。截至 2021 年，全國範圍內通電的社區已基本實現全覆蓋。城鎮地區居民所在社區已基本實現全部通電話和通有線電視信號，有 99.9% 的戶所在社區實現通公路，比 2013 年提高 0.7 個百分點。農村地區分別有 99.9%、

99.8% 和 99.9% 的戶所在自然村實現通電話、通有線電視信號和通公路，比 2013 年提高 1.3、10.6 和 1.6 個百分點。

2021 年，城鎮地區有 96.6% 的戶所在社區飲用水經過集中淨化處理，農村地區有 80.4% 的戶所在自然村飲用水經過集中淨化處理，分別比 2013 年提高 5.3 和 34.8 個百分點。2021 年，城鎮地區有 99.1% 的戶所在社區垃圾能夠做到集中處理，比 2013 年提高 3.3 個百分點；農村地區有 95.2% 的戶所在自然村垃圾能夠做到集中處理，比 2013 年提高 46.5 個百分點。

（五）醫療服務和教育服務水平顯著提高

城鄉居民享受到更加優質高效的醫療服務。目前，中國已基本建立了覆蓋全民的基本醫療保障網，全面實施健康中國戰略，醫療公共服務水平逐步提高，為人民群眾提供優質、安全、高效、價廉的醫療衛生服務。2021 年，城鎮地區有 87.5% 的戶所在社區有衛生站，農村地區有 94.8% 的戶所在自然村有衛生站，分別比 2013 年提高 7.8 和 13.2 個百分點。

城鄉居民獲得的教育服務水平明顯改善。2021 年，城鎮地區有 99.0% 的戶所在社區可以便利地上幼兒園或學前班，比 2013 年提高 2.3 個百分點；有 99.2% 的戶所在社區可以便利地上小學，比 2013 年提高 2.4 個百分點。2021 年，農村地區有 90.1% 的戶所在自然村可以便利地上幼兒園或學前班，比 2013 年提高 14.4 個百分點；有 91.3% 的戶所在自然村可以便利地上小學，比 2013 年提高 10.5 個百分點。

中共十八大以來，人民生活水平和質量取得了全方位躍升，

黨和人民勝利實現第一個百年奮鬥目標，在中華大地上全面建成了小康社會。當前，扎實推進共同富裕，鞏固拓展脫貧攻堅成果同鄉村振興有效銜接，我們要在發展中持續提高居民收入水平、持續改善居民生活質量，我們要肩負起宏偉重任，為實現人民對美好生活的嚮往，向着全面建成社會主義現代化強國的第二個百年奮鬥目標勇毅前行。

第八章

加快構建
新發展格局

2020 年 4 月以來，習近平在講話中多次提出「加快構建以國內大循環為主體、國內國際雙循環相互促進的新發展格局」。中共十九屆五中全會提出了全面建設社會主義現代化國家，加快構建新發展格局的戰略構想。中共二十大就加快構建新發展格局作出戰略部署。這是根據中國發展階段、環境、條件變化，特別是基於中國比較優勢變化，審時度勢作出的重大決策。從根本上說，構建新發展格局是適應中國發展新階段要求、塑造國際合作和競爭新優勢的必然選擇。

一、重大意義

加快構建新發展格局是基於中國發展階段、環境和條件變化而作出的重大戰略抉擇，是正確把握社會主義建設規律的必然結果，體現了中國特色社會主義的優勢，彰顯了中國式現代化道路對西方國家崛起之路的超越和創造人類文明新形態新進展。

（一）走向社會主義現代化強國的必然要求

中國已全面建成小康社會，開啟了全面建設社會主義現代化國家的新征程，這是一個從站起來、富起來走向強起來的新發展階段，必須加快構建新發展格局。

從國際上看，錯綜複雜的國際環境促使中國加快構建新發展格局。當今世界正經歷百年未有之大變局，機遇和挑戰並存，但不穩定性不確定性明顯增加。以中國和美國的關係為例，2022年中國的經濟規模已達到121萬億元，按照國際貨幣基金組織口徑，已佔美國經濟總量的71.7%，尤其是中國國家科技力量加快成長，在某些高科技領域呈現與美國「並跑」甚至趕超之勢。為了維護自身的霸權地位，美國單方面挑起中美經貿摩擦，利用國家力量打壓中國高科技企業，加大對華高技術產品出口限制，進行所謂的「脫鈎」和「去中國化」，打破了原有的國際大循環，使得中國參與的國際產業鏈出現「斷鏈」風險。這警示我們必須立足調整經濟發展格局，維護中國產業鏈供應鏈的安全和穩定並提升競爭力，特別要注重各種「黑天鵝」「灰犀牛」等引發巨大風險，防止中國邁向現代化強國的進程被干擾、被打斷。

從國內來看，中國原有發展模式的弊端已難以為繼。改革開放後的一段時間，中國發揮了勞動力密集和價格較低的比較優勢，抓住了美國、歐洲、日本等發達國家產業向外轉移的機會，大量引進外資，大力發展對外貿易，形成了市場和資源「兩頭在外」「大進大出」的發展模式，對中國抓住經濟全球化機遇、快速提升經濟實力、改善人民生活發揮了重要作用。但是，伴隨着時間的推移和技術的變革，中國「世界工廠」的比較優勢逐漸發生

變化，原有發展動力逐步衰減，比如中國勞動力成本低的優勢逐步喪失，許多周邊國家特別是一些東南亞國家的勞動力成本大體已遠低於中國；如果從非洲的情況看，許多國家的勞動力成本更低。總體上看，中國中低端出口的潛力和外貿優勢正逐步衰減。這表明，必須通過構建新發展格局，強化中國的科技戰略支撐，推動產業從中低端向中高端攀升，搶佔科技、產業和經濟發展的制高點，重塑中國經濟發展和對外合作的新優勢，這是走向社會主義現代化強國的必然要求。

（二）發揮中國獨特發展優勢的現實選擇

構建以國內大循環為主體、國內國際雙循環相互促進的新發展格局，必須具備一些先天優勢或潛在優勢，而中國完全具備獨特的發展優勢，即中國具有超大規模經濟體的優勢。

一個國家要實現以國內大循環為主體的高效經濟循環，前提是具有較大經濟規模。人口少、資源不豐富的國家，很難形成較為完整的國民經濟體系，只有深度融入國際大循環才能實現經濟有效運作。例如，新加坡擁有電子、金融、港口等優勢產業，人均收入水平高但經濟規模小，不可能形成自己相對獨立的國內經濟循環，其外貿依存度超過 200%。而一些經濟規模較大的國家則有可能形成國內相對獨立的自我循環。比如美國在南北戰爭後出台一系列保護國內產業的政策，形成國內統一大市場，充分利用市場規模大的優勢構建了國內經濟大循環，僅用 30 年左右的時間，美國經濟總量就超過了英國。

超大市場規模，是中國形成內部大循環、促進國內國際雙循

環的基礎。經過改革開放以來 40 多年發展，中國經濟快速成長，國內大循環的條件和基礎日益完善。中國已成為世界第二大經濟體、製造業第一大國、貨物貿易第一大國，有雄厚的物質基礎、豐富人力資源、完整產業體系、強大科技實力和持續提升的宏觀經濟治理能力，這既是中國增強國內大循環主體地位的重要保障，也是支撐中國深度融入國際經濟循環的底氣所在。我們有條件、有能力充分發揮大國經濟的規模效應和集聚效應，更好地利用國內國際兩個市場兩種資源。

（三）超越西方國家崛起之路的嶄新模式

大國崛起有着不同的模式，與西方國家崛起不同，中國選擇了一條依靠自我發展的嶄新模式，構建新發展格局體現着對西方國家崛起之路的超越。

構建新發展格局強調以國內大循環為主體，志在推動共同富裕取得實質性進展。當前全球收入不平等問題突出，一些國家貧富分化，中產階層塌陷，美國最富有的 1% 人口佔有了全國 40% 的財富，而 80% 人口僅擁有大約 7% 的財富。構建新發展格局的一個重要任務是要進一步促進社會公平正義，推動人民生活水平顯著提高，形成強大的國內市場。因此，讓廣大人民羣眾共享改革發展成果，與構建新發展格局具有高度的統一性。在新發展階段，中國將加快構建完整的內需體系，更加強調統籌經濟發展和人民生活水平提高，在提高勞動生產率的基礎上循序漸進提高人民收入水平，努力使居民收入增長快於經濟增長；更加強調統籌三次分配領域相關政策，提高收入分配質量、縮小收入差距，朝

着全體人民共同富裕邁進。

　　構建新發展格局強調國內國際雙循環相互促進，堅定不移擴大對外開放。為了保護自身產業的競爭能力，以美國為代表的西方國家在工業化過程中，大都實行貿易保護主義。美國從南北戰爭結束到 19 世紀末，平均關稅高達 30%~50%。2008 年國際金融危機以來，美國更是大搞貿易投資保護主義，試圖將資本和傳統製造業拉回到國內。與之形成鮮明對比的是，中國堅決扛起自由貿易的大旗。中共十八大以來，中國以「一帶一路」建設為重點，推動形成陸海內外聯動、東西雙向互濟的開放格局，目前已設立 21 個自由貿易試驗區，與絕大多數國家和國際組織簽署了共建「一帶一路」合作文件，與多個國家和地區簽署了自由貿易協定。新發展格局不是封閉的國內循環，而是開放的國內國際雙循環，中國開放的大門不會關閉，只會越開越大。

（四）有利於世界經濟的恢復和國際貿易合作的開展

　　中國作為經濟大國，不僅能夠以擴大開放促進國內大循環，而且能以強大的供給和需求能力為暢通國際大循環作出不可替代的貢獻，推動全球經濟穩步復甦和增長。

　　受全球疫情持續蔓延的影響，世界經濟形勢依然複雜嚴峻，中國將通過暢通國內大循環推動經濟高質量發展，帶動世界經濟復甦，繼續推動規則、規制、管理、標準等制度性開放，不斷提高知識產權保護水平，為外商投資提供更加公平透明、可預期的營商環境，必將為全球經濟注入更強動力，帶來更大的新機遇。中國通過暢通國內國際大循環，加大了對世界其他國家商品供

給，通過進博會、廣交會、服貿會、消博會以及義烏等 5000 多個專業批發市場，構建國際貿易大循環中最活躍的商貿平台。通過搭建大市場、搭建大平台、疏通大渠道，為穩定全球產業鏈 供應鏈作出了獨特的貢獻。中國經濟和對外貿易的穩定發展有利於全球消費者，中國已成為 WTO 諸多成員國的主要貿易夥伴，中國市場對包括發展中國家在內的許多國家的經濟發展都非常關鍵。近年來中國服務業貿易促進了經濟轉型，帶動了服務貿易發展，跨境貿易快速增長，穩定了全球供應鏈，使全球消費者從中受益。另外中國充分發揮超大規模市場優勢，在貿易、投資、人員、技術、數據等領域與世界經濟聯繫日益密切，中國的發展將給世界經濟帶來新機遇。

二、主要特徵

與「兩頭在外、大進大出」的舊發展格局相比，構建新發展格局將呈現出一些不同的趨勢特徵。

（一）從二元體制變為統一大市場

新中國成立之初，中國實行一元計劃體制，改革開放打破了這一禁錮，從一元計劃體制向二元計劃與市場並存轉軌，二元體制發揮着重要的作用，但也存在制度規則不夠統一、要素資源流動不暢、地方保護和市場分割等突出問題。新時代構建新發展格局，就是要打破二元體制，建設全國統一大市場。

一是制定統一的法律和制度規則。中國有統一的法律，但是在一些具體規則上賦予了各部門、各地方一定的自主權，導致了制度規則的不統一，這是阻礙建設全國統一大市場的制度性根源。未來的政策舉措要着眼於制度建設，致力於完善市場基礎制度規則、推進市場設施高標準聯通、加快要素和資源市場建設、推進商品和服務市場高水平統一、提升監管治理水平等，不斷提高政策的統一性、規則的一致性、執行的協同性。

　　二是促進要素市場化自由流動。在二元體制下，中國資源配置既有市場的力量，比如勞動力轉移、農村土地流轉，又有計劃的力量，比如戶籍管制、土地非市場化黏性，其結果是造成了勞動力、土地、資本等要素的體制性剩餘。2020 年中共中央、國務院出台《關於構建更加完善的要素市場化配置體制機制的意見》，對土地、勞動力、資本、技術、數據等要素市場化配置提出了具體要求，旨在破除阻礙要素自由流動的體制機制障礙，促進要素價格市場決定、流動自主有序、配置高效公平。

　　三是打破地方保護和市場分割。各自為政、畫地為牢，不關心建設全國統一的大市場、暢通全國大循環，只考慮建設本地區本區域小市場、搞自己的小循環，是構建新發展格局的誤區之一。構建新發展格局，就是要打破地方保護和市場分割，通過建設統一大市場，將資源高效集聚，推動經濟增長，不斷激勵創新，持續優化分工，促進公平競爭。

（二）從依賴國際轉向國內為主體

　　新中國成立以來，中國大致經歷了相對單一的國內循環階

段、以國內循環為主的出口導向階段、以國際循環為主的全面開放階段、以國內循環為主的高水平制度型開放階段。構建新發展格局，將從依賴國際循環轉向以國內大循環為主體。

從國際經驗看，以國內大循環為主體是大國經濟的特徵。根據國際貿易的相關理論，絕對優勢理論認為一國應生產和出口具有絕對優勢的商品，比較優勢理論認為一國應生產和出口具有比較優勢的商品，要素稟賦理論認為一國應生產和出口本國相對充裕的生產要素所形成的商品。不論是哪一種理論，都表明國際貿易的必要性，這種必要性尤其是對小國經濟更為顯著。不過，對大國經濟略有不同。以支出法計算國內生產總值，如果將出口和進口視作國際循序，將消費、投資和政府支出視作國內循環，二者的比值越小表明越是依賴國內循環。20 世紀 50 年代以來，美國和日本作為大國經濟的代表，國際循環與國內循環的比值基本低於 30%，說明這兩個經濟大國更加依賴國內循環。中國從 1990 年開始，國際循環與國內循環的比值就超過了 30%，最高甚至達到了 77.2%，不過伴隨構建新發展格局，國際循環與國內循環的比值在達到最高點後逐漸下降，逐步向大國經濟以國內大循環為主體的特徵靠近。

從國內實踐看，以國內大循環為主體具備堅實的條件基礎。並非所有國家都能實現國內大循環，這需要具備堅實的條件基礎。其一，穩固的物質基礎。中國 2010 年超越日本成為世界第二大經濟體，2013 年超越美國成為第一大貨物貿易國，2010 年超越美國成為第一製造業大國，同時還是外資流入第一大國、外匯儲備第一大國，這些都是以國內大循環為主體的強有力物質基礎。其二，超大規模的市場。中國擁有 14 億多人的超大規模市場，

四億人的中等收入羣體，這是任何一個國家都無法比擬的優勢。中共十八大以來（2020 年除外），中國最終消費支出對國內生產總值增長貢獻率均超過 50%，中國已成為全球第二大消費市場。其三，完整的產業體系。從聯合國劃分的國際工業體系 39 個大類、191 個中類、525 個小類看，中國是門類最齊全的國家。2021年聯合國工業發展組織發佈全球製造業競爭力指數，對全球 152個國家和地區的生產和出口製成品的能力、技術深化和升級水平進行評估，中國排在德國之後，位居第二位。

（三）從高速增長邁向高質量發展

構建新發展格局最本質的特徵是實現高水平的自立自強，過去依靠要素投入的粗放式增長方式確實能在短期實現高速增長，但未來更要邁向高質量發展。

一是轉變發展方式。第二次世界大戰後，亞洲、非洲和拉丁美洲一些發展中國家為了擺脫貧窮落後狀態，大力引進外資、開放港口，寄希望於自身低廉的資源和國際循環帶來繁榮，但結果是大部分國家都陷入了「低收入陷阱」或「中等收入陷阱」。改革開放給中國帶來重大的發展機遇，但是發展方式十分粗放，基本依靠低廉的勞動力、擴張的土地、盲目的資本等要素投入，這在某種程度上是必經的發展過程。但是發展中國家的教訓表明，以粗放的方式維持超高速增長有害無益，其弊端包括資源過度消耗、生態嚴重破壞、部分行業產能過剩、普遍的低效率、錯過結構調整和科技創新的大好時機等。需要從依靠要素粗放投入的數量增長型，轉變為依靠科技創新的質量效益型的發展方式。

二是優化經濟結構。經濟結構不只是三次產業佔比，也包括其他方面。以產業結構為例，要在確保先進製造業地位的同時推進現代服務業發展。實體經濟是一國經濟的立身之本，製造業是國家經濟命脈所繫，2008 年國際金融危機暴露出的西方國家產業空心化是血的教訓，構建新發展格局必須要確保以製造業為代表的實體經濟佔據一定比重；儘管一些發達國家第三產業佔經濟比重超過 80% 甚至 90%，但對中國而言無需過分追求第三產業佔經濟的比重，要着力於推進現代服務業的發展，特別是與先進製造業相關的服務業的發展。

　　三是轉換增長動力。增長動力回答的是依靠什麼來實現增長，過去依靠大量的要素投入，而且是粗放的投入。構建新發展格局致力於轉換增長動力，未來要依靠創新、協調、綠色、開放、共享來推動發展。新發展理念是構建新發展格局下的新的增長動力。

（四）從不平衡不充分轉向平衡充分發展

　　中共十九大報告提出，中國社會主要矛盾已經轉化為人民日益增長的美好生活需要和不平衡不充分的發展之間的矛盾。構建新發展格局就是要從不平衡不充分轉向平衡充分發展。

　　一方面，實現不平衡到平衡發展。不平衡發展的特徵是將有限的資源傾斜用於重點部門、重要地區的發展，試圖通過產業關聯效應、地區聯動效應帶動發展。短期見效很快，但長期消極效果明顯，表現在國民經濟各部門、各地區出現「重大結構失衡」，過度強化了政府和產業政策的作用，抑制了市場發揮作用的空

間。平衡發展的特徵在於使市場在資源配置中起決定性作用和更好發揮政府作用，主要依靠市場的力量配置資源，政府對在不同部門、不同地區間的資源配置進行適當的引導、調整，確保實現平衡發展。

另一方面，實現不充分到充分發展。不充分發展就是沒有達到生產商品的最大數量目標，各類要素沒有物盡其用，各種要素組合也未發揮出最大限度功能。構建新發展格局就是要通過要素市場化改革，不斷推進土地、勞動力、資本、技術、數據等要素按市場機制配置，同時政府也要發揮一定的調控作用，使得要素和要素組合發揮到極致，確保實現充分發展。

三、重要關係

構建新發展格局涉及方方面面，需要重點把握國內循環與國際循環、整體循環與局部循環、供給與需求的關係，也需要重點把握供給側和需求側的內在關係。

（一）把握國內循環與國際循環的關係

片面強調「以國內大循環為主」，或者片面強調「國內國際雙循環」，都是認識誤區。國內循環是國際循環的組成部分，國際循環也離不開國內循環，要辯證把握國內循環與國際循環是對立統一的關係。

一方面，國內循環是國際循環的重要組成部分。根據馬克思

的世界市場理論，所有國家的國內市場總和組成了世界市場，沒有各國的國內循環，也就沒有所謂的國際循環。儘管經濟全球化、區域經濟一體化都遭遇了一定的逆流，但全球化的浪潮不會逆轉，在市場配置資源起決定性作用的影響下，國際分工、國際貿易、國際投資、國際合作仍然會持續下去。中國作為世界上最大的發展中國家，國內循環本應就是國際循環的重要組成部分。

另一方面，國際循環需要國內循環。改革開放以來，中國取得了舉世矚目的經濟成績，中國國內生產總值年均增速遠高於同期世界經濟年均增速；國內生產總值佔世界生產總值的比重由改革開放之初的 1.8% 上升到 2022 年的約 18%，多年來對世界經濟增長貢獻率超過 30%。特別 2008 年國際金融危機以來，全球經濟復甦緩慢，但中國仍能保持中高速的增長，已然成為全球經濟增長的引擎，國際循環需要中國的國內循環。

（二）把握整體循環與局部循環的關係

構建新發展格局由局部循環組成，但更要從整體上把握循環，避免出現一些認識誤區。

一是要着眼於建設全國統一大市場。各部門各顧一塊、各地區各管一隅，垂直部門與地方政府的「條塊關係」，是多年形成的治理頑疾。構建新發展格局不能只顧部門小循環、地區小循環，而是要立足「全國一盤棋」，從全國的視角，建設統一大市場。只有暢通全國的經濟循環，各部門、各地方的循環才會得以更好地暢通。

二是要着眼於建設高層次循環體系。統籌推進現代流通體系

硬件和軟件建設，發展流通新技術新業態新模式，完善流通領域制度規範和標準，培育壯大具有國際競爭力的現代物流企業，是構建新發展格局的有力支撐。但是暢通物流循環，只是暢通經濟循環的一個局部，要從整體上把握暢通經濟循環的內涵與外延，着眼於建設高層次的循環體系，而不是滿足低水平的物流，只見樹木，不見森林。

三是要着眼於建立均衡的產業結構。當前中國面臨一些「卡脖子」挑戰，構建新發展格局需要攻克一些難題，但並非要求所有部門、所有地方專盯「高大上」項目，而是要求各部門、各地區根據客觀實際和產業基礎，建立相對均衡的產業結構，各部門、各地區按照統一部署進行有序分工、協調配合，共同構建新發展格局。

（三）把握供給與需求的關係

供給和需求是經濟學中的重要概念，也是構建新發展格局需要考量的關係，要形成需求牽引供給、供給創造需求的更高水平動態平衡。

一是需求牽引供給。消費者需求是企業生產的指南針，有什麼樣的需求，就會有什麼樣的供給。凱恩斯主義認為，出現1929—1933 年的大蕭條的根本原因在於有效需求不足，應該通過擴大政府開支、實行財政赤字的方式刺激需求，促進經濟增長。這為政府宏觀調控提供了理論支撐。構建新發展格局下的需求牽引供給，是既重視數量更重視質量的牽引，通過暢通經濟循環，由高質量的需求牽高質量的供給。

二是供給創造需求。法國經濟學家薩伊提出「供給創造自己的需求」定律，即生產者的生產引起了對其他生產者的需求。儘管薩伊定律存在一定爭議，但縱觀歷次工業革命，新的供給都帶來了新的需求，第一次工業革命的蒸汽機帶來了各類蒸汽動力出行工具需求和消費需求，第二次工業革命的電氣動力帶來了能源需求，第三次工業革命的信息化帶來了消費等各方面需求。構建新發展格局恰逢新一輪科技革命和產業變革，新的供給也將繼續創造新的需求。

三是更高水平的供需動態平衡。供需平衡不是簡單的供給數量等於需求數量，而是既有數量、又有質量的高水平平衡，特別是依靠創新驅動，高質量供給創造高質量需求，高質量需求牽引高質量供給，推動高質量發展。供需平衡也不是短期平衡，而是着眼於長期平衡，特別是這是一種動態的平衡，即有的時候高質量供給可能相對多一些，有的時候高質量需求可能相對多一些，有的時候高質量供給和高質量需求可能完全一致，但在長期內能維持動態平衡。

（四）把握供給側的內在關係

供給側主要涉及各類生產要素，構建新發展格局需要把握供給側的內在關係，深化供給側結構性改革這條主線。

一方面，堅持創新的核心關鍵地位。創新在中國現代化建設全局中佔據核心地位，構建新發展格局是現代化建設的重要方式，也應認識到創新對構建新發展格局的核心關鍵作用。科技創新可以催生新發展動能，要想實現高質量發展，就必須要實現依靠創新驅動的內涵型增長。要大力提升自主創新能力，儘快突破

關鍵核心技術。這是關係中國發展全局的重大問題，也是形成以國內大循環為主體的關鍵。

另一方面，推進要素市場化配置改革。資源配置是經濟學研究的首要問題，過去採用計劃配置、「計劃為主、市場為輔」配置、市場起基礎性配置等方式，都曾發揮過一定的作用，但也都暴露出諸多問題。中共十八屆三中全會提出「使市場在資源配置中起決定性作用和更好發揮政府作用」，對經濟體制改革的核心問題作出了科學、精準的界定，「有效市場」和「有為政府」協調配合、共同發力。構建新發展格局，在供給側就是要推進要素市場化配置改革，不斷挖掘土地、勞動力、資本、技術、數據等各類要素的內在潛力，促進各類要素的作用發揮到最大限度。

（五）把握需求側的內在關係

需求側管理在構建新發展格局中佔據重要作用，需要把握好需求側中的消費、投資與進出口的關係。

其一，擴大內需是戰略基點。內需是中國經濟發展的基本動力，構建完整的內需體系，關係中國長遠發展和長治久安。自2008 年國際金融危機以來，中國經濟已經在向以國內大循環為主體轉變。中國擁有 14 億多人口、九億多勞動力、四億多中等收入羣體、1.7 億多受過高等教育或擁有各類專業技能的人才、一億多經營主體，具有超大規模市場優勢，內需在中國經濟發展中始終佔有重要地位。未來一個時期，國內市場主導國民經濟循環特徵會更加明顯，經濟增長的內需潛力會不斷釋放。

其二，拓展投資空間起關鍵作用。資本是極為重要的生產要

素，保持投資合理增長，重點優化投資結構，對優化供給側結構性改革起着關鍵作用，也是構建新發展格局的關鍵要素。一些國家陷入「低收入陷阱」或「中等收入陷阱」，有其內在的問題，但都有投資失速的原因。根據世界銀行的統計數據，從 20 世紀 80 年代開始，阿根廷、巴西、南非等國家都存在投資失速的問題，因而未能跨越「中等收入陷阱」。改革開放以來中國的資本形成率都在 30% 以上，2008 年國際金融危機之後更是保持在 40% 以上，未來構建新發展格局，仍需要保持一定的投資增速，同時不斷優化投資結構。佈局國家重大基礎設施的時代已經到來，要適度超前佈局。

其三，優化進出口是重要方向。長期以來，中國出口大於進口、數量強於質量，形成了大量的經常項目順差，這成為美國單方面挑起經貿摩擦的一個藉口。事實上，在快速發展的時期，特別是中國作為「世界工廠」，出口大於進口、數量強於質量十分正常，不過在進入新發展階段後，就不能再只專注於擴大出口、擴大數量，而是要在穩定出口的同時擴大進口、提升質量。中國仍處於世界產業鏈和價值鏈中下游階段，中高技術製造業增加值創造力仍然較低，未來要以邁向產業鏈和價值鏈中高端為方向，持續優化進出口。

四、主要任務

構建新發展格局是一項系統性工程，需要各方面政策的協調配合。暢通國內大循環，需要依靠供給側的創新和需求側的擴大

內需形成「雙驅動」，促進國內國際雙循環則需要依靠高水平的對外開放。

（一）國內大循環的供給側：堅持創新驅動發展

儘管中國已經成為世界第二大經濟體，但仍存在核心關鍵技術受制於人的「卡脖子」等問題，暢通國內大循環需要堅持供給側結構性改革，形成創新驅動的發展模式。

一是明確科技創新的主攻方向。科技創新的主攻方向要堅持需求導向，特別是要考慮國家急迫需要和長遠需求。早在 2018 年，《科技日報》就通過系列報道列舉了中國被「卡脖子」的關鍵技術清單，包括光刻機、芯片、操作系統、觸覺傳感器、真空蒸鍍機等 35 項。「卡脖子」清單就是國家急迫需要和長遠需要，要將「卡脖子」清單變成科研任務清單，要努力發揮社會主義市場經濟條件下新型舉國體制（能夠集中力量辦大事＋市場經濟原則＋「兩彈一星」精神）的優勢，打好關鍵核心技術攻堅戰。

二是提升企業技術創新能力。企業是創新的主體，是實現科技自立自強的創新主體和微觀基礎。要組建創新聯合體，鼓勵有條件的企業之間聯合創新，推進產學研政金深度融合；要發揮企業家精神，以更大力度的稅收優惠，鼓勵企業加大研發投入；要支持協同創新，大型企業、頭部企業發揮引領支撐作用，中小微企業廣泛參與創新，形成產業鏈上中下游、大中小企業融通創新；要加強知識產權保護，激勵科學家和企業協同合作，促進創新成果轉化。

三是深化科技體制機制改革。要深化用人制度改革，既注

重引進人才，又注重培育人才，在北京、上海、粵港澳大灣區建設高水平人才高地，力爭建設一支富有活力的科技創新主力軍隊伍；要完善科研項目組織管理和評價機制，以「揭榜掛帥」制度激勵人才投身創新，加大研發投入，擴大科研自主權；要完善財政金融支持創新體系，構建以政府投入為主、社會多渠道投入的財政支持機制，完善天使投資、風險投資、股票融資、投貸聯動等多種方式的金融支持體系。

（二）國內大循環的需求側：堅持擴大內需的戰略基點

構建新發展格局有賴於擴大內需的戰略基點，要以培育完整的內需體系為切入點，從消費、分配、流通等環節，不斷完善需求側管理。

一是增強消費環節的基礎作用。推動傳統消費轉型升級，以質量品牌為重點，不斷提高傳統消費質量；培育新型消費，伴隨恩格爾係數的下降，對醫療衛生、文化旅遊、娛樂休閒等新消費支出佔比逐漸上升，要順應信息化、綠色化、健康化、個性化、多樣化的新消費趨勢，不斷培育壯大新型消費；促進線上線下消費融合發展，藉助「互聯網＋」的力量，推進線上消費和線下消費深度融合，賦予消費新活力。

二是擴大分配環節的支撐作用。擴大內需需要提高有支付能力的需求，分配環節至關重要。共同富裕是社會主義的本質要求，是中國式現代化的重要特徵，要以共同富裕為目標推動分配環節更加公平、均衡。要着力擴大中等收入羣體規模，抓住高校

畢業生、技術工人、中小企業主和個體工商戶、進城農民工、公務員特別是基層一線公務員及國有企事業單位基層職工等重點，精準施策，推動更多低收入人羣邁入中等收入行列；要加強對高收入的規範和調節，以稅收、公益慈善、清理整頓等方式合理調節過高收入，堅決打擊內幕交易、操縱股市、財務造假、偷稅漏稅等獲取非法收入行為。

三是提升流通環節的助力作用。流通體系是暢通國民經濟循環的「大動脈」，要把建設現代流通體系作為一項重要戰略任務來抓。要強化競爭政策作用，促進形成流通企業自主經營公平競爭、消費者自由選擇自主消費、商品和要素自由流動平等交換的現代流通市場；要加大金融產品創新供給，重視金融基礎設施建設，完善社會信用體系建設，服務好流通環節上的各類企業，推動商貿興旺和流通體系走向現代化。

（三）國內國際雙循環：高水平的對外開放

除了暢通國內大循環，構建新發展格局還需要以高水平的對外開放促進國內國際雙循環。

一是建立維護中國產業鏈安全的有效機制。新冠肺炎疫情衝擊下，許多國家和跨國企業都在考慮重構產業鏈，構建新發展格局必須要考慮產業鏈安全。要科學佈局產業鏈，明確重點產業與非重點產業的區別，確保重點產業安全；要有效提升價值鏈，通過提高核心競爭力，促進邁向「微笑曲線」的價值鏈兩端；要全力確保供應鏈，從產業協同的角度，提高供應鏈的整體配套水平。要構造防護鏈，建立維護產業鏈安全的宏觀管理、協調服

務、信息暢通、風險評估、預測預警和國際合作等機制。

二是以「一帶一路」高質量發展促進高水平對外開放。「一帶一路」建設是中國對外開放的總抓手，要推動共建「一帶一路」高質量發展。要推進基礎設施互聯互通，實施重大跨國項目工程，拓展第三方市場合作；要擴大雙邊貿易和投資，堅持經濟全球化、區域經濟一體化的方向，以多邊合作促進多邊貿易、多邊投資，建立「一帶一路」沿線良性發展的經貿關係；要健全多元化投融資體系，發揮企業在「引進來」和「走出去」中的主體作用，堅持市場導向和債務可持續原則，營造健康可持續的國際投資環境。

三是建設更高水平開放型經濟新體制。用足用好改革這個關鍵一招，推動更深層次改革，實行更高水平開放，為構建新發展格局提供強大動力。深化貿易和投資自由化便利化改革，促進貿易和投資的創新發展，增強貿易和投資的綜合競爭力；深化外商投資改革，完善外商投資准入前國民待遇和負面清單管理制度，營造公平有序、充分競爭的外商投資營商環境；深化自由貿易試驗區改革，推進自由貿易試驗區規則、機制與國際對接，以自由貿易試驗區和自由貿易港為試點，建設對外開放新高地。積極構建國內國際統一大市場，推動制度型開放，為構建新發展格局提供有力支撐。

第九章

中國經濟發展遠景展望

從現在起到 21 世紀中葉，全面建成社會主義現代化強國、實現第二個百年奮鬥目標，以中國式現代化全面推進中華民族偉大復興，是我們國家的中心任務。中共十九大、二十大報告，對全面建成社會主義現代化強國作出「分兩步走」總的戰略安排，明確了到 2035 年和 21 世紀中葉中國發展的總體目標，擘畫了第二個百年奮鬥目標的美好圖景，賦予社會主義現代化強國新的豐富內涵，具有重大而深遠的意義。

一、「兩步走」發展戰略

(一)「兩步走」是對社會主義建設長期戰略的繼承和發展

　　一直以來，我們堅持把實現國家現代化作為長期戰略目標，咬定青山不放鬆，任爾東西南北風。以毛澤東為代表的中共的第一代中央領導提出了「四個現代化」的戰略目標：第一步，用 15 年時間，建立一個獨立的、比較完整的工業體系和國民經濟體系，使中國工業大體接近世界先進水平；第二步，力爭在 20 世紀

末，使中國工業走在世界前列，全面實現農業、工業、國防和科學技術的現代化。鄧小平從中國國情出發，提出了分三步走基本實現現代化的發展戰略。1997 年，在第一步和第二步戰略目標提前實現的基礎上，中共十五大提出了「新三步走」戰略，把鄧小平設計的「三步走」戰略的第三步戰略部署具體化了。中共十六大總結經驗，提出在 21 世紀頭 20 年，全面建設惠及十幾億人口的更高水平的小康社會的戰略目標。

中共十九大，在全面建成小康社會、第一個百年奮鬥目標即將實現之際，習近平對第二個百年奮鬥目標進行了戰略謀劃，提出了到建黨一百年時建成經濟更加發展、民主更加健全、科教更加進步、文化更加繁榮、社會更加和諧、人民生活更加殷實的小康社會，然後再奮鬥三十年，到新中國成立一百年時，基本實現現代化，把中國建成社會主義現代化國家。中共十九大報告對全面建設社會主義現代化強國提出「兩步走」發展戰略：第一步，從 2020 年到 2035 年，在全面建成小康社會的基礎上，再奮鬥 15 年，基本實現社會主義現代化；第二步，從 2035 年到 21 世紀中葉，在基本實現現代化的基礎上，再奮鬥 15 年，把中國建成富強民主文明和諧美麗的社會主義現代化強國。

從提出「四個現代化」到「三步走」，再到「新三步走」，再到「兩步走」，構成了一幅完整的中國共產黨為建設社會主義現代化國家、實現中華民族偉大復興接續奮鬥的時間表和路線圖。有了戰略目標，還要有具體計劃。2015 年 3 月全國「兩會」期間，習近平在和代表委員共商國是時說：「我正在集中思考『十三五』規劃。從時間上說，『十三五』規劃，是實現全面小康的規劃，是實現第一個百年目標的規劃。」新中國成立 70 多年來，從「一五」

計劃到「十三五」規劃,中國共產黨堅持一張現代化藍圖繪到底,並根據發展階段和形勢任務的變化加以細化和完善,團結帶領人民接力奮鬥不停步,一任接着一任幹、一年接着一年幹,推動黨和人民的事業不斷前進。這是中國共產黨治國理政的領導藝術和重要經驗。

(二)「兩步走」是對社會主義建設實踐規律的新認識

從「兩步走」提出的現實背景看,中國已經跨過了解決溫飽、總體小康這兩個階段,進入全面建成小康社會決勝期,這意味着中國社會主義初級階段已進入「下半場」,即朝着把中國建設成為社會主義現代化強國而努力的新階段。這表明中國共產黨、國家和人民的事業發生了歷史性變革,中國發展站到了新的歷史起點上,中國特色社會主義進入了新的發展階段。正是基於此,習近平在中共十九大報告中提出了分步走的戰略擘畫。這是對實現中國社會主義現代化百年宏偉藍圖的新認識,是在中國人「站起來」「富起來」基礎上,為「強起來」的目標所設置的行動綱領。

從「兩步走」對「三步走」的繼承和發展看,這一戰略擘畫是對改革開放初期鄧小平提出的「三步走」戰略目標進行的與時俱進的深化和推進。第一,「兩步走」發展戰略適應了新時代中國發展的新趨,是完善和完成鄧小平「三步走」發展戰略中第三步戰略目標的重大決策。第二,「兩步走」是在科學分析新時代中國社會主要矛盾變化基礎上,根據人民羣眾對美好生活嚮往的要求,作出的一個具有科學依據的科學結論。第三,「兩步走」在發展時限和具體要求上超越了鄧小平提出的「三步走」戰略,具體

表現為時間提前、「基本實現現代化」變為「實現現代化」，把實現現代化的時限提前到 2035 年，其實際進程縮短了 15 年，後面 15 年的目標則是要建成一個富強、民主、文明、和諧、美麗的社會主義現代化強國。

當前，我們正處在全面建設社會主義現代化國家的重要時期，前方的路漫長且艱辛，要靠接續奮鬥才能達到目標，要靠艱苦努力才能使社會主義現代化得到人民認可、經得起歷史檢驗。新藍圖指向新使命，新使命賦予新任務。我們的現代化建設包括建設現代化經濟體系、發展社會主義民主政治、推動社會主義文化繁榮興盛、加強和創新社會治理、建設美麗中國等全方位內容。只有自覺把現代化建設放在全局來審視和謀劃，才能進一步把準方向、強化舉措，才能將全面建設社會主義現代化國家戰略部署落到實處。

二、中國經濟增長具有潛力和韌性

新中國成立 70 多年來，特別是改革開放 40 多年來，在中國共產黨的堅強領導和中國人民持續不懈的努力下，中國從一個積貧積弱的低收入國家躍升為中等偏上收入國家，取得了舉世矚目的發展成就。2022 年，中國經濟總量突破 120 萬億人民幣，穩居世界第二位；創建了門類齊全的現代工業體系，製造業增加值連續多年穩居世界第一；人民生活告別了「票證時代」，走過了「溫飽階段」，迎來了「全面小康」。事非經過不知難，對比新中國成立初期中國經濟百廢待興的局面，今天我們能夠取得這樣的成績

實為艱難、殊為不易。

　　當前，儘管中國發展面臨的形勢複雜嚴峻，但中國經濟的韌性好、潛力足、迴旋餘地大的優勢和特徵仍十分明顯。2023 年初，國際貨幣基金組織、國際知名資產管理公司貝萊德分別預測中國 2023 年 GDP 增長將達到 5.2% 和 6%,對中國經濟前景表示樂觀。這充分說明，「中國經濟是一片大海，而不是一個小池塘」，「狂風驟雨可以掀翻小池塘，但不能掀翻大海」。韌性好、潛力足、迴旋餘地大的優勢，使我們有底氣更有信心，保持定力、堅守底線，不斷鞏固經濟持續向好的態勢，為全面建成社會主義現代化國家打下堅實基礎。

（一）中國經濟發展韌性好

　　始終堅持改革開放。改革開放是中國的基本國策，是決定當代中國命運的關鍵一招，更是中國大國經濟發展的制勝法寶。改革開放 40 多年來，我們根據不同時期面臨的矛盾和主要任務，通過改革開放不斷完善社會主義市場經濟體制，解放、發展和保護生產力，有效地釋放了改革紅利，推動了經濟發展。我們強調發揮大國的經濟發展優勢，同時也時刻不忘補齊自身短板。在實現總體經濟發展的同時，經濟的調整適應能力也在不斷增強。無論 1998 年亞洲金融危機，還是 2008 年美國次貸危機，我們都通過改革找到了經濟發展的關鍵點和突破口。無論是經濟從高速增長轉向高質量發展，還是從出口導向轉向內需拉動，我們都通過全面深化改革突破了經濟發展的瓶頸和阻梗，最終實現了危中取機、化危為機、轉危為安。

始終注重優化經濟結構。經濟結構優化和產業結構升級增強了中國經濟發展的穩定性和彈性。中共十八大以來，我們不斷深化供給側結構性改革，加強創新驅動，有效地推動了經濟結構的重大變革：經濟增長由原來的主要依靠工業帶動轉向了工業和服務業共同帶動；2022 年，第二、三產業增加值佔國民生產總值的比重已經達到 92.7%，經濟支撐由主要依靠投資拉動轉向了消費和投資共同拉動。此外，中國已從一個出口大國轉變為出口和進口並重的大國。2023 年 1—4 月，中國貨物貿易進出口總值達到 42.07 萬億元，同比增長 7.7%，其中，出口 23.97 萬億元，增長 10.5%，進口 18.1 萬億元，增長 4.3%，由「一枝獨大」到「雙輪驅動」的結構性變化，極大增強了經濟發展的穩定性和彈性。

始終堅持中國特色社會主義制度。中國特色社會主義制度優勢是實現經濟持續穩定發展的重要保障。新中國成立以來，特別是改革開放 40 多年來，我們堅持以經濟建設為中心，經濟駕馭能力不斷提高，經濟決策效率和工作執行力不斷增強，使中國經濟具備了非常強的應對各種風險挑戰的能力。比如，在宏觀調控領域，經過多年的改革探索，我們注重釋放市場經濟的能量，更好地發揮宏觀調控的重要作用，宏觀調控政策選擇不搞「大水漫灌」，而是「滴灌」「噴灌」，政策實施更為精準、靈活、有效，加之各級政府在「放管服」改革中不斷強身健體，政策執行水平也在不斷提高。

（二）中國經濟發展潛力足

一是市場資源空間廣闊。經過了新中國 70 多年建設，特別是

改革開放 40 多年的洗禮，中國形成了其他國家無可比擬的龐大市場空間：14 億多人口、九億多勞動力、十億多網民、1.7 億受過高等教育和擁有技能的人才資源、約 1.7 億個市場主體，這些動輒數以億計的市場資源和空間，就是參與全球經濟競爭的重要競爭優勢。按照「市場決定、政府有為」的要求，我們最終能夠釋放保持經濟平穩增長的移山填海的力量。

二是內需潛力持續旺盛。消費方面，按世界銀行劃分標準，中國有四億多中等收入群體人口，隨着消費環境的改善和優質供給的跟進，消費需求增長的潛力，特別是居民消費還有很大增長空間。投資方面，有關研究顯示，當前中國人均基礎設施資本存量只有發達國家的 20% 至 30%，基礎設施建設需求仍然很大，投資需求潛力仍然巨大。我們在基礎設施和民生領域的補短板空間仍然較大，廣大中西部地區、邊疆地區的交通狀況還相對落後；許多地區水利基礎設施欠賬較多；城市地下管網改造、鄉村道路硬化、垃圾污水處理、農房抗震加固、農村電網改造等基礎設施建設投資需求仍然很大、很迫切。下一步，我們要着力補齊短板，不斷激發出更多促進投資增長的內生動力。

三是新的活力更加充沛。創新驅動發展戰略的實施，大眾創業、萬眾創新政策的推進，極大地激發了全社會的創業創新活力。2022 年，中國的研發投入排名是全球第二位，研發經費總量高達 30,807 億元，是 2012 年的三倍。研發經費佔 GDP 的比重從 2012 年的 1.91% 提升至 2022 年的 2.55%，超過歐盟國家平均水平。創業創新正在推動中國由過去的人口紅利向人才紅利轉變，這將不斷釋放經濟發展的活力、動力、潛力，極大增強中國經濟的創新力、競爭力，有效提高應對複雜局勢的能力。

（三）中國經濟發展迴旋餘地大

一是發展空間大。中國幅員遼闊，國土面積約 960 萬平方千米，地區發展梯度明顯。隨着一系列重大區域發展戰略的有效實施和區域協調發展的深入推進，將不斷拓展發展空間，進一步釋放發展潛力，加快培育新的區域增長極。中共十八大以來，區域經濟發展更加協調，東、中、西、東北四大板塊良性互動，京津冀協同發展取得突破性進展，長江經濟帶加快發展，長三角一體化穩步推進，粵港澳大灣區和海南自貿區建設深入推進，空間發展格局更趨優化拓展。此外，不同地區發展水平、面臨的問題存在較大差異，而這些差異往往能創造很多發展機會。比如，當一些產業在沿海地區失去發展優勢時，在一些內陸地區仍然具有較大發展空間；再比如，當一些地區由於比較大的結構調整而面臨經濟下行壓力時，另一些地區則由於問題暴露和調整起步較早，結構升級可能已初見成效，進入穩定增長期，可以輸出有效的發展經驗，從而提高整體發展水平。

二是產業門類齊全。新中國成立後中國在工業領域的持續努力，為改革開放後中國工業化的快速發展奠定了基礎，經過改革開放 40 多年的攻堅克難，中國已經成為世界工業大國、製造業大國，是目前世界上唯一一個擁有聯合國產業分類中全部工業門類的國家，在世界 500 種主要工業產品中，220 種工業產品產量居世界首位，且產業鏈條非常完備。工業化也為國家積累了雄厚的物質基礎，使中國擁有其他國家無法比擬的產業配套能力、技術成果轉化能力和抗風險能力；即便有些行業受到一些外部影響，通過其他行業的加快發展，不僅能彌補、促進、支持這些行業克服

困難，更能夠有效對衝其對整體經濟的影響。

　　三是宏觀調控餘地大。市場經濟需要適時適度逆周期調節和相機抉擇，中國政府宏觀調控「工具箱」裏尚有較多政策儲備，可供選擇的工具較多。既能夠打「組合拳」，也可定向施策。從貨幣政策看，目前的準備金率離歷史的低點還有一定的空間，為貨幣政策精準發力留有餘地。從產業政策看，我們具有自上而下的頂層設計優勢，能夠為產業轉型升級提供政策保障。從財政政策看，我們堅持積極的財政政策，更加注重精準、可持續，不斷加大對市場主體支持力度，更好地發揮了財政穩投資促消費作用。

　　近年來，雖然全球動盪源和風險點增多，中美經貿摩擦不斷，經濟領域存在不少困難和挑戰，也確實面臨新的下行壓力，給中國的經濟發展帶來了新的挑戰，但要看到，這些都是前進中的問題，是經濟結構變革過程中必須經歷的陣痛。中國發展仍處在重要戰略機遇期，對這一新的內涵需要牢牢把握，中國加快經濟結構優化升級、提升科技創新能力、深化改革開放、加快綠色發展、參與全球經濟治理體系變革帶來了大量的新機遇，經濟長期向好的趨勢不會改變，我們有能力把經濟運行穩定在合理區間。[1]

1　張占斌：《中國經濟：持續釋放大國的優勢和潛力》，《光明日報》，2019 年 5 月 14 日。

三、努力跨越「中等收入陷阱」

（一）中等收入陷阱的來源與內涵

中共十八大以來，習近平在不同場合的重要論述中曾經談到過「陷阱定律」，如「塔西佗陷阱」「修昔底德陷阱」「中等收入陷阱」等。2014 年 11 月 10 日，習近平明確提出，「對中國而言，『中等收入陷阱』過是肯定要過去的。」中等收入陷阱的概念出處來自世界銀行 2007 年發佈的《東亞復興報告》。但是，這一報告並沒有明確的定義，只是探討如何加快中等收入國家的發展。直到 2015 年 8 月，世界銀行發佈《中等收入陷阱十周年》，才對不同學者的定義作了概括總結。「中等收入陷阱」有理論性定義和經驗性／量化定義兩種，其理論性定義的基本表述是：鮮有中等收入的經濟體成功地躋身高收入國家，這些國家往往陷入了經濟增長的停滯期，既無法在人力成本方面與低收入國家競爭，又無法在尖端技術研製方面與富裕國家競爭。經驗性／量化定義認為中等收入國家是個動態性的概念，在不同時期有不同評價標準。例如，2006 年世界銀行的標準是，人均國民收入在 824 美元以下的國家屬於低收入國家；在 825 美元至 3254 美元之間的國家屬於中低等收入國家；在 3255 美元至 10,064 美元之間的國家屬於中高等收入國家；10,065 美元以上則為高收入國家。2021 年 7 月，世界銀行對人均國民收入的閾值作了調整，按收入水平把經濟體劃分為低收入、中等偏下收入、中等偏上收入和高收入經濟體，對應的人均年收入區間分別為 1085 美元以下、1086 美元至 4255 美元、4256 美元至 13,205 美元和 13,205 美元以上。人均收入在 1.3

萬美元以下徘徊，卻很難突破這個水平，這是一些國家陷入「中等收入陷阱」的典型表現。

　　進入 21 世紀，中國是先提出中等收入者，後提出中等收入羣體、中等收入階層以及「中等收入陷阱」，並將「中等收入羣體比例明顯提高」作為跨越「中等收入陷阱」的關鍵舉措，即以「擴中」來「跨阱」。2002 年十六大報告指出，「以共同富裕為目標，擴大中等收入者比重」。十七大報告、十八大報告分別提出，「要基本形成合理有序的收入分配格局，使中等收入者佔多數」，將「中等收入羣體持續擴大」作為全面建設小康社會的重要目標之一。2016 年 1 月 18 日，習近平在省部級主要領導幹部學習貫徹中共十八屆五中全會精神專題研討班上指出，「要擴大中等收入階層，逐步形成橄欖型分配格局」。中共十九大報告、二十大報告中用的是「擴大中等收入羣體」。可見，中等收入者、中等收入羣體、中等收入階層等概念成為中國對處於社會中間階層羣體的官方稱謂。2014 年 11 月 10 日，習近平在北京出席亞太經合組織領導人同工商諮詢理事會代表對話時說：「對中國而言，『中等收入陷阱』過是肯定要過去的，關鍵是什麼時候邁過去、邁過去以後如何更好向前發展。我們有信心在改革發展穩定之間以及穩增長、調結構、惠民生、促改革之間找到平衡點，使中國經濟行穩致遠。」由此，超越「中等收入陷阱」成為中華民族實現「強起來」必須要認真回應與努力解決的突出問題。

（二）「中等收入陷阱」的主要特徵和表現

　　中等收入陷阱主要存在於經濟領域，但也有一些研究將其擴

大到社會和文化層面。嚴格來說，收入分配既是經濟問題，涉及經濟政策；也是社會問題，涉及社會保障政策。

在經濟領域，經濟增長回落或停滯、就業困難等可以理解為陷入中等收入陷阱。西方國家長期增速在 1%~3% 左右，是不是停滯呢？西方部分國家的失業率，特別是青年失業率很高，算不算陷入「中等收入陷阱」呢？2022 年，美國經濟增速 2.2%，日本經濟增速為 1.0%，歐元區和歐盟經濟增速分別為 3.5% 和 3.6%。中國 2022 年 GDP 總量突破 120 萬億元人民幣，經濟增速為 3.0%。應該說，長期低經濟增速不能判定一個國家是否陷入「中等收入陷阱」，要加入人均 GDP 標準。2022 年，美國的人均 GDP是 7.64 萬美元，日本是 3.49 萬美元，英國是 4.57 萬美元，法國是 4.09 萬美元，中國是 1.27 萬美元，印度為 0.25 萬美元。一般來說，發達國家的普遍特徵是較高的人類發展指數、人均 GDP、工業化水準和生活品質。中等收入國家的人均 GDP 是較低的。根據國家統計局發佈的 2021 年世界主要經濟體經濟指標數據顯示，2021 年失業率排名前五位的國家分別是意大利、法國、印度、加拿大和美國，失業率分別為 9.5%、7.9%、7.8%、7.5% 和 5.4%，中國失業率為 5.1%, 接近一些發達國家水平。另據國際勞工組織數據顯示，2021 年全球平均失業率為 6.2%，中等收入及以下的國家失業率也約為 6.3%。高失業率是「中等收入陷阱」的重要表現，陷入國的失業率基本都在 10% 左右。因此，從經濟增長、人均 GDP和就業等數據綜合看，中國還尚未完全跨越中等收入陷阱，但也不存在陷入中等收入陷阱的問題。

在社會領域，貧富分化和社會動盪也可以理解為陷入中等收入陷阱。《2022 年世界不平等報告》數據顯示，當前世界最富有的

10% 的階層擁有全球 75% 的財富份額，而底層 50% 的人口所佔財富比重則不足 2%，全球財富集中的現象愈發嚴重。截至 2021 年末，中國最富有的 10% 人羣擁有的財富份額高於法國（59.33%）、英國（57.13%）等歐洲國家，正逐漸接近美國（70.68%）。在考慮經濟發展水平的情況下，中國財富的集中程度亦處於較高水平。以上事實均表明，中國財富不平等的問題亟待解決。基尼係數是國際上通用的、用以衡量一個國家或地區居民收入差距的常用指標之一。基尼係數最大為 1，最小等於 0。基尼係數越接近 0 表明收入分配越是趨向平等。國際上並沒有一個組織或教科書給出最適合的基尼係數標準，但有不少人認為基尼係數小於 0.2 時，居民收入過於平均，處於 0.2—0.3 時較為平均，處於 0.3—0.4 時比較合理，處於 0.4—0.5 時差距過大，大於 0.5 時差距懸殊。從基尼係數看，一般發達國家的基尼係數為 0.24—0.36，而一些落入「中等收入陷阱」的經濟體，基尼係數都在 0.5 左右。2013 年，國家統計局首次公佈中國 2003 年至 2012 年基尼係數。數據顯示，2008 年基尼係數曾高達 0.491，2012 年回落至 0.474。2023 年至今，這一係數穩定在 0.47 左右。數據表明，中國貧富差距問題仍然比較突出，具有陷入中等收入陷阱的可能。另外，從城鎮化率來看，2021 年全國常駐人口城鎮化率達到 64.72%，戶籍人口城鎮化率達到 46.7%。根據世界城鎮化發展普遍規律，中國仍處於城鎮化率 30%~70% 的快速發展區間。按照國際經驗，中國 2030 年城鎮化率可能會達到 70%，未來十年將是城鎮化快速發展期，也是各種矛盾的集中爆發期，如果處理不好就業與產業問題，失業率可能會居高不下，會給社會穩定帶來很多問題。此外，在文化與思想價值領域存在信仰迷失、精神迷茫等也是很多

陷入中等收入陷阱國家的表現。

（三）發達國家跨越「中等收入陷阱」的主要經驗

推動中國成功跨越「中等收入陷阱」，對於促進社會公平、增進民生福祉、奪取全面建設社會主義現代化國家新勝利具有重大意義。從發達國家率先成長為高收入國家的經驗看，有以下幾點值得注意：

一是注重轉變發展方式，大力推進技術創新。經濟增長主要有兩個來源，一個是要素積累的增加，一個是全要素生產率的提高。發達國家的實踐表明，從低收入階段邁入高收入階段，首先要轉變經濟發展方式，從主要依靠要素投入轉變為提升技術創新能力。比如，美國在工業化後期，經濟增長主要依靠技術進步而不是單純的資本積累。美國經濟學家索洛研究提出，20 世紀上半葉美國人均產出增長的 87.5% 源於技術進步。[1]

二是注重完善市場機制，營造優質的營商環境。完善法律制度體系、維護市場秩序，保證中小企業在同等市場條件下平等參與市場競爭及合作，是發達國家的普遍做法。比如，英國政府不斷轉變職能，把主要精力放在彌補市場失靈和提供公共產品上，充分激活市場機制的活力；德國被稱為「法治經濟國家」，有着完善的經濟法律法規體系，這為穩定市場秩序提供了有力制度保障。

---

1 鄭之杰：《把握跨越「中等收入陷阱」的關鍵期》，《學習時報》2020 年 12 月 23 日第 3 版。

三是注重產業結構升級，為經濟增長提供持久動力。整體上看，工業化發展到一定階段以後，對經濟增長的帶動作用會逐漸減弱，而服務業的興起、新經濟業態的湧現，將會持續吸納就業、促進經濟發展，進而推動形成以中等收入羣體為主體的社會羣體。以美國為例，其工業化率從 20 世紀 50 年代以後開始下降，現代服務業逐漸成為城市化的主要動力。

四是注重促進社會公平，維護社會穩定。從中等收入邁向高收入階段過程中，整個社會的生活方式、價值理念、心態文化、利益格局、治理方式等都將發生重大轉變，如果應對失當，就會產生道德滑坡、信任喪失、社會整體失序等一系列社會問題，導致社會矛盾激化甚至社會斷裂。美國進入 20 世紀後，一度出現社會矛盾不斷積累、階層對立持續惡化的局面，為此，美國政府加大了收入再分配力度，縮小貧富差距，實現了社會的穩定發展。20 世紀中葉，英國、德國、日本都通過全面的制度調整和社會建設，建立福利制度，完善社會保障體系，為社會穩定提供了「安全網」。

（四）跨越「中等收入陷阱」應把握的重點

當前，中國發展不平衡不充分問題仍然突出，特別是創新能力還不適應高質量發展要求，收入差距仍然較大，公共服務均等化存在明顯短板。中共二十大為五年乃至更長時期的發展描繪了藍圖，作出了戰略部署，也為推動中國跨越「中等收入陷阱」指明了方向和路徑。重點應做好以下幾個方面工作：

一是更好推動有效市場和有為政府結合。跨越「中等收入

陷阱」，處理好政府和市場的關係是關鍵。落入「中等收入陷阱」的國家，絕大多數都沒有處理好兩者的關係。我們要汲取這些國家的教訓，通過全面深化改革，把政府和市場兩方面優勢發揮好、結合好。一方面，充分發揮市場在資源配置中的決定性作用，通過營造公平競爭的市場環境，激發各類市場主體活力。另一方面，更好地發揮政府作用，釐清政府行為邊界，在尊重市場規律的基礎上，用好用足政府組織協調優勢，推動市場建設、彌補市場調控失靈。

二是更大力度推動科技創新。創新是引領發展的第一動力。中國要跨越「中等收入陷阱」，必須堅定實施創新驅動發展戰略，走適合國情的創新路子，特別是要把原始創新能力提升擺在更加突出的位置，努力實現更多「從 0 到 1」的突破。跨越「中等收入陷阱」，關鍵是保持經濟長期穩定增長。要通過技術進步提升經濟潛在增速和持續增長能力，加強 5G、人工智能、大數據等新技術的運用，為經濟發展提供新的平台和機會。同時，要加大人力資本投入，加快人力資本積累，充分激發人才活力。

三是更高標準提升社會治理水平。社會治理現代化是跨越「中等收入陷阱」的基本條件。要健全多層次社會保障體系，深化收入分配制度改革，推動縮小城鄉、區域、不同群體間收入差距，擴大中等收入群體。同時，加強社會預期引導，以社會主義核心價值觀引領文化建設，培養公眾理性平和的健康心態，營造安定有序的社會環境，促進社會全面進步。

四是更好促進社會公平正義。用良法奠基善治，以善治實現發展，是跨越「中等收入陷阱」的必由之路。要促進良法與善治相結合，深入推進全面依法治國，大力弘揚現代化進程中的法治

精神，全面推進科學立法、嚴格執法、公正司法、全民守法，充分發揮法治在國家治理體系和治理能力現代化中的積極作用，強化經濟社會發展轉型的法治保障。

五是更好利用國內國際兩個市場、兩種資源。跨越「中等收入陷阱」不能在封閉的條件下推進。過去中國經濟發展是在開放條件下取得的，未來中國經濟高質量發展也必須在更加開放條件下進行。中國要實施更大範圍、更寬領域、更深層次對外開放，就要不斷擴大經貿合作朋友圈，依託國內超大規模市場優勢，構建以國內大循環為主體、國內國際雙循環相互促進的新發展格局，促進中國同各國互利共贏、共同繁榮發展。

（五）「中等收入陷阱」是建成社會主義現代化強國必須邁過去的坎

從國際社會看，「中等收入陷阱」並不是一個新奇的經濟社會現象。絕大多數發展中國家都經歷了所謂的「中等收入陷阱」，諸如馬來西亞、巴西、阿根廷、墨西哥、智利等國家在 20 世紀 70 年代就進入了中等收入國家行列，但之後數十年裏卻一直停滯在人均 GDP3000 美元至 5000 美元階段。世界銀行的一項調查顯示，從 1960 年到 2008 年，全球 101 個中等收入國家和地區中，只有 13 個成功發展為高收入經濟體。應該說，中國正處於從中高收入國家邁向高收入國家的關鍵期，存在着落入「中等收入陷阱」的可能性，需要各方未雨綢繆、積極應對。

中共十八大以來，以習近平同志為核心的黨中央高度重視「中等收入陷阱」可能帶來的風險，圍繞生產力與生產關係、經濟

基礎與上層建築、國內經濟與國際經濟的深刻調整和變革等，深入思考和把握中國經濟社會發展的歷史方位，提出了一系列新思想新觀點新論斷，作出了一系列重大決策，指引中國經濟發展取得了歷史性成就，發生了歷史性變革，開啟了全面建設社會主義現代化強國新征程。應該說，跨越「中等收入陷阱」，不僅是巨大挑戰，也是巨大機遇。如果我們按照既定目標持續保持高質量增長，就能夠成功跨越「中等收入陷阱」。這將是人類歷史上的一大創舉。當然，機遇越大，困難和挑戰也就越大。當我們越來越接近這一目標時，困難和挑戰可能會變得前所未有。我們既要充分估計到困難，同時，也要更加堅定信心，上下同欲，奮力跨越「中等收入陷阱」，如期實現全面建成小康社會的目標。

四、邁向「基本實現社會主義現代化」目標

中共十九大對全面建成社會主義現代化強國作出「兩步走」戰略安排，中共二十大重申了這一戰略安排，即從 2020 年到 2035 年基本實現社會主義現代化；從 2035 年到 21 世紀中葉把中國建成富強民主文明和諧美麗的社會主義現代化強國。同時，中共二十大對 2035 年發展目標作了更全面的概括，即經濟實力、科技實力、綜合國力大幅躍升，人均國內生產總值邁上新的大台階，達到中等發達國家水平；實現高水平科技自立自強，進入創新型國家前列；建成現代化經濟體系，形成新發展格局，基本實現新型工業化、信息化、城鎮化、農業現代化；基本實現國家治理體系和治理能力現代化，全過程人民民主制度更加健全，基本建

成法治國家、法治政府、法治社會；建成教育強國、科技強國、人才強國、文化強國、體育強國、健康中國，國家文化軟實力顯著增強；人民生活更加幸福美好，居民人均可支配收入再上新台階，中等收入羣體比重明顯提高，基本公共服務實現均等化，農村基本具備現代生活條件，社會保持長期穩定，人的全面發展、全體人民共同富裕取得更為明顯的實質性進展；廣泛形成綠色生產生活方式，碳排放達峰後穩中有降，生態環境根本好轉，美麗中國目標基本實現；國家安全體系和能力全面加強，基本實現國防和軍隊現代化。[1] 從經濟層面來看，要重點把握好以下幾個方面：

（一）達到中等發達國家水平

中等發達國家指的發展水平介於發達國家以及發展中國家之間的「過渡型國家」。「中等發達國家」的提法和「小康社會」「全面小康社會」等提法一樣，不是國際通用的概念，起因是鄧小平同志曾講過，到 2050 年中國爭取要達到中等發達國家水平，基本實現現代化。因此，在我們的語境中，中等發達等同於基本現代化。

中等發達國家的標準是什麼？從國際上已經邁入中等發達國家行列的一些國家來看，除了人均國民生產總值達到兩萬美元以上這一標準之外，中等發達國家一般還具有如下特徵：一是重視收入分配，經過再分配調節之後的貧富差距進一步縮小；二是產業結構多在中高端，科技創新能力普遍較強；三是人類發展指數處於超高人類發展水平，人均預期壽命、平均受教育年限、健康

1　本書編寫組：《黨的二十大報告輔導讀本》，人民出版社 2022 年版，第 22 頁。

期望壽命等指標均處於高水平，公共教育服務體系、公共醫療衛生服務體系、社會保障體系健全度與質量均比較高；四是高度重視現代信息技術的運用，推動經濟、社會數字化轉型。因而，要成為中等發達國家，必須進一步完善邁向中等發達國家的各項關鍵性制度，包括收入分配制度、科技創新制度、產業升級政策、綠色發展機制等。

中國已進入高質量發展階段，從經濟發展能力和條件看，有希望、有潛力在質量效益明顯提升基礎上保持長期平穩發展，到 2035 年實現經濟總量或人均國內生產總值比 2020 年翻一番。2021 年，中國人均國內生產總值達到 12,551 美元，超過世界平均水平。要實現 2035 年翻一番的目標，則要求未來 15 年經濟總量年均增長 4.73%。研究表明，中國經濟潛在增長率為 5%~5.5%，因此，只要我們把經濟增速保持在合理區間，則可以實現 2035 年將達到中等發達國家水平的目標。

（二）實現高水平科技自立自強

到 2035 年，中國將進入創新型國家前列。屆時，國家創新體系效能全面提升，國家戰略科技力量和高水平人才隊伍居世界前列，基礎研究和原始創新能力全面增強，關鍵核心技術實現重大突破和自主可控，更多科技前沿領域實現並跑和領跑。全社會研發經費投入強度、基礎研究經費投入佔研發經費投入比重達到主要發達國家水平。中國全球創新指數排名進入世界前列，科技進步貢獻率大幅提升。

新冠肺炎疫情、烏克蘭危機對全球的影響警示我們：高水

平科技自立自強具有重大戰略意義和全局意義。有效應對前進道路上的重大挑戰，維護國家安全和戰略利益，必須實現科技自立自強，這樣才能把發展的主動權牢牢掌握在自己手中，中國的現代化進程才不會遲滯甚至被打斷。一是構建科技發展新格局。圍繞國家急迫需要和長遠需求，加快實施一批具有戰略性全局性前瞻性的國家重大科技項目，增強自主創新能力。以國家目標和戰略需求為導向，加快組建一批國家實驗室，形成國家實驗室體系。強化企業科技創新主體地位，發揮科技型骨幹企業引領支撐作用。二是堅決打贏關鍵核心技術攻堅戰。健全新型舉國體制，以國家戰略需求為導向，以具有先發優勢的關鍵技術和引領未來發展的基礎前沿技術為突破口，集聚力量進行原創性引領性科技攻關，着力解決影響制約國家發展全局和長遠利益的重大科技問題。三是加強基礎研究。從經濟社會發展和國家面臨的實際問題中凝練科學問題，從源頭和底層解決關鍵核心技術問題。鼓勵自由探索，拓展認識自然的邊界。四是深化科技體制改革。加強知識產權法治保障，形成支持全面創新的基礎制度。培育創新文化，弘揚科學家精神。着力造就拔尖創新人才，激發各類人才創新活力和潛力，聚天下英才而用之。

（三）建成現代化經濟體系

到 2035 年，我們將基本實現新型工業化、信息化、城鎮化、農業現代化，形成新發展格局。形成以國內大循環為主體、國內國際雙循環相互促進的新發展格局，生產、分配、流通、消費更多依託國內市場，參與國際經濟合作和競爭新優勢明顯增強，國

民經濟實現良性循環。由製造大國邁入製造強國，產業鏈供應鏈基本安全可控、韌性顯著增強，實現產業基礎高級化、產業鏈現代化。數字經濟與實體經濟深度融合，公共服務、社會治理等領域數字化智能化水平大幅提升。以城市羣為主體、大中小城市和小城鎮協調發展的城鎮化格局基本形成，常住人口城鎮化率、戶籍人口城鎮化率大幅提高，城市品質明顯提升。農業綜合生產能力明顯提高，國家糧食安全和重要農產品供給得到更好保障。

現代化經濟體系是由社會經濟活動各個環節、各個層面、各個領域的相互聯繫構成的一個有機整體。當今世界正經歷百年未有之大變局，新一輪科技革命和產業變革方興未艾，經濟競爭成為國家競爭的主戰場。隨着中國經濟發展由高速增長階段轉向高質量發展階段，加快建設現代化經濟體系成為當務之急。一是實現供需動態平衡。以市場化、法治化手段優化存量資源配置，減少無效和低端供給，堅決淘汰僵屍企業，促進資源合理有效配置，同時積極擴大優質增量供給，加快建設製造強國，發展先進製造業、現代服務業，推動中國產業發展邁向全球價值鏈中高端，更好地滿足人民日益增長的美好生活需要。二是推動新舊動能接續轉換。經過長期努力，中國在核心科技方面與發達國家的差距在不斷縮小，從過去以「跟跑」為主，逐步轉變為「跟跑、並跑、領跑」並行。要強化基礎研究，實現重大突破和顛覆性創新；倡導創新文化，激發全社會創新潛力和創造潛能；培育創新人才，造就高水平創新團隊。三是深化重點領域和關鍵環節改革。要繼續在社會主義基本制度與市場經濟的結合上下功夫，進一步激發市場主體活力。深化「放管服」改革，提高政府公共服務能力和水平。深化國有企業改革，培育具有全球競爭力的世界

一流企業。理順中央地方財政關係，健全金融監管體系，守住不發生系統性金融風險底線。四是形成全面開放新格局。要抓住世界經濟回升、分工格局調整的新機遇，優化進出口結構。以「一帶一路」建設為重點，堅持「引進來」和「走出去」並重，拓展國際發展新領域。加快自貿區建設，賦予自貿區更大自主權。

（四）基本公共服務實現均等化

到 2035 年，人民生活更加幸福美好，社會保持長期穩定，人的全面發展、全體人民共同富裕取得更為明顯的實質性進展。人民生活水平和質量顯著提升，擁有更好的教育、更穩定的工作、更滿意的收入、更可靠的社會保障、更高水平的醫療服務、更舒適的居住條件、更優美的環境、更豐富的精神文化生活。低收入羣體規模顯著減少，基本形成以中等收入羣體為主體的「橄欖型」社會結構。公共服務體系健全完善，實現基本公共服務覆蓋全民、兜住底線、均等享有。農村基礎設施和公共服務明顯改善，基本建成具備現代生產生活條件的宜居宜業和美鄉村。改革發展成果更多更公平惠及全體人民，城鄉區域發展差距和居民生活水平差距明顯縮小，人民獲得感、幸福感、安全感更加充實、更有保障、更可持續。

基本公共服務均等化是指全體公民都能公平可及地獲得大致均等的基本公共服務，其核心是促進機會均等，重點是保障人民羣眾得到基本公共服務的機會。一是「定標準」，健全和完善基本公共服務標準體系。要統籌經濟社會發展水平和財政承受能力等因素，圍繞幼有所育、學有所教、勞有所得、病有所醫、老有

所養、住有所居、弱有所扶等民生保障目標，不斷完善國家基本公共服務標準，推動基本公共服務達標。二是「補短板」，補齊基本公共服務的短板。要採取針對性更強、覆蓋面更廣、作用更直接、效果更明顯的舉措，促進公共服務資源向基層延伸，向農村覆蓋，向邊遠地區和生活困難羣眾傾斜，加快補齊基本公共服務的軟硬件短板和弱項。三是「提效能」，系統提升公共服務效能。要科學謀劃改革創新，統籌規劃公共服務的設施佈局，構建公共服務多元供給格局，提高公共服務便利共享水平，健全公共服務要素保障體系，不斷增強公共服務體系服務能力，提升服務效率。

（五）形成綠色生產生活方式

到 2035 年，生態環境根本好轉，美麗中國目標基本實現。清潔低碳、安全高效的能源體系和綠色低碳循環發展的經濟體系基本建立，各類主要資源利用效率、主要污染物排放強度、碳排放強度接近發達國家平均水平，碳排放總量力爭在 2030 年前實現達峰後穩中有降。大氣、水、土壤等環境狀況明顯改觀。

推動綠色低碳發展是大勢所趨，綠色經濟已成為全球經濟競爭制高點。一是加快推動產業結構、能源結構等調整優化。調整優化經濟結構是從源頭推動發展方式綠色轉型的重要任務。要減少過剩和落後產能，加快傳統產業改造升級，降低重點行業污染物排放，持續降低碳排放強度。推動戰略性新興產業、高技術產業、現代服務業加快發展。大力發展非化石能源，加快發展風電、太陽能發電，做好水電開發和生態保護，積極安全有序發展核電。加快充電樁等新型基礎設施建設，促進新能源汽車生產

和消費。二是推進各類資源節約集約利用。轉變資源利用方式、提高資源利用效率是加快發展方式綠色轉型的重要途徑。要實行最嚴格的耕地保護、水資源管理制度，節約集約使用基礎性、戰略性資源。加強高能耗行業管理，嚴格控制鋼鐵、化工、水泥等主要用煤行業煤炭消費。加強工業領域節能和效能提升，強化建築、交通節能。加強商品過度包裝治理，推進快遞包裝綠色化、減量化和循環化。加快構建廢棄物循環利用體系，推動各種廢棄物和垃圾集中處理和資源化利用。三是發展綠色低碳產業。要推動新興信息技術與綠色低碳產業深度融合，建設綠色製造體系和服務體系。發展高效節能與先進環保裝備製造業，培育壯大節能環保產業、清潔生產產業、清潔能源產業。發展循環經濟，推動再生資源清潔回收和規模化利用。四是倡導綠色消費。大力弘揚勤儉節約的中華民族優秀傳統，推動生活方式和消費模式向簡約適度、綠色低碳、文明健康的方向轉變，拒絕奢華和浪費。大力推廣綠色有機食品、農產品，引導消費者合理、適度採購、儲存、製作食品和用餐。提倡綠色居住，鼓勵使用節能家用器具。大力倡導公共交通工具、自行車、步行等綠色出行方式。積極踐行「光盤行動」，堅決制止餐飲浪費行為。

五、擘畫「建成社會主義現代化強國」目標

中共二十大報告提出，在基本實現現代化的基礎上，我們要繼續奮鬥，到 21 世紀中葉，把中國建設成為綜合國力和國際影響力領先的社會主義現代化強國。到那時，中國物質文明、政治文

明、精神文明、社會文明、生態文明將全面提升，統籌推進「五位一體」總體佈局將取得標誌性成果。

在經濟建設方面，全面形成高質量發展模式和高水平的現代化經濟體系，經濟總量穩居世界第一，國家創新能力、社會生產力水平和核心競爭力名列世界前茅，成為全球主要科學中心、創新高地和重大科技成果主要輸出地。

在政治建設方面，全面實現國家治理體系和治理能力現代化，中國特色社會主義制度更加鞏固、優越性充分發揮，全面建成法治國家、法治政府、法治社會，充分實現全過程人民民主，社會主義民主政治更加成熟完善。

在文化建設方面，在全社會形成與社會主義現代化強國相適應的理想信念、價值理念、道德觀念和精神風貌，全民族文化創新創造活力充分釋放，公民文明素質和社會文明程度顯著提高，中國精神、中國價值、中國力量在全球更加彰顯。

在社會建設方面，全體人民共同富裕基本實現，全社會實現高質量的充分就業，收入分配的公平程度排在世界前列，城鄉居民將普遍擁有較高的收入、富裕的生活、健全的基本公共服務，社會充滿活力而又規範有序。

在生態文明建設方面，美麗中國全面建成，天藍、地綠、水淨、山青的優美生態環境成為普遍形態，實現人與自然和諧共生的現代化，成為全球生態環境保護領先的國家。到那時，具有5000多年文明歷史的中華民族將煥發出前所未有的生機活力，將以更加昂揚的姿態屹立於世界民族之林。

總之，中國要全面建成的社會主義現代化強國，既具備世界主要現代化強國的一般特點，也具有體現中國特色社會主義本質

要求和中國國情的鮮明特徵，還具有反映中華文明對人類文明進步作出更大貢獻的天下情懷。全面建成這樣的社會主義現代化強國，實現經濟社會全面進步、國家「硬實力」和「軟實力」全面提升，使人民物質富足、精神富有，將不僅更好造福中國人民，也更好造福世界各國人民，充分彰顯了我們為世界謀大同、為人類創未來的不懈追求。[1]

1　本書編寫組：《黨的二十大報告輔導讀本》，人民出版社 2022 年版，第 225、226 頁。

第十章

走中國式
現代化發展道路

中國式現代化，是中國共產黨領導的社會主義現代化，既有各國現代化的共同特徵，更有基於自己國情的中國特色，習近平在二十大報告的鏗鏘話語中為我們展現了中國式現代化的光明前景。中國式現代化理論摒棄了西方以資本為中心的現代化、兩極分化的現代化、物質主義膨脹的現代化、對外擴張掠奪的現代化老路，是對西方現代化理論的超越，打破了「現代化＝西方化」的迷思，向世界展現出中華民族自信自立的時代形象。特別是中共十八大以來，以習近平同志為核心的黨中央進一步深化對中國式現代化的內涵和本質的認識，概括形成中國式現代化的中國特色、本質要求和重大原則，使中國式現代化更加清晰、更加科學、更加可感可行。

一、中國式現代化的特徵

　　什麼是中國式現代化？中國式現代化有怎樣的特徵？習近平指出：「中國式現代化，是中國共產黨領導的社會主義現代化，既有各國現代化的共同特徵，更有基於自己國情的中國特色。中國式現代化是人口規模巨大的現代化，是全體人民共同富裕的現代

化，是物質文明和精神文明相協調的現代化，是人與自然和諧共生的現代化，是走和平發展道路的現代化。」[1] 習近平高度精準又深刻地表達了中國式現代化的科學內涵和基本特徵。

（一）中國式現代化是以中國共產黨為領導核心的現代化

中國是一個擁有 5000 多年文明傳統和多民族的國家，為了推進中華民族的偉大復興並團結全國各民族人民，必須具備強有力的政治動員能力和組織力量，以實現中國式現代化。堅持中共的領導、人民當家作主和依法治國有機統一，是建設和發展社會主義政治的歷史使命，是推進國家治理體系和治理能力現代化的時代任務，是不斷完善和發展中國特色社會主義制度、實現社會主義現代化的必然要求。中國共產黨的領導是中國特色社會主義的最本質特徵和中國特色社會主義制度的最大優勢，是中國式現代化道路有別於其他國家現代化的最重要特徵。在此意義上，中國式現代化新道路的最本質特徵是堅持中國共產黨的領導。

舉一個我們身邊的例子，疫情防控工作事關人民群眾的生命安全和身體健康，事關經濟社會發展穩定大局，堅持中共的集中統一領導至關重要。在疫情期間，全國各地的醫院都面臨巨大的救治壓力，這時，中共的統一領導、統一指揮、科學研判、科學決策成為打贏疫情保衛戰的根本保證。

---

1 《習近平談治國理政》第四卷，外文出版社 2022 年版，第 164 頁。

（二）中國式現代化是人口和經濟規模巨大的現代化

作為一個擁有 14 億多人口的發展中國家，中國人口比目前進入現代化行列的西方國家的總人口數還多。縱觀世界現代化歷史，從來沒有任何一個像中國這樣的國家在人口規模如此巨大的條件下實現現代化。中國的現代化立足國內大市場的潛力，將打造具有全球影響力的超大規模市場。在這樣一個世界上從未有過的超大人口和經濟規模的國家實現現代化，是一個世界性和世紀性的難題。實現中國式現代化，將徹底改寫現代化的世界版圖，創造人類歷史的奇跡。

一個有着 14 億人口的大國想要實現現代化將面臨怎樣複雜和艱難的挑戰？現代經濟增長理論認為，人口因素是人類社會發展的重要物質條件。人口的數量、結構和質量等因素對社會生產和社會進步產生着重要影響。這就要求中國式現代化必須始終堅持以人民為中心，提高人口素質，開發人力資本，釋放人才紅利，實現人口現代化飛躍。

（三）中國式現代化是全體人民共同富裕的現代化

中國式現代化是全體人民共同富裕的現代化。習近平強調，「堅持發展為了人民、發展依靠人民、發展成果由人民共享」。[1] 這既是現代社會健康發展的本質要求，也是中國式現代化探索實踐

1　習近平：《高舉中國特色社會主義偉大旗幟 為全面建設社會主義現代化國家而團結奮鬥 —— 在中國共產黨第二十次全國代表大會上的報告》，人民出版社 2022 年版。

得出的寶貴經驗。共同富裕是社會主義的本質要求，是以人民為中心發展思想的真實體現，也是中國式現代化的重要特徵。只有全體人民物質生活和精神生活都得到不斷改善，才能形成推進社會主義現代化的強大動力，推動經濟社會全面進步，真正實現社會主義現代化的遠景目標。

為了實現共同富裕，我們已經有了重大的階段性成果，並有了遠大的目標規劃：2020 年，中共領導人民打贏脫貧攻堅戰，歷史性地解決了絕對貧困問題，全面建成小康社會，為實現共同富裕奠定了良好的基礎。通過繼續推進中國式現代化建設，到 2035 年，全體人民共同富裕將取得更為明顯的實質性進展；到 21 世紀中葉，將基本實現全體人民共同富裕。在以中國式現代化推進中華民族偉大復興的不懈奮鬥中，共同富裕將會在開闢馬克思主義中國化時代化新境界的實踐進程中不斷豐富發展。

（四）中國式現代化是物質文明和精神文明相協調的現代化

實現中華民族偉大復興需要物質文明和精神文明共同進步作為前提條件，這既需要強大的經濟基礎，也需要全國人民團結起來的強大精神力量。與西方現代化對物質文明的極致追求不同，中國式現代化旨在從整體上推進人類社會的現代化進程，在高質量發展物質文明的同時，大力發展社會主義先進文化，弘揚中華優秀傳統文化，促進物質文明和精神文明協調發展。

比如，在推進城鎮化建設方面，既要根據不同地區的經濟發展水平和區域優勢發展特色產業，又要根據各地自然歷史文化稟

賦發展有歷史記憶、文化脈絡、地域風貌、民族特點的美麗城鎮精神文明建設倡議。在農業現代化建設方面，既要加速農業供給側改革，加大強農惠農富農政策力度等物質文明建設，又要推動移風易俗活動，加強鄉村道德治理等精神文明建設。

（五）中國式現代化是人與自然和諧共生的現代化

「生態興則文明興，生態衰則文明衰。」[1] 縱觀人類社會發展史，人類文明的興衰與生態環境的優劣有着密不可分的關係。遍數古中國、古巴比倫、古埃及、古印度四大文明古國，無一不發源於水量豐沛、森林茂密、田野肥沃、生態良好的地區。正是先有「生態興」，古國人民才得以在此基礎上創造出聞名世界的繁榮勝景和燦爛文化，即「文明興」。生態可載文明之舟，亦可覆舟。過度放牧、伐木、墾荒和盲目灌溉等，讓植被銳減、洪水氾濫、河渠淤塞、氣候失調、土地沙化，生態慘遭破壞，它所支持的生活和生產也難以為繼，並最終會導致文明的衰落。

新時代以來中國共產黨從新的實際出發，以前所未有的力度抓緊生態文明建設。2021 年 1 至 8 月，北京的 PM2.5 平均濃度從三年前的 150 微克／立方米降至 34 微克／立方米，打贏了藍天保衛戰三年行動計劃；在經過 70 多年堅持不懈的努力之後，截至 2022 年，陝西榆林已經成功將四萬多平方千米的毛烏素沙漠變成了綠洲。這項壯舉使得每年可以減少黃河輸沙量達到四億噸，成為了防沙治沙的世界奇跡以及綠色發展的全球典範。可以說，中

---

1 《十九大以來重要文獻選編》（上），中央文獻出版社 2019 年版，第 444 頁。

國式現代化不是單向征服自然的現代化，不是破壞和污染環境的現代化，不是無節制消耗資源的現代化，而是充分體現資源節約和環境友好，綠色發展、低碳發展、可持續發展的現代化。

（六）中國式現代化是和平發展的現代化

中國式現代化進程是一個和平的進程，僅用幾十年時間就取得了現代化建設的輝煌成就，一個重要原因就是牢牢把握和平與發展的時代主題，走出了一條「以合作取代對抗，以共贏取代獨佔」的現代化之路，展現的是一幅共商、共建、共贏的現代化新圖景。特別是與歐美一些老牌資本主義國家實現現代化的路徑不同的是，中國式現代化道路不靠發動戰爭、不靠殖民掠奪、不靠欺負幼小國家，而是堅持走和平發展的道路，推動構建人類命運共同體。

我們始終堅持和平發展，堅持永不稱霸、不搞擴張、不謀求勢力範圍，既通過維護世界和平發展自己，又通過自身發展促進世界和平；始終堅持公平正義，不懈推動人類自由解放，堅持國家不分大小、強弱、貧富一律平等，反對強加於人，反對干涉內政，反對以強凌弱；始終堅持合作共贏，不懈促進各國共同發展，堅持互利共贏的開放戰略，以合作消弭對抗，以共贏取代零和，以中國的新發展為世界提供新機遇。

二、堅持黨對經濟工作的領導

習近平在總結中共十八大以來中國經濟建設實踐經驗時提出了「堅持加強黨對經濟工作的集中統一領導」的重要命題，後又逐漸

將其深化為做好經濟工作的首要規律。這一規律是如何形成的？我們又如何認識這一規律？這需要從歷史和現實中尋找答案。

（一）百年大黨領導經濟工作的成績

新中國在成立前夕，資本主義對於共產黨領導經濟工作經常有負面斷言，他們認為一個缺乏經濟領導經驗的政黨只會在經濟建設工作上交出「零分答卷」。1949 年新中國成立之時，時任美國國務卿艾奇遜曾預言：「中國人口眾多，歷代政府包括國民黨政府都沒有解決中國人的吃飯問題，這是他們失敗的原因。同樣，共產黨政權也解決不了中國人的吃飯問題，它必然會因此而垮台。」[1] 這些言論早被黨領導取得的巨大經濟成就所證偽。事實充分證明，中國共產黨在領導經濟工作上已經給出優秀答卷。

在中國革命早期，革命先驅李大釗運用馬克思主義唯物史觀就提出了「經濟問題的解決是根本解決」[2] 的著名論斷，闡明了中國共產黨的任務和使命。以毛澤東同志為主要代表的中國共產黨人，領導人民先後取得了新民主主義革命的勝利、社會主義革命和建設的勝利。這些勝利的基礎無疑體現在經濟方面。在新民主主義革命期間，通過實施一系列措施，如進行土地改革、建立軍需和民用工業、完善財政和金融體系、促進商品流通等，克服了

1　國紀平：《人民日報國紀平：中國道路的世界意義》，《人民日報》，2014 年 9 月 30 日。
2　李大釗：《再論問題與主義》，《每周評論》第 35 號，1919 年 8 月 17 日。

敵方的大規模軍事圍剿和全面封鎖，積極推動根據地經濟發展。這些行動為革命勝利創造了有利的經濟條件，並贏得了廣泛的人民支持。在社會主義革命和建設時期，特別是新中國成立之初以非常之能成功穩定物價、穩步統一財經，迅速醫治戰爭創傷，徹底扭轉國民黨政府持續十餘年之久的惡性通脹局面，短短三年把國民經濟恢復到歷史最高水平，鞏固了新中國經濟基礎；在接下來的 30 年內，中國共產黨建立了完備的工業和國民經濟體系，為實現民族復興打下了扎實的基礎。1978 年，我們實行改革開放政策，逐步建立了社會主義市場經濟體制，為中國迅速趕上時代和走向世界提供了基本經濟制度。我們成功應對了 1997 年亞洲金融危機和 2008 年國際金融危機，充分展示了黨治理經濟的非凡能力，呈現出負責任大國的形象，並為世界金融穩定和經濟發展作出了積極貢獻。這些載入史冊的卓越成就充分顯示了黨領導經濟工作的智慧和擔當。

進入新時代，以習近平同志為核心的黨中央堅持黨對經濟工作的全面領導，提出新發展理念，實施供給側結構性改革，建設現代化經濟體系，推動經濟發展質量變革、效率變革、動力變革，形成了習近平經濟思想。中國經濟邁上更高質量、更有效率、更加公平、更可持續、更為安全的發展之路，國內生產總值突破百萬億元大關，人均國內生產總值超過一萬美元，歷史性地解決了幾千年來困擾中華民族的絕對貧困問題。這些成就和變化從根本上改變了中國的面貌，使中華民族實現了從站起來、富起來到強起來的偉大飛躍。中國多年來一直對世界經濟增長作出了約 30% 的貢獻，這使得中國越來越成為全球經濟增長的關鍵驅動力，成為建立全新世界秩序的重要支柱。

（二）黨領導經濟工作堅持用好「兩隻手」

在市場經濟體系中，有一隻「無形的手」——市場，和一隻「有形的手」——政府干預。這兩種力量緊密相連又相互補充，從而讓市場行為保持平衡。然而現實情況往往更具複雜性，政府干預與市場調節都不是萬能的，都存在缺陷和失靈的可能。諾貝爾經濟學獎獲得者薩繆爾森說：「當今沒有什麼東西可以取代市場來組織一個複雜的大型經濟。問題是市場既無心臟也無頭腦，它沒有良心，也不會思考，沒有什麼顧忌。所以要通過政府制定政策，糾正某些由市場帶來的經濟缺陷。」[1] 但政府的無效干預和過度干預，同樣會導致「失靈」。「兩隻手失靈」的問題，也就成了經濟學上的世界性難題。

在西方資本主義國家，「兩隻手失靈」的現象更為嚴重，其癥結就在於對資本逐利性的放任。資本主義國家往往是基於利益的聯合體，而資本主義政府往往也只服務於資本利益集團。比如，西方總統的選舉往往是利益集團推選代表人的選舉，勝出的一方往往是背後有更大資本支持的一方。而新上台的政府也因此不可避免地成為具有逐利天性的壟斷資本集團的傀儡，也即成為了沒有「良心」的「市場」的一方，導致兩隻手的平衡完全被打破，「雙失靈」的問題不可避免。

黨對經濟工作的全面領導具有防止「某隻手失靈」的獨特作用。中國共產黨沒有任何自己的特殊利益，始終代表最廣大人民的根本利益。正因為這種與生俱來的超脫於任何利益集團的獨特

1　［美］薩繆爾森：《經濟學》（上），高鴻業譯，中國發展出版社 1993 年版，第 78 頁。

品質，黨才具有全面領導的底氣和資格，才能夠成為獨立於「有形的手」和「無形之手」的「公平正義的手」。這雙手可以帶領經濟走在正確的健康的發展軌道上，也防止了資本按照其逐利本性的任性流動。黨對經濟工作的全面領導保證了社會主義中國既可以對國內、國際的資本進行有效監督，防止其無序擴張，又能對其進行合理引導，保證其健康發展，發揮對國內各生產要素的積極作用。中國共產黨統籌下的政府與市場的關係，更加尊重市場規律，更加充分考慮國計民生，充分彰顯社會主義制度的優越性。

（三）如何加強黨對經濟工作的全面領導

百年變局加速演進，大國博弈日趨激烈。如何總攬國內國際「兩個大局」，如何釐清政府與市場、政府與企業的邊界，如何讓「無形之手」和「有形之手」各展其長、相得益彰，這是擺在中共面前的難題和考驗。如何解難題、渡難關，關鍵在於提高黨領導經濟工作的能力。

不斷加強黨的經濟理論創新和發展。以習近平同志為核心的黨中央不斷推動實踐基礎上的理論創新，提出一系列新思想新觀點新論斷，如中國特色社會主義最本質的特徵是中國共產黨領導，中國特色社會主義制度的最大優勢是中國共產黨領導，堅持和加強黨對經濟工作的集中統一領導等，有力指導了新時代經濟發展實踐。中共十九大作出中國經濟轉向高質量發展階段的判斷，科學回答了中國經濟怎麼看、怎麼幹的問題。這些重要論述，連同經濟發展新常態、深化供給側結構性改革、貫徹新發展

理念、構建新發展格局等，成為習近平經濟思想的重要組成部分，是馬克思主義政治經濟學的最新成果，也是全面建設社會主義現代化國家必須長期堅持的重要遵循。

不斷加強黨的經濟制度創新和發展。中共十八屆三中全會決定提出，使市場在資源配置中起決定性作用和更好發揮政府作用。中共十九屆四中全會將公有制為主體、多種所有制經濟共同發展，按勞分配為主體、多種分配方式並存，和社會主義市場經濟體制共同明確為社會主義基本經濟制度，為堅持和加強黨對經濟工作的集中統一領導提供了制度依據。立足豐富的經濟發展實踐，我們進一步完善相關制度政策，如堅持「兩個毫不動搖」，激發各類市場主體活力；通過完善初次分配制度、健全再分配調節機制、規範收入分配秩序、擴大中等收入羣體等制度設計，進一步完善社會主義分配制度等。

不斷健全完善黨領導經濟工作的體制機制。中共十八大以來，中央政治局常委會、中央政治局定期調研分析經濟形勢，決策重大經濟事項；中央財經委員會和中央全面深化改革委員會及時研究經濟領域重大戰略問題；歷次中央經濟工作會議對經濟發展作出部署；編制和實施經濟和社會發展五年規劃，把頂層設計與問計於民結合起來。中國共產黨不斷探索創新領導經濟工作的體制機制，把黨的全面領導落實到經濟社會發展各方面，堅持做好黨領導經濟工作的戰略謀劃和制度建設，不斷提高黨領導經濟工作的法治化水平，自覺運用法治思維和法治方式深化改革、推動發展、化解矛盾、維護穩定。

不斷提高黨員幹部領導經濟工作的能力水平。經濟社會發展是一個系統工程，領導幹部必須全面把握中國經濟社會發展的階

段性特點和未來趨勢，綜合考慮政治和經濟、現實和歷史、物質和文化、發展和民生、資源和生態、國內和國際等多方面因素，統籌推進、精準施策，把新發展理念落到實處。做好經濟工作不能因循守舊。面對新情況新問題，必須增強補課充電的緊迫感，加強經濟學知識、科技知識學習，學習歷史知識，厚植文化底蘊，強化生態觀念，完善知識結構，注重調查研究，努力成為抓經濟工作的行家裏手。

三、堅持以經濟建設為中心

自從 18 世紀以英國為代表的西方國家工業革命開啟現代化的大門之後，現代化的內涵和外延不斷與時俱進，但經濟的基礎和決定作用不曾發生任何改變。在世界歷史的坐標上，中國式現代化蘊含着鮮明的中國特色，有着濃厚的趕超型色彩。改革開放以後，黨領導全國人民扭住經濟建設這個中心，社會主義現代化實現了歷史性的跨越。歷史經驗啟示我們：以經濟建設為中心為中國實現社會主義現代化奠定了堅實基礎，推動中華民族實現了從站起來到富起來的偉大飛躍。再往前走，從富起來到強起來，也就是基本實現現代化，建成社會主義現代化強國，仍需要建立在經濟高質量發展上，仍必須堅持以經濟建設為中心。

（一）提出以經濟建設為中心的思想由來已久

新中國成立後，以毛澤東為主要代表的中國共產黨人便把恢復國民經濟、發展生產力放到黨和國家工作重要位置，要求全黨

以極大的精力抓經濟建設。1956 年 9 月，中共八大對社會主義改造基本完成之後中國社會的主要矛盾和根本任務作出分析判斷，指出國內主要矛盾是人民對於建立先進工業國的要求同落後農業國現實之間的矛盾，是人民對於經濟文化迅速發展的需要同當時經濟文化不能滿足人民需要狀況之間的矛盾。全國人民的主要任務是集中力量發展社會生產力，實現國家工業化，逐步滿足人民日益增長的物質和文化需要。中共八大關於中國社會主要矛盾和根本任務的判斷在中共的歷史上特別是經濟史上具有開創性意義。令人惋惜的是，中共八大關於社會主要矛盾的正確判斷沒有得到堅持和貫徹。十一屆三中全會確定把中共的工作重點轉移到社會主義經濟建設上來。中共十一屆六中全會通過的《關於建國以來黨的若干歷史問題的決議》第一次明確指出，「我國社會主義制度還是處於初級階段」。[1] 在社會主義初級階段，中國社會的主要矛盾是人民日益增長的物質文化需要同落後的社會生產之間的矛盾。這個矛盾貫穿社會主義初級階段整個過程，決定了中國社會主義建設的根本任務是集中力量發展生產力、發展經濟。中共十三大明確提出黨在社會主義初級階段的基本路線，即領導和團結全國各族人民，以經濟建設為中心，堅持四項基本原則，堅持改革開放，自力更生，艱苦奮鬥，為把中國建設成為富強、民主、文明的社會主義現代化國家而奮鬥。

　　改革開放以後，發展成為中國第一要務，經濟建設成為中心任務。1980 年 1 月，鄧小平在中央幹部工作會議上指出，「現代化

---

1 《關於建國以來黨的若干歷史問題的決議》，中共黨史出版社 2021 年版，第 13 頁。

建設的任務是多方面的，各個方面需要綜合平衡，不能單打一。但是說到最後，還是要把經濟建設當作中心。離開經濟建設這個中心，就有喪失物質基礎的危險」。[1] 鄧小平對發展經濟堅定且執着，這個時期他幾乎逢會必講，搞現代化建設，絕不允許再分散精力，發展經濟一天都不能耽誤。在領導改革開放的實踐中，鄧小平始終堅持以經濟建設為中心，強調發展是「硬道理」。在南方談話中鄧小平更是明確回答了什麼是社會主義、怎麼建設社會主義的問題。中國改革開放取得巨大成就，充分證明鄧小平的正確性，同時也使得以經濟建設為中心思想在廣大黨員幹部、人民羣眾心中深深扎下根。

進入新時代，以習近平同志為核心的黨中央堅持以經濟建設為中心不動搖。習近平在中共十八屆二中全會上指出，「以經濟建設為中心是興國之要，發展仍是解決我國所有問題的關鍵」。[2] 在中共十八屆五中全會上他強調，「發展是硬道理的戰略思想要堅定不移堅持，同時必須堅持科學發展，加大結構性改革力度，堅持以提高發展質量和效益為中心，實現更高質量、更有效率、更加公平、更可持續的發展」。[3] 在這次講話中，習近平還系統提出了創新、協調、綠色、開放、共享的新發展理念，這是習近平新時代中國特色社會主義經濟思想的主要內容，是堅持以經濟建設為中心的生動體現。

---

1 鄧小平：《鄧小平文選》（第三卷），人民出版社 1994 年版，第 240 頁。
2 習近平：《在黨的十八屆二中全會第一次全體會議上的講話》，《人民日報》，2013
年 2 月 26 日。
3 《十八大以來重要文獻選編》（中），中央文獻出版社 2016 年版，第 828 頁。

（二）推動以經濟建設為中心還要不懈努力

堅持以經濟建設為中心不動搖，是決定中國現代化的全局問題，是幾代中國共產黨人和中國人民共同探索的成果。有觀點認為，強調以經濟建設為中心可能會導致忽視整個全局其他方面的工作，因此提出一些疑問，甚至主張放棄以經濟建設為中心。其實，「中心」就是相對於全局而言的，着眼的就是全局，離開全局就無所謂「中心」。從中國發展的實踐來看，如果不能正確地確定「中心」，就不能夠真正掌握和推動全局。

堅持以經濟建設為中心關鍵是緊緊圍繞主要矛盾和中心任務排兵佈陣，優先解決主要矛盾和矛盾的主要方面，以此帶動其他矛盾的解決，在整體推進中實現重點突破，以重點突破帶動經濟社會發展水平整體躍升，朝着全面建成社會主義現代化強國的奮鬥目標不斷前進。

以經濟建設為中心，就要準確把握中國式現代化和社會主義市場經濟體制的本質特徵，以經濟體制改革牽引帶動其他領域的改革發展。要堅持和完善社會主義基本經濟制度，堅持「毫不動搖鞏固和發展公有制經濟，毫不動搖鼓勵、支持和引導非公有制經濟發展」，不斷解放、發展和保護生產力，持續改善市場主體預期。要營造有利於經濟高質量發展的制度環境，增強政策透明度和可預見性，健全支持包括國有企業、民營企業、外資企業健康發展的法治環境。要使消費、投資、產業升級的潛力變為現實，儘快消除預期轉弱壓力，加快建設高標準市場體系。現在看，儘管美國打壓影響，中國吸引外資的能力和水平仍然保持較好的水平，但是民間資本和社會資本投資方面相對弱化，這是需

要加快改變的一個重大現實問題。

　　作為一個發展中國家，我們必須把握好經濟發展的時機，不斷增強自身的競爭力。只有在經濟上實現跨越式發展，才能夠更好地改善人民的生活水平，提高國家的整體實力。因此，我們需要堅定不移地推進市場化改革，加大對科技創新的支持力度，加快轉變經濟發展方式，培育新的經濟增長點，推動經濟邁向可持續發展之路。然而，經濟建設並不是一蹴而就的。我們需要付出艱辛的努力，始終保持清醒的頭腦和務實的態度。只有認真研究解決當前存在的問題，不斷探索新的發展模式，才能夠取得更加顯著的成果。

四、堅持和完善社會主義基本經濟制度

　　基本經濟制度是經濟體系中穩定、長期的核心組成部分，扮演着基礎性和決定性的角色。十九屆四中全會指出：「公有制為主體、多種所有制經濟共同發展，按勞分配為主體、多種分配方式並存，社會主義市場經濟體制等社會主義基本經濟制度，既體現了社會主義制度優越性，又同我國社會主義初級階段社會生產力發展水平相適應，是黨和人民的偉大創造。」[1]中國特色社會主義基本經濟制度是科學社會主義基本原則在中國社會主義初級階段的具體實現形式，是中國共產黨堅持馬克思主義基本原理與中國實際相結合的產物，既體現了社會主義制度優越性，又同中國社

1　《十九大以來重要文獻選編》（中），中央文獻出版社 2021 年版，第 280-281 頁。

會主義初級階段社會生產力發展水平相適應，是黨和人民的偉大創造。

（一）中國特色社會主義所有制

歷史唯物主義告訴我們，任何社會形態的變革，歸根結底都是以生產資料所有制的變革為基礎的，資本主義是人類歷史上最後一個建立在私有制基礎上的剝削制度，社會主義取代資本主義是用生產資料社會主義公有制取代生產資料資本主義私有制的偉大社會變革。在社會主義建設實踐中，純粹的公有制在比較長的時期一直被認為是社會主義的本質特徵。比如，俄國戰時共產主義時期實行全盤國有化，斯大林領導蘇聯建設社會主義時期建立了單一公有制，改革開放前中國也把單一公有制作為社會主義所有制的唯一形式。事實證明，純粹的公有制生產關係很難與生產力發展相適應。中共十一屆三中全會以後，我們緊緊圍繞解放和發展生產力這個中心，不斷對生產關係中與生產力發展不相適應的因素進行改革。隨着改革實踐和理論探索的不斷深入，逐步形成了以公有制為主體、多種所有制經濟共同發展的所有制結構。

一是毫不動搖鞏固和發展公有制經濟。公有制的建立反映了生產高度社會化發展的客觀要求，有助於解放和發展生產力。同時，它也是全體人民共同意志和根本利益的具體體現，有助於維護社會的公平正義，實現社會整體利益與局部利益、長遠利益與當前利益、集體利益與個人利益的有機結合，有助於構建社會主義和諧社會。堅持公有制為主體，必須發揮國有經濟在國民經濟中的主導作用。在國有經濟中，國家作為全民的代表對國有企業

的生產資料擁有所有權，全體社會成員在生產資料的關係上是平等的。公有制的主體地位和國有經濟的主導作用，決定了國有資產必須佔優勢，既要有量的優勢，又要有質的提高，決定了國有企業的獨特地位，即國有企業是中國特色社會主義的物質基礎和政治基礎，是中國共產黨治國理政的重要支柱和依靠力量，是中國特色社會主義的「頂樑柱」。

二是毫不動搖鼓勵、支持、引導非公有制經濟發展。公有制經濟和非公有制經濟都是社會主義市場經濟的重要組成部分，都是中國經濟社會發展的重要基礎。中國現階段非公有制經濟形式主要包括：個體經濟、私營經濟、外資經濟以及混合所有制經濟中的非公有制經濟成分。非公有制經濟體現了中國生產力水平多層次、發展不平衡不充分的特點，反映了社會利益多元化、社會需要多樣性的客觀現實。因此，鼓勵、支持、引導非公有制經濟的發展有助於滿足不同利益羣體的發展需要，同時也能夠激發不同市場主體的生產積極性和創造力，最終充分發揮非公有制經濟在支撐增長、促進創新、擴大就業、增加稅收等方面的重要作用。

三是不要把公有制經濟與非公有制經濟對立起來，而是讓它們相輔相成、相得益彰、共同發展、有機統一。國家在法律和政策上保護各種所有制經濟產權和合法利益，堅持權利平等、機會平等、規則平等，激發非公有制經濟的活力和創造力。要充分肯定公有制經濟為國家建設、國防安全、人民生活改善作出的突出貢獻，是全體人民的寶貴財富，必須毫不動搖地鞏固好發展好，繼續為改革開放和社會主義現代化建設作出新的更大的貢獻。同時，我們國家人口眾多，發展不平衡不充分，還處於並將長期處於社會主義初級階段。因此，為了推動經濟社會的持續發展，需

要各方面齊心協力，健全以公平為核心原則的產權保護制度，加強對各種所有制經濟組織和自然人財產權的保護。

（二）中國特色社會主義分配制度

按勞分配為主體、多種分配形式並存，是中國特色社會主義基本經濟制度的重要內容。按勞分配是社會主義條件下分配個人消費品的基本原則，其涵義是在對社會總產品進行各項必要的社會扣除後，社會按照個人提供給社會的勞動的數量和質量分配個人消費品，多勞多得，少勞少得。在社會主義條件下對個人消費品實行按勞分配的原則，根本原因是社會主義公有制的建立。在社會主義公有制條件下，勞動者共同佔有生產資料，共同參與生產活動，誰都不能憑藉對生產資料的個人佔有分配個人消費品，只能根據付出的勞動的數量和質量分配個人消費品，這樣的分配關係體現了勞動者之間根本利益的一致性，消滅了剝削，消除了兩極分化。但按勞分配制度下勞動者實際分配到的個人消費品在量上是不相同的，不同勞動者家庭的生活水平存在一定的差別，這種差別是客觀的，是勞動者根本利益一致基礎上的差異，與資本主義條件下勞動者遭受資本的剝削，勞資之間在財富佔有上貧富懸殊有根本的不同。總的來看，這一制度安排有利於調動各方面的積極性，有利於實現效率和公平的有機統一。

在社會主義初級階段，按勞分配不是通過像「勞動券」一般直接計算勞動者的勞動時間來分配個人消費品，而是通過市場機制和價值形式以迂迴曲折的方式來間接地完成。比如：按資本要素分配，資本所有者憑藉其投入的資本來獲得利潤、利息、股

息、租金、分紅等；按知識、技術、信息、數據等要素分配，如專利收益、技術入股的利潤分紅等；按管理要素分配，指企業管理者通過管理活動而參與經營收入的分配；按土地和其他自然資源分配，指其所有者壟斷性佔有一定自然資源並參與收入分配等。各種收入的價值源泉歸根結底都是勞動者的勞動所創造的價值。

（三）中國社會主義市場經濟體制

早在改革開放初期，中國共產黨就提出，經濟改革的目標是建立充滿生機和活力的社會主義經濟體制。中共十三大提出，社會主義經濟是公有制基礎上的有計劃的商品經濟；中共十四大明確提出中國經濟體制改革的目標是建立社會主義市場經濟體制，突破了市場經濟和社會主義相互對立的傳統觀念；中共十八屆三中全會進一步提出使市場在資源配置中起決定性作用和更好發揮政府作用，這是中國共產黨對中國特色社會主義建設規律認識的一個新突破，標誌着社會主義市場經濟發展進入了一個新階段。2019 年中共十九屆四中全會將社會主義市場經濟體制上升為社會主義基本經濟制度，這標誌着社會主義市場經濟體制更加成熟更加定型。

市場經濟是通過市場機制調節資源配置的經濟體制。市場經濟的一般特點是：作為市場主體的企業是自主經營、自負盈虧的經濟組織，企業根據供求關係和價格的變化自主進行決策並對決策後果承擔責任，企業在利潤最大化目標的驅使下從事生產經營活動；市場上的商品價格由供求關係變化來決定，不由政府決定，政府通過微觀規制和宏觀調控維護市場秩序，實現宏觀經濟穩定運行。

但是社會主義市場經濟與資本主義市場經濟不同，以公有制為主體的所有制結構為社會共同利益奠定了基礎，要求堅持以人民為中心的發展思想，堅持人民至上，堅持實現共同富裕，始終做到發展為了人民、發展依靠人民、發展成果由人民共享。可以說，這一制度安排能夠有效克服資本主義兩極分化和經濟危機弊端，使得社會主義基本制度優勢得到發揮。

五、堅持走共同富裕的道路

　　習近平強調：「共同富裕是社會主義的本質要求，不僅是經濟問題，而且是關係黨的執政基礎的重大政治問題。」[1] 新時代共同富裕思想不僅是對中共的百年探索歷程的深刻總結，而且開闢了馬克思主義共同富裕理論的新境界。在全面建成小康社會、歷史性解決絕對貧困問題之後，中國共產黨適時提出，在新的征程上要推動人的全面發展、全體人民共同富裕取得更為明顯的實質性進展。把實現共同富裕作為現代化建設的重要目標，既是社會主義本質特徵的內在要求，更是面對世界百年未有之大變局，正確處理效率與公平關係、更好地解決新發展階段發展「不平衡不充分」問題的迫切需要。堅持走實現全體人民共同富裕的中國式現代化新道路，體現了中國共產黨以人民為中心的價值立場，同時也豐富了人類現代化的內涵。

---

1 《習近平新時代中國特色社會主義思想學習問答》，學習出版社、人民出版社 2021 年版，第 98 頁。

（一）什麼是中國式的共同富裕

共同富裕是中國式現代化過程中不可缺少的一環。中國式現代化的共同富裕理論與馬克思主義的共同富裕理論一脈相承，其中最為核心的是關於「人的自由而全面發展」，這也是中國共產黨「以人民為中心」思想的重要源泉。

其一，人的全面發展。如同卓別林在《摩登時代》中所演繹的一般，在資本主義社會，大工業發展所採取的分工機制將人分割，一條流水線上的工人只能作為類似機器的某個零部件，從事簡單重複勞動，這是一種片面的畸形的人的發展。中國式現代化的共同富裕所追求的人的發展，是人的身心發展、需求滿足、能力發展的有機統一，是人與自然和諧共生的有機統一。在不同發展階段，人民對物質文化、精神文化的需要，對美好生活的需要，都是為了滿足人的全面發展。

其二，人的自由發展。在資本主義社會，工人勞動創造出了商品這種物，但是這種物並不被工人佔有，而是通過剩餘價值的方式被資本家無償佔有。工人要想獲得和使用這種物，就不得不參與資本家組織的生產勞動，通過勞動獲得工資才能換取物的所有權和使用權。這使得勞動變成非自願的選擇。進一步地，藉助工人的抽象勞動，物獲得了除了使用價值之外的價值，這種價值逐漸演化為社會財富的象徵，驅使勞動者崇拜、追求，「勞動產品一旦作為商品來生產，就帶上拜物教性質，因此拜物教是同商品生產分不開的」。[1]中國式現代化的共同富裕，追求社會主義制度下

---

1 《馬克思恩格斯全集》第 2 版第 42 卷，第 817 頁。

人的自由發展。在此基礎上，不斷滿足人的需要，將來還要構建更高社會形態的「自由人聯合體」，每個人作為社會的個人，實現人與社會自由的高度統一。

其三，人的主觀能動性和創造性的發揮。物質決定意識，但意識對物質具有能動的反作用。在資本主義社會，資本家通過一些物質激勵，試圖調動人的主觀能動性和創造性，但是這種外生性的方法效果並不顯著，因為受限於生產資料私人佔有制，勞動者深知其創造的剩餘價值將被資本家無償佔有。中國式現代化追求的共同富裕，得益於生產資料公有制，勞動者可以內生性地發揮主觀能動性和創造性，隨着發展水平不斷提高，勞動者會將勞動視作生活的第一需要，從而更加主動積極地發揮主觀能動性和創造性。

（二）如何促進和實現共同富裕

一是靠改革來解放、發展和保護生產力。共同富裕的一般內涵表明，物質文明和精神文明的富裕是最基本的要素，這離不開大力發展生產力，即「發展是硬道理」。從制度競爭的角度講，社會主義將來要優於資本主義或戰勝資本主義，必須要靠解放、發展和保護生產力才能夠實現。改革是解放和發展社會生產力的關鍵，是推動國家發展的根本動力。要通過深化改革激發新動能，解放、發展和保護生產力，繼續「做大蛋糕」；要堅定不移推進改革，加強國家治理體系和治理能力現代化建設，提高資源配置效率，調動全社會積極性，保持經濟增速處於合理區間；要堅定不移擴大開放，依託中國大市場優勢，在更大範圍、更寬領

域、更深層次實施對外開放。

二是持續「做優蛋糕」。站在新發展階段來審視，儘管中國已經成為世界第二大經濟體，但人均國內生產總值在世界仍屬於中等水平，在繼續「做大蛋糕」的同時，也需要從質量上「做優蛋糕」，從注重「有沒有」向注重「好不好」或「優不優」轉變，實現高質量發展。要以高質量發展為主題，緊密聯繫高質量發展與高品質生活，做強、做優、做好共同富裕的經濟基礎；要貫徹新發展理念，將「創新、協調、綠色、開放、共享」的新發展理念貫穿發展全過程和各領域，推動質量變革、效率變革、動力變革；要構建以國內大循環為主體、國內國際雙循環相互促進的新發展格局，堅持擴大內需。

三是完善收入分配格局。以共同富裕為目標導向，構建、完善初次分配、再分配、三次分配協調配套的基礎性制度安排。社會初次分配、再分配和三次分配是社會經濟學中的三個重要概念，可以幫助我們理解資源在社會中的分配情況，以及政府和市場對資源分配的調節和優化。社會初次分配指社會中各種資源的最初分配，包括土地、資本、勞動力等，這種分配通常受到政府、市場或其他機構的控制和調節；社會再分配指在社會成員之間重新分配財富和資源的過程，這種再分配通常通過稅收、社會保障等政策來實現，目的是減少社會不平等和提高社會福利水平；社會三次分配指在社會再分配的基礎上，通過政策和規劃的調整來進一步優化資源分配，比如在教育資源的分配方面，政府可能會通過調整學校佈局、加強教師培訓等措施來提高資源的利用效率，以便更多的學生受益。

四是完善基本公共服務體系。基本公共服務體現着公共性、

普惠性和社會公平性，是實現共同富裕的基礎性工程。要增加高質量公共服務的供給，加快發展健康、養老、育兒、文化、旅遊、體育、家政、物業等服務業，滿足人民對高品質生活的需要。完善的基本公共服務體系應該是一個全方位、多層次、覆蓋面廣的體系，能夠滿足人民各種方面的需求，提高人民的生活水平和福利感，這項工作更多體現的是政府的責任和擔當。

　　五是完善社會保障制度。社會保障制度是實現共同富裕的重要一環，要完善覆蓋全民的社會保障體系。中國已經有比較健全的社會保障制度，在此基礎上還有進一步完善的空間：要健全基本的社會保障制度，實現社會保障、養老保險全國統籌；完善社會保險體系，大力發展企業年金、職業年金等，完善失業保險制度；建立社會保險轉移接續機制，實施企業職工基本養老保險基金中央調劑制度，全面推進中央和地方劃轉部分國有資本充實社保基金工作；完善住房制度，改革住房公積金制度，完善統一的城鄉居民醫保和大病保險制度；統籌社會救助資源，完善基本民生保障兜底機制等。完善的社會保障制度應該是一個覆蓋面廣、制度完備的體系，能夠滿足人民各種方面的需求，保障公民的基本權益，並為實現共同富裕和社會穩定作出積極貢獻。

參考文獻
References

1. 本書編寫組:《黨的二十大報告輔導讀本》,人民出版社 2022 年版。

2. 中國經濟史編寫組:《中國經濟史》,高等教育出版社 2019 年版。

3.《改革開放簡史》編寫組:《改革開放簡史》,人民出版社、中國社會科學出版社 2021 年 8 月版。

4. 本書編寫組:《中國共產黨簡史》,人民出版社、中共黨史出版社 2021 年版。

5. 中共中央宣傳部理論局:《新征程面對面:理論熱點面對面2021》,學習出版社、人民出版社 2021 年 6 月版。

6. 中共黨校(國家行政學院)習近平新時代中國特色社會主義思想研究中心編:《中央黨校公開課》,人民出版社 2021 年版。

7. 中共中央黨史和文獻研究院:《中國共產黨的一百年》,中共黨史出版社 2022 年版。

8. 當代中國研究所:《新中國 70 年》,當代中國出版社 2019 年版。

9. 薄一波:《若干重大決策與事件的回顧》,中共黨史出版社 2014 年版。

10. 蘇星:《新中國經濟史》(修訂本),中共中央黨校出版社 2007 年版。

11.《杜潤生自述：中國農村體制變革重大決策紀實》，人民出版社 2005 年版。

12. 高培勇等：《中國經濟 70 年》，經濟科學出版社 2019 年版。

13. 吳敬璉：《當代中國經濟》，上海遠東出版社 2004 年版。

14. 方行：《中國古代經濟論稿》，廈門大學出版社 2015 年版。

15. 王俊：《中國古代經濟》，中國商業出版社 2015 年版。

16. 賀耀敏：《中國經濟史》，人民出版社 1994 年 7 月版。

17. 洪銀興、楊德才等：《中國共產黨經濟思想史論》，天津人民出版社 2021 年版。

18. 張卓元等主編：《新中國經濟學史綱》，中國社會科學出版社 2012 年版。

19. 張占斌主編：《穩中求進的中國經濟》，人民出版社 2020 年版。

20. 張占斌：《國內大循環》，湖南人民出版社 2020 年版。

21. 董輔礽主編：《中華人民共和國經濟史》，經濟科學出版社 1999 年版。

22. 鄭有貴主編：《中華人民共和國經濟史（1949—2012）》，當代中國出版社 2016 年版。

23. 王立勝、趙學軍主編：《中華人民共和國經濟發展 70 年全景實錄》，濟南出版社 2019 年版。

24. 洪銀興、楊德才等：《新中國經濟史論》，經濟科學出版社 2019 年版。

25. 毛科軍、鞏前文：《中國農村改革發展三十年》，山西經濟出版社，2009 年 3 月。

後 記
Postscript

　　新中國成立 70 多年以來，中國經濟社會發展取得了舉世矚目的偉大成就，創造了一個又一個的歷史奇跡。尤其是中共十八大以來，以習近平同志為核心的黨中央帶領全國各族人民，全面推進改革開放和社會主義現代化建設，黨和國家事業發生歷史性變革，取得歷史性成就，中國特色社會主義進入了新時代。我們在中華大地全面建成小康社會、實現了第一個百年奮鬥目標的基礎上，正在意氣風發向着全面建成社會主義現代化強國的第二個百年奮鬥目標邁進，以中國式現代化全面推進中華民族的偉大復興。

　　為了幫助廣大讀者朋友，特別是青少年朋友了解新中國成立以來中國經濟發展歷程和現狀，應香港中華書局委託，中央黨校（國家行政學院）、中國式現代化研究中心主任張占斌教授組織相關人員編寫此書。參與本書編寫的有中共中央黨校（國家行政學院）的杜慶昊、付霞，國務院機關事務管理局的孫志遠，中國公共經濟研究會的張國華，中國行政體制改革研究會的孫文營，解放軍軍事科學院的戚克維，科學技術部的高麗菲，河南省委黨校（河南行政學院）的李許卡，東北大學的閆莉、李其鴻。杜慶昊、閆莉協助主編作了統稿工作。香港中華書局的同志們為本書的順利出版做了很多努力，在此一併表示感謝！

作為理論工作者，我們期待本書能夠為青少年朋友展示一幅中國經濟發展的精彩畫卷，開闊青少年朋友的視野，希望青少年朋友多多關注中國經濟社會的發展，在祖國的蓬勃發展中不斷茁壯成長，未來成為棟樑之才！本書寫作過程中參考了諸多政策文件、文獻資料以及專家學者的觀點，但因水平有限，仍有不足之處，敬請讀者朋友們批評指正！

作　者

2023 年 6 月

當代中國經濟

張占斌　等著

責任編輯　李夢珂
裝幀設計　鄭喆儀
排　　版　黎　浪
印　　務　劉漢舉

出版　　中華書局（香港）有限公司
　　　　香港北角英皇道 499 號北角工業大廈一樓 B
　　　　電話：（852）2137 2338　傳真：（852）2713 8202
　　　　電子郵件：info@chunghwabook.com.hk
　　　　網址：http://www.chunghwabook.com.hk

發行　　香港聯合書刊物流有限公司
　　　　香港新界荃灣德士古道 220-248 號
　　　　荃灣工業中心 16 樓
　　　　電話：（852）2150 2100　傳真：（852）2407 3062
　　　　電子郵件：info@suplogistics.com.hk

印刷　　美雅印刷製本有限公司
　　　　香港觀塘榮業街 6 號 海濱工業大廈 4 樓 A 室

版次　　2024 年 1 月初版
　　　　© 2024 中華書局（香港）有限公司

規格　　32 開（210mm×145mm）

ISBN　　978-988-8861-05-7